Hans Maier
Deutschland

Hans Maier

Deutschland

Wegmarken seiner Geschichte

C.H.BECK

© Verlag C.H.Beck oHG, München 2021
www.chbeck.de
Umschlaggestaltung: Konstanze Berner, München
Umschlagabbildung: Brandenburger Tor (1788–91 erbaut
von C. G. Langhans, Quadriga 1793 von J. G. Schadow).
Ansicht von Südosten (Pariser Platz): Tor und südliches Torhaus
© akg-images, Berlin/Dirk Radzinski
Satz: Fotosatz Amann, Memmingen
Druck und Bindung: Pustet, Regensburg
Gedruckt auf säurefreiem und alterungsbeständigem Papier
Printed in Germany
ISBN 978 3 406 76453 0

myclimate
klimaneutral produziert
www.chbeck.de/nachhaltig

Inhalt

Vorwort

Deutschland, das ist ein spätes Wort, ein Neuankömmling unter den Bezeichnungen europäischer Länder. Jahrhundertelang war «deutsch» nur als adjektivischer Zusatz zum «Reich» oder zum «Bund» gegenwärtig – erstmals greifbar in dieser Form als «Heiliges Römisches Reich *Deutscher Nation*» zu Ende des 15. Jahrhunderts. Das Wort «Deutschland» trat erst in unseren Zeiten in den Vordergrund, nachdem das Deutsche Reich und seine verhängnisvolle Fortsetzung im «Dritten Reich» in der Katastrophe des Zweiten Weltkriegs untergegangen waren. Im Grundgesetz der Bundesrepublik Deutschland (1949) kam das Wort Deutschland dann erstmals zu verfassungsmäßigen Ehren. Seither dürfen die Deutschen ihr Land zu später Stunde auch ganz offiziell so nennen.

Ebenso wie Deutschland ist auch die deutsche Geschichte kein festumrissenes Gebilde, sie schwankt, ist variabel, territorial wie institutionell. «Deutschland? Aber wo liegt es?» – so fragte schon 1797 Friedrich Schiller. Immer reichte die Sprachnation, die Kulturnation über den staatlich-politischen Kern hinaus. Das ist auch heute so, obwohl die Deutschen sich das nur zögernd eingestehen. In der Europäischen Union ist Deutsch die meistgesprochene Sprache. Immer wieder wird das wiedervereinigte Deutschland aufgefordert, seiner wirtschaftlichen Stärke auch politische Macht, internationalen Einfluss folgen zu lassen. Doch die Deutschen reagieren darauf nur verhalten. Die Spuren schrecken. Niemand will verständlicherweise in der Gegenwart noch einmal die Welt «am deutschen Wesen genesen» lassen, wie es früher einmal in «großen Zeiten» nationalistische Kräfte forderten.

Dieses Buch beschreibt Wegmarken Deutschlands, die ein Gesamtbild seiner jüngeren Geschichte ergeben. Im Vordergrund stehen das Verhältnis zu den westlichen Nachbarn, der Übergang vom Deutschen Reich zum Deutschen Bund im Einschnitt der Säkularisation, das Zweite und das Dritte Reich mit ihren Ambivalenzen und Zerstörungen – und die neue Epoche nach 1945, gekennzeichnet durch Frieden, Wohlstand, innere Zuwendung zur Demokratie und Gemeinsamkeit mit den Völkern der freien Welt.

Trotz aller Schwierigkeiten und Bedrohungen in der Gegenwart blicke ich nach einem langen Leben zuversichtlich in die Zukunft. Die Bundesrepublik Deutschland verdient unser Vertrauen, sie hat sich in normalen Zeiten wie auch in wirtschaftlichen und politischen Krisen bewährt. So dürfen wir ihr mit jener bürgerlichen Loyalität begegnen, ohne die keine Demokratie existieren und gedeihen kann. Ich mache mir als Motto dieses Buches den Satz zu eigen, den Thomas Mann 1942 in der Emigration geschrieben hat: «Deutschland wird bleiben, stolz und bescheiden, ein einmaliges Volk und ein Volk wie alle.»

München, im Herbst 2020 *Hans Maier*

Die Deutschen und der Westen

Seitdem der Schwede Rudolf Kjellén im Ersten Weltkrieg, unterstützt vom Beifall des akademischen Deutschland, die *Ideen von 1914* den *Ideen von 1789* gegenüberstellte,[1] ist das Thema «Deutschland und der Westen» bei uns nicht mehr zur Ruhe gekommen. Die Generation der Troeltsch, R. Eucken, Sombart, Th. Mann intonierte es mit selbstsicheren Fanfarenstößen: Englischer Liberalismus und französische Demokratie – die Weltanschauungen des «Händlers» und des «Bürgers» – wurden mit dem deutschen Willen zum Staat, zur Einordnung in das Volksganze konfrontiert; der Weltkrieg galt als «Weltbewährungsprobe deutscher Innerlichkeit», als Verheißung auf den kommenden «Tag des Deutschen», dem es aufgegeben sei, inmitten äußerlicher Zivilisation und Technik die «Kultur der Seele» zu retten.[2] Davon ist heute nur noch wenig übriggeblieben: zwei verlorene Kriege und die aus Vernunft und Not geborene Verbindung mit dem Westen haben jene Fanfare längst in eine Schamade verwandelt. Aber in der historisch-politischen Wissenschaft wirken die Weltanschauungskämpfe des

1   R. Kjellén, Die Ideen von 1914. Eine weltgeschichtliche Perspektive, Leipzig 1915. Die Gegenüberstellung klingt bereits an in dem kurz vorher erschienenen, bei Kjellén zitierten Vortrag von J. Plenge, Der Krieg und die Volkswirtschaft, Münster 1915: «Seit 1789 hat es auf der Welt keine solche Revolution gegeben, wie die deutsche Revolution von 1914 ... Zum zweiten Mal zieht ein Kaiser durch die Welt als der Führer eines Volkes mit dem ungeheuren, weltbestürmenden Kraftgefühl der allerhöchsten Einheit. Und man darf behaupten, daß die Ideen von 1914, die Ideen der deutschen Organisation zu einem so nachhaltigen Siegeszug über die ganze Welt bestimmt sind, wie die Ideen von 1789 (aaO, 171 ff.).»
2   Die beste Darstellung jetzt bei H. Lübbe, Politische Philosophie in Deutschland, Basel-Stuttgart 1963, 173 ff. u. bes. 185, 188 f.

9

Weltkriegs bis heute nach: Ihr Einfluss hat den Blick der Forschung lange Zeit einseitig auf das 19. Jahrhundert fixiert, in dem sich Distanz und Differenz des deutschen politischen Denkens zum Westen am schärfsten ausgeprägt haben, während die vorausgehende *ältere* deutsche Staatslehre kaum mehr behandelt, ja fast völlig aus dem Gedächtnis verloren oder verdrängt wurde.

Demgegenüber soll hier versucht werden, die ältere deutsche Staatslehre in eine Gesamtbetrachtung des deutschen politischen Denkens so einzubeziehen, dass ein reicheres und präziseres Bild dieses Denkens sowohl in seiner Entstehung und historischen Eigenart wie in seiner späteren Sonderung vom Westen entstehen kann. Ich stütze mich dabei auf Untersuchungen zur Geschichte der akademischen Lehre der Politik an den deutschen Universitäten und eine Studie über die ältere deutsche Staats- und Verwaltungslehre vornehmlich des 17. und 18. Jahrhunderts.[3] Es kann sich hier nur darum handeln, einzelne Linien durch ein noch kaum erschlossenes Gelände zu ziehen; ich stelle in einem ersten Teil zunächst dar, worin westliche und deutsche Staatslehre im 16.–18. Jahrhundert ihren gemeinsamen Grund haben und nach welchen Hauptrichtungen beide sich später fortentwickeln. In einem zweiten Teil soll untersucht werden, in welchen Bereichen der eigentümliche Charakter der älteren deutschen Staatslehre, also das spezifisch Deutsche an ihr, sich besonders ausgeprägt hat; und zuletzt möchte ich fragen nach der *Fortwirkung* der geschilderten Formen der älteren deutschen Staatslehre im 19. und 20. Jahrhundert und nach ihrer Bedeutung in der Gegenwart.

---

3 H. Maier, Die Lehre der Politik an den deutschen Universitäten vornehmlich vom 16.–18. Jahrhundert, in: Wissenschaftliche Politik (ed. D. Oberndörfer), Freiburg 1962, 59–116 (im Folgenden zit.: Lehre der Politik); Die ältere deutsche Staats- und Verwaltungslehre, Neuwied-Berlin 1966.

I

Wer den Versuch macht, in die ältere deutsche Staatslehre ein-
zudringen, sie wissenschaftlich zu untersuchen, sieht sich zunächst fast unüberwindlichen *äußeren* Schwierigkeiten gegenüber. Denn weder editorisch noch bildungsgeschichtlich ist
diese Tradition ein Besitz, auf den man einfach zurückgreifen
kann; sie muss erst aus dem Staub der Bibliotheken befreit und
einer fast völligen, wenngleich unverdienten Vergessenheit entrissen werden. Wenige Gebiete unserer Literatur sind editorisch so vernachlässigt worden wie dieses. Die Bergungsarbei-
ten der Philosophie auf den Gebieten der Renaissance- und
Barockliteratur sind ihm kaum zugutegekommen. So gut wie
keiner der bedeutenderen politischen Schriftsteller des 16.–
18. Jahrhunderts – wenn man von den Reformatoren, Osse
und Althusius absieht – liegt in einer kritischen Neuausgabe
vor: von Pufendorf, dessen Rechts- und Sozaillehre weit in den
angelsächsischen Bereich hineingewirkt hat (bis hin zu den
Vätern der amerikanischen Verfassung), von Oldendorp und
Thomasius liest allenfalls der Jurastudent einige Auszüge im
Quellenbuch von Erik Wolf; im allgemeinen Bewusstsein sind
sie ebenso verschollen wie Seckendorffs «Teutscher Fürstenstaat», das Grundbuch der territorialen Staatsverwaltung bis
zur Rheinbundzeit, und die ihm vorausgehende und folgende
lange Reihe von Staatsschriften der österreichischen, preußischen und sächsischen Kameralisten.[4] Erst ganz am Ende
des Zuges, bei den jüngeren Naturrechtslehrern der zweiten

---

4 Einen Eindruck vom Umfang dieses Materials erhält man aus Magda-
lene Humperts verdienstvoller Bibliographie der Kameralwissenschaften,
Köln 1937, die im Sinn der älteren kameralistischen Bibliographien bis ins
16. Jahrhundert zurückgreift; dort sind unter den Rubriken «Polizeiwissenschaft im weiteren Sinne (= Staatswissenschaften insgesamt)» und «Polizeiwissenschaft im engeren Sinne» mehr als 4000 Titel aufgeführt.

Hälfte des 18. Jahrhunderts, beginnt sich das Bild etwas auf-
zuhellen – wohl vor allem deshalb, weil man in neuester Zeit
deren Verwandtschaft mit unserer gegenwärtigen Staats- und
Rechtsproblematik wieder deutlicher zu erkennen beginnt;
erinnert sei an die verdienstlichen Forschungen und Editionen
von Conrad, Kleinheyer, Weber, Buyken und Herold zur Geistesgeschichte der preußischen und österreichischen Kodifika-
tion sowie zu den Ursprüngen der Toleranzgesetzgebung und
der Gewissens- und Religionsfreiheit in Deutschland.[5]

Mit dem Mangel an Editionen und Forschungen hängt ein
weiteres zusammen: das Fehlen einer verbürgten, im öffentlichen Bewusstsein haftenden Ordnung in der literarischen Geltung und Bewertung jener Schriften. Ein literarischer Kanon,
wie er sich in den angelsächsischen Ländern, aber auch in
Frankreich gebildet hat, wo die politischen Klassiker in einen
gültigen, allgemein akzeptierten Zusammenhang, eine Hierar-
chie des literarischen Ranges und der politischen Bedeutung
eingereiht wurden, ist in Deutschland nicht entstanden. Auch
dem durchschnittlich gebildeten Engländer ist, schon von der
Schule her, der ungefähre Gang der politischen Lehren von
Hooker und Hobbes zu Locke vertraut; die Gegensätze der
absolutistischen und freiheitlichen Staatslehre, des Patriarcha-

---

5   H. Conrad, Individuum und Gemeinschaft in der Privatrechtsordnung
des 18. und beginnenden 19. Jahrhunderts, Karlsruhe 1956; *ders.*, Die geistigen Grundlagen des Allgemeinen Landrechts für die preußischen Staaten
von 1794, Köln 1958; G. Kleinheyer, Staat und Bürger im Recht. Die Vorträge des Carl Gottlieb Svarez vor dem preußischen Kronprinzen (1791–
92), Bonn 1959; H. Conrad und G. Kleinheyer (Hrsg.), Vorträge über Recht
und Staat von Carl Gottlieb Svarez, Köln 1960; L. Weber, Die Parität der
Konfessionen in der Reichsverfassung von den Anfängen der Reformation
bis zum Untergang des alten Reiches im Jahre 1806, Diss. jur. Bonn 1961;
H. Conrad, Rechtsstaatliche Bestrebungen im Absolutismus Preußens und
Österreichs am Ende des 18. Jahrhunderts, Köln 1961; ders. mit G. Kleinheyer, Thea Buyken und M. Herold, Recht und Verfassung des Reiches in
der Zeit Maria Theresias. Die Vorträge zum Unterricht des Erzherzogs
Joseph im Natur- und Völkerrecht sowie im Deutschen Staats- und Lehn-
recht, Köln 1964.

lismus und des *civil government* ergeben ein einprägsames Bild, in das alles Übrige eingeordnet werden kann. Und mit wie scharfer Zeichnung stehen im französischen Bildungs- bewusstsein Autoren wie Bodin und Hotman, Du Bos und Boulainvilliers, Bossuet und Fénelon einander gegenüber! Bis zu Montesquieu und Rousseau, ja darüber hinaus reicht diese zu fester literarischer Figur gewordene Reihe politischer Ant- agonisten, mannigfach abgestuft nach literarischer Wirkung, persönlicher Überzeugungskraft und künstlerischem Rang. Nichts oder nur wenig davon bei uns. Man vergleiche nur etwa, was bei *Blackwell* und in der *Oxford University Press* oder in der *Pléjade* an klassischen politischen Schriften von stil- bildendem Rang gesammelt ist, mit dem für die Zwischenkriegs- zeit gewiss repräsentativen deutschen Unternehmen der «Klas- siker der Politik». Die sehr viel engeren Auswahlkriterien – die durchweg am jüngeren aktiv-praktischen und untheoretischen Politikbegriff orientiert sind – fallen dabei ebenso ins Auge wie die Unsicherheit in der Bewertung der einzelnen Figuren, die letztlich immer wieder auf den allzu bequemen Maßstab des jeweiligen machtpolitischen Erfolgs hinauskommt.

Wie aber und auf welchen Wegen dringen wir angesichts des reichlich trümmerhaften Zustands dieser Tradition und der entsprechenden Lückenhaftigkeit und Zufälligkeit unserer Erkenntnisse in die ältere deutsche Staatslehre ein?

Am besten wohl so, dass wir nicht den Versuch machen, uns im Stil einer geistesgeschichtlichen Höhenwanderung an den einzelnen spärlichen Gipfeln entlangzutasten,[6] sondern uns vielmehr an die breite Basis, den Durchschnitt, das repräsen-

---

6 Hierin immer noch vorbildlich das klassische, Meineckes Abneigung gegen das «naturrechtliche» Jahrhundert glücklich mit dessen eigener bio- graphisch-typisierender Methode desavouierende Werk von Erik Wolf, Große Rechtsdenker der deutschen Geistesgeschichte, Tübingen [4]1963. Eine Quellenauswahl gibt G. Lenn, Deutsches Staatsdenken im 18. Jahrhundert, Neuwied-Berlin 1965.

tative Mittel der älteren politischen Lehrtradition halten. Dieses finden wir vor allem – wie ich an anderer Stelle nachzuweisen versuchte[7] – im Bereich der *akademischen Lehre der Politik* an den Universitäten und Gymnasien, vorwiegend der protestantischen, vom 16.–18. Jahrhundert – genau gesprochen in der Zeit zwischen den Melanchthon'schen Universitäts- und Schulreformationen und dem Wirksamwerden des kameralistischen Unterrichts, der um die Mitte des 18. Jahrhunderts von den fürstlichen Akademien zu den Universitäten vorzudringen beginnt.

Überblicken wir diesen Bestand, so wird zunächst etwas Wesentliches sichtbar, das ich an den Anfang stelle, weil es die Grundlage für das Folgende bildet: Bis zum späten 18. Jahrhundert zeigt das deutsche politische Denken in seinen lehr- und schulmäßigen Ausformungen eine überwiegend *konservative* Gestalt. Von Melanchthon auf der Basis eines philologisch angereicherten und verfeinerten Aristotelismus erneuert, tradiert es fast zwei Jahrhunderte lang ohne große Veränderungen die alten Lehrgehalte der praktischen Philosophie mit Einschluss der Ökonomik und des öffentlichen Rechts. Seine innere Entwicklung und Fortbildung bewegt sich in dieser Zeit entlang älterer Problemkomplexe und Streitfragen – im Vordergrund steht ein bereits das Mittelalter beschäftigendes Problem, nämlich die Einschmelzung der aristotelischen Politik in den christlichen Denkzusammenhang, eine Frage, die jetzt in Gestalt des Streits zwischen der scholastisch erneuerten Politik Melanchthons und den Ansätzen einer genuin christlichen Staatslehre bei Schupp, Venatorius, Calixt erneut hervortritt[8] und noch bei Seckendorff im Gegenüber seiner Hauptwerke, des «Fürstenstaats» und des pietistisch getönten

7   Maier, Lehre der Politik, 60 f., 87 ff.
8   Vgl. P. Petersen, Geschichte der aristotelischen Philosophie im protestantischen Deutschland, Leipzig 1921, 24 ff., 166 ff.

«Christenstaats», greifbar wird. Wenig dagegen verspürt man in Deutschland von den Veränderungen des politischen Aristotelismus im Bereich der *Ökonomik* und des *Staatsrechts*, wie sie in den westlichen Staaten im 16. Jahrhundert unter dem Andrang der neuen Erfordernisse und Erfahrungen des souveränen Fürstenstaates zu einer tiefgreifenden Umformung der politischen Lehre führen – ganz zu schweigen von der von Machiavelli ausgehenden Bestreitung des grundlegenden Zusammenhangs von Ethik, Ökonomik und Politik, der dem älteren Wissenschaftssystem sein Gepräge und der wissenschaftlichen Lehre der Politik ihren Halt gegeben hatte. Weder Machiavelli noch Bodin noch Hobbes hatten für die deutsche Staatslehre des 16. und 17. Jahrhunderts geschrieben. Sie blieben bis zum 18. Jahrhundert, ja bis zur Schwelle der Revolution im konservativen «Teutschen Fürstenstaat» im Grunde außerhalb der Diskussion.[9] Und der akademische Lehrstuhl für Politische Wissenschaft heißt bis zu Kant – in bezeichnender Vertauschbarkeit von Ethik und Politik – *Professio Ethices vel Politices*.[10] Konservativer sind nur England und die USA gewesen, die die politische Wissenschaft als Erbstück der aristotelischen und scholastischen Moralphilosophie bis in die Gegenwart hinein bewahrt haben.[11]

Vor allem aber nimmt Deutschland in dieser Zeit an den

9 Dabei kommt es nicht so sehr auf die Rezeption von Gedanken Machiavellis und Hobbes' bei einzelnen deutschen Gelehrten, z. B. Conring und Pufendorf, an, sondern auf den Gesamtakzent der Befassung mit den neuen Lehren, der bis zum späten 18. Jahrhundert überwiegend kritisch und ablehnend bleibt.

10 Maier, Lehre der Politik, 83 mit Anm. 62.

11 Vgl. Anna Haddow, Political Science in American Colleges and Universities 1636–1900, New York 1939, wo der Traditionszusammenhang der amerikanischen politischen Wissenschaft mit der älteren Moralphilosophie eingehend nachgewiesen wird; ferner *B. Crick*, The American Science of Politics; London 1959, 3 ff., und S. Neumann, Die politische Forschung in den Vereinigten Staaten, in: Politische Forschung. Beiträge zum zehnjährigen Bestehen des Instituts für politische Wissenschaft, ed. O. Stammer, Köln 1960,1 ff.

beiden großen Emanzipationsbewegungen nicht führend, sondern nur rezipierend teil, mit denen sich die westliche (vor allem italienische und französische, später auch englische) Staatslehre des 16. und 17. Jahrhunderts von der älteren politischen Tradition entfernte: der Literatur der *ragione di stato* und der Literatur des *neueren Naturrechts* (das mit dem mittelalterlichen nur noch den Namen gemein hat).

Für die Staatsräsonliteratur ist das ganz deutlich. Wohl dringt sie im 17. Jahrhundert allmählich auch in Deutschland ein, vermischt mit den Lehren von den *Arcana imperii* und der Souveränität, den Boden ebnend für den Absolutismus, der nach dem Dreißigjährigen Krieg in allen größeren Territorien durchbricht; das Politische Testament des Großen Kurfürsten ist für sie ebenso ein Beweis wie die Ermordung Wallensteins, bei der sich die Kaiserlichen Räte, nach Srbiks Nachweis, auf die Lehre von der Mordbefugnis des Staates «in extremis malis» stützten.[12] Aber nur selten findet die *ragione di stato* außerhalb schulmeisternder Hofrats- und Professorengelehrsamkeit, die den Machiavellismus ins Duodezhafte stilisiert oder vor Serenissimi die Pose der Nüchternheit aufsetzt, Anklang und größere Wirkung. Es lag wohl an der engen Durchdringung von Religion und Politik im älteren Fürstenstaat unmittelbar nach der Reformation, an der Konkretheit und Personalität aller Lebensverhältnisse, wenn eine Lehre vom «Staat» als sachgesetzlicher Ordnung, als Institution, Herrschaftsapparatur, «Kunstwerk» im Sinne Burckhardts hier nicht Wurzel zu schlagen vermochte. Die ältere Staatslehre predigt denn auch gegen Machiavelli und die Staatsräsonliteratur unermüdlich, und zwar vorwiegend unter persönlich-moralischen Gesichtspunkten an. Dafür nur einige Beispiele. In Reinkingks

---

12   H. v. Srbik, Wallensteins Ende, Wien 1920, 87 ff.; vgl. dazu F. Meinecke, Die Idee der Staatsräson in der neueren Geschichte, ed. W. Hofer, München 1960,153 f.

1635 erschienener «Biblischer Polizey» (das Wort ist hier noch gleichbedeutend mit Politik) wird die *Ratio Status* für alle Übel verantwortlich gemacht, die sich seit Beginn der Welt ereignet haben. Sie hat den Satan wider Gott gereizt, sie war die Ursache des Abfalls der Stammeltern; Kain erwürgte ihretwegen den Abel, Pharao trachtete deshalb die Kinder Israels zu unterdrücken, Saul den David, Salomon den Jeroboam umzubringen … Christus wird der *Ratio Status* wegen von dem Hohepriester Pilatus übergeben. Die *Ratio Status* achtet weder natürliche noch göttliche Gesetze. Sie ist der älteste Abgott, «des Teufels Dekalog». Die eindrucksvolle «Collation oder Gegeneinanderhaltung Rationis Status mit den Heiligen Zehen Geboten Gottes» bringt zahlreiche Beispiele aus der alten und neueren Geschichte, die zeigen, daß die Staatsräson auf die Zerstörung aller menschlichen und göttlichen Ordnung hinausläuft. Und nun folgt eine Stelle, die ich wörtlich anführen will, weil sie zugleich einer der ältesten Belege für das Wort *Staat* im Deutschen ist, das ja mit der Staatsräsonliteratur in unsere Sprache eingedrungen ist, aber noch bis ins 18. Jahrhundert hinein eine deutlich abschätzige Note behält: Wer also die *Ratio Status* in seinen politischen Staatskatechismus bringen will, schreibt Reinking, «der kan es tun *suo periculo*; deme er dan hie zeitlich gedienet, der wird ihm auch den ewigen Lohn *per eandem status sui Diabolici Rationem* geben, in seinem Reich obenansetzen und warm genug halten. Woraus dan gewiß, daß ein solcher *Statist* oder *Mann von Staat*, so lange er sein *Statist* ist und bleibet, kein Theil am Reich Gottes haben und erlangen kan.» Denn letztlich ist für Reinking der Atheismus das fundamentum rationis Status … «Cain war der erste Atheist und *Mann von Estat*, nach ihme sind viel gewesen und noch werden auch bleiben biß an der Welt Ende.»[13] Auch Seckendorff lehnt die Staatsräson – hier verstanden als

13   D. Reinkingk, Biblische Policey, Frankfurt am Main ⁵1701, 106 f.

Ermächtigung des Fürsten zu schrankenlosem Regiment und mit der Souveränitätslehre gleichgesetzt – in seinem «Teutschen Fürstenstaat» 1656 scharf ab: «Wir wissen, Gottlob, in teutschen landen von keiner solchen macht, welche von einem einigen menschen im lande, der sich für den obersten hielte, und die meiste Gewalt mit oder ohne recht hätte, über die anderen alle, zu seinem nuz und vortheil, nach seinem willen und belieben allein geführet und ausgeübet würde.»[14] Ähnlich klingt es auch aus der populären Literatur gegen die Staatsräson im «Alamodischen Politicus», im «Idolum principum» und anderen Schriften nach dem Dreißigjährigen Kriege;[15] und noch der «Anti-Machiavell» des jugendlichen preußischen Kronprinzen Friedrich 1740 ist ganz auf diesen Ton gestimmt. Noch einmal dringt hier das Persönlich-Moralische durch, fast wie in den alten reformatorischen Predigerschriften; die Lehre vom *Staat* und seiner Transpersonalität wird nicht vernommen, Machiavelli altmodisch als ein Fürstenspiegler verstanden, der die Gattung ins Widernatürliche pervertiert hat. «Sei's mir denn vergönnt, die Sache der Fürsten wider ihre Verleumder zu führen, sie von der abscheulichsten Anklage zu reinigen, sie, deren Amt einzig und allein Arbeit zum Wohle der Menschheit ist.»[16] Fast überflüssig zu sagen, dass auch innerhalb der akademischen Lehre der Politik die *Ratio Status* nicht im Sinn der Italiener verstanden, sondern gleichsam auf Aristoteles zurückgebogen, der Staatsformenlehre eingeordnet wird: so bei Conring, Pufendorf und dem in Ingolstadt lehrenden Besold.[17] Noch das grüblerisch-leiden-

14 V. L. v. Seckendorff, Teutscher Fürsten-Stat, ed. S. v. Biechling, Jena 1737, 32.
15 Meinecke, Staatsräson, 170 ff.
16 Die Werke Friedrichs des Großen, Bd. VII, Berlin 1912, 4.
17 Nic. Machiavelli Princeps cum animadversionibus politicis Hermanni Conringii, Helmaestadi 1686; S. L. B. de Pufendorf, De officio hominis et civis … libri duo, Francof. 1709, cap. VIII; Christopheri Besoldi Synopsis Politicae Doctrinae, Francof. 1642.

schaftliche, schließlich resignierte Suchen nach den rechten Kategorien für die Reichsverfassung bei Chemnitz und Pufendorf, bei Moser und Pütter erklärt sich aus dieser Nachwirkung der Tradition; erst Hegel in seiner Jugendschrift über die Reichsverfassung wagt es, die Unterscheidungen der «Katheder-Statistiker» beiseitezuschieben und sich an die reine Macht als neue Kategorie dessen zu halten, was Staat heißen soll.[18]

Stärker sind die Wirkungen der neueren *Naturrechtslehre* im Deutschland des 16. und 18. Jahrhunderts gewesen, wenngleich auch hier die Rezeption zunächst nur zögernd in Gang kam. Die ersten auf lutherischem Boden erwachsenen naturrechtlichen Entwürfe bei Melanchthon und Oldendorp[19] sind noch nicht recht zur Geltung gekommen: Der Gedanke des Naturrechts war wohl auf dem Boden einer strikten Naturacorrupta-Lehre nicht denkbar, und was noch schwerer wog: Die konfessionell-politische Geschlossenheit des Territorialstaats ließ den Rückzug auf eine naturrechtliche Gegenposition *religiöser Observanz* gegen die weltliche Obrigkeit nicht zu. Es fehlte in Deutschland, wo die Konfessionen sich seit 1555 gegenseitig «bürgerlich ausgeschlossen» hatten,[20] gleichsam das Vehikel des Konfessionsgegensatzes, das anderswo zur Ausbildung des modernen Naturrechts entscheidend beigetragen hat: Nicht anders erklärt sich die so verschiedene politische Wirkung des Protestantismus – aber auch des Luthertums im engeren Sinn – einerseits in Deutschland, anderseits im Westen und Norden, je nach den kirchenpolitischen

18   G. W. F. Hegel, Die Verfassung des Deutschen Reichs, ed. G. Mollat, Stuttgart 1935, 12.
19   Zu Melanchthon vgl. C. Bauer, Die Naturrechtsvorstellungen des jüngeren Melanchthon, in: Festschrift für Gerhard Ritter, Tübingen 1950; *ders.*, Melanchthons Naturrechtslehre, Archiv für Reformationsgeschichte 42 (1951). Zu Oldendorps Εἰσαγωγή juris naturalis *s.* E. Wolf, Große Rechtsdenker, 160 ff.
20   Nach der Formulierung Hegels, aaO, 59.

und gesellschaftlichen Voraussetzungen ihrer Einpflanzung in Nation und Staat. Dennoch beginnt sich in der dritten und vierten nachreformatorischen Generation in den unter reformiertem Einfluss stehenden Universitäten Straßburg, Heidelberg und Herborn eine naturrechtliche Strömung in der Staatslehre zu entwickeln; und wenn sie in Deutschland aus den angedeuteten Gründen vorwiegend Buchliteratur geblieben ist, so hat sie doch im Westen, in Holland, England, Frankreich und den USA, eine nicht unbeträchtliche Wirkung geübt: Die Namen Althusius und Pufendorf sind dort noch heute vielfach bekannter als in ihrem Heimatland.

Eigenart und Schranke dieses deutschen Naturrechtsdenkens, dem die Schärfe der Gegenüberstellung zum Staat, sei es von einer ständischen, religiösen oder individualistischen Basis aus, fast ganz abgeht, treten klar hervor bei dem größten Naturrechtslehrer, den die ältere deutsche Staatslehre hervorgebracht hat, bei Samuel Pufendorf. Ihm kommt für das deutsche politische Denken eine ähnliche Vermittlungsstellung zwischen altem und neuem Naturrecht zu, wie sie John Locke im englischen Denken einnimmt.[21] Bezeichnend schon, daß er in seinem Hauptwerk, aber auch in der kleineren, aufschlussreichen Schrift «De officio hominis et civis» in Titel und Aufbau von den *Pflichten*, nicht von den *Rechten* des Menschen ausgeht, in deutlicher Opposition zur Emanzipationstendenz der neueren Naturrechtslehre: Abstrakte «natürliche Rechte» eines vorsozial gedachten Urstands-Menschen im Sinne des Hobbes gibt es bei ihm noch nicht; und der Begriff der *socialitas* nimmt das aristotelische ζῷον πολιτικόν wieder auf. Der bürgerliche Zustand ist kein künstlicher, der einer leviathanischen Setzung bedürfte, er geht aus dem natürlichen Zustand

---

21 Eine größere Untersuchung über Pufendorf, die diese Seite seines Werkes analysiert, sowie eine Neuausgabe seines Hauptwerks De jure naturae et gentium bereitet mein Schüler Horst Denzer (Freiburg) vor.

wechselseitigen Verpflichtetseins der Individuen natürlich hervor; Pufendorfs *Vertragslehre* wird man wohl mehr aus der deutschrechtlichen Überlieferung des *Imperium limitatum*, des «gelinden Regiments», verstehen dürfen – im Sinne einer alle Herrschaft durchwaltenden Vertragsnatur, die auch ein Widerstandsrecht einschließt – als aus antiken, sophistischen und stoischen Reminiszenzen. Das hindert ihn nicht, auf dem Hintergrund des meisterlich analysierten kranken Zustands des Reiches und seiner Bewunderung für die aufsteigende Macht Brandenburgs für die Zukunft ganz ähnliche politische Konsequenzen ins Auge zu fassen wie sein Zeitgenosse Hobbes. Eine gewisse monarchisch-absolutistische Neigung seiner Staatslehre ist unverkennbar – unbefangen werden Staatsperson und Herrscherperson gleichgesetzt; der Staat handelt nur durch den Willen des Herrschers. «Omnia quae vult civitas vult per voluntatem regis.»[22] Das Volk, eben noch allmächtig, «stirbt» im Vertragsschluss[23] und gewinnt im Widerstandsrecht «in extremis malis» nur schattenhaft und punktuell seine rechtliche Existenz zurück. Aber Pufendorf konnte seiner Naturrechtslehre eben deshalb eine monarchische Wendung geben, ohne in den Absolutismus des Hobbes zu fallen, weil ihm im deutschen Territorialstaat des 17. Jahrhunderts nicht ein absolutes Regiment, sondern ein religiös gebundenes Herrscherideal mit ausgeprägter Pflichtenethik gegenüberstand. Alles, was in seiner Staatslehre in die Zukunft weist – die Betonung der ethischen Freiheit und Würde des Einzelnen, die Bedeutung des Sozialen, die wechselseitige Pflichtbindung zwischen Herrscher und Untertanen –, hat hierin seinen Ort;

22   S. v. Pufendorf, De Jure naturae et gentium, Londae 1672, VII cap. 6.
23   So die plastische Formulierung O. v. Gierkes, Deutsches Genossenschaftsrecht, Bd. 4 ⁴Neudruck Graz 1954, 458 f.; vgl. zur Interpretation H. Ehmke, ‹Staat› und ‹Gesellschaft› als verfassungstheoretisches Problem, In: Staatsverfassung und Kirchenordnung (Festgabe für Rudolf Smend), Tübingen 1962, 23–49 (32).

und es verkürzt sein Verdienst nicht, wenn man feststellt, dass alle diese Elemente sich stärker in den westlichen Ländern als bei uns ausgewirkt haben.

Aber die eigentlich erfolgreichen deutschen Naturrechtler sind nicht Althusius und Pufendorf, sondern Thomasius und Wolff gewesen – und mit ihnen setzt sich das neuere, von Hobbes herkommende Naturrecht in Deutschland verspätet, aber endgültig durch. Jetzt ist nicht mehr die Rede von wechselseitiger Verbundenheit und Verpflichtetheit im Naturzustand, von Pflichtethik und Liebesgebot, sondern aus dem Zueinander der Menschen, ihrer auf Gemeinschaft angelegten Natur, ist ein hartes Nebeneinander, eine affektbetonte Asozialität geworden.[24] Mit der Trennung des Naturrechts von der Ethik – die in Deutschland mit Thomasius und der Übernahme des Naturrechts in die Juristischen Fakultäten im späten 18. Jahrhundert beginnt (noch Pufendorf war in Heidelberg Mitglied der Artisten-Fakultät gewesen) – hebt jene seltsam gegensätzliche Doppelbewegung von Recht und Ethik an, die einerseits die Moral und die theoretische Politik in immer abstraktere Höhen und Gewissens-Forderungen hinaufreißt – bis hin zum Phaetonsflug der Kantischen Ethik, auf der andern Seite aber «das von Rechts wegen zu Leistende (und notfalls mit Zwang Durchzusetzende!) nunmehr typisch auf das jedermann zustehende ... Urrecht auf ‹Freiheit› und das ihm entsprechende absolute und negative Gebot wechselseitiger Nichtstörung von Leben und Gut» verengt und reduziert.[25] Man hat mit Recht darauf hingewiesen, dass die deutsche Naturrechtslehre des späten 18. Jahrhunderts die emanzipatorische Tendenz des westlichen Naturrechts ins Extrem getrieben, ja ins Pathologische übersteigert habe: Jeder sei zwar nach die-

24 F. v. Hippel, Zum Aufbau und Sinnwandel unseres Privatrechts, Tübingen 1957, 42 ff.
25 AaO, 45, Anm. 34.

ser Lehre «seines» Glückes Schmied, nicht aber Schmied des Glückes auch der anderen. Man mag darin eine deutsche Radikalität des Denkens sehen, wie man ihr auch anderswo, etwa bei den Adepten der Staatsräson, begegnet; wichtiger als Erklärung scheint mir die Tatsache, dass das Naturrechtsdenken in Deutschland – da es nicht oder doch nur sehr bedingt in den Dienst religiöser, ständischer oder bürgerlicher Selbstbehauptung oder Auflehnung gegen den absolutistischen Staat treten konnte – notwendig gerade wegen seiner politischen Funktionslosigkeit zu theoretischer Übersteigerung getrieben wurde. Denn in den westlichen Staaten ist jenes «Grundaxiom wechselseitiger ursprünglicher Unverbundenheit aller Beteiligten» (F. von Hippel), das für das neuere Naturrecht typisch ist, doch nur eine vorübergehende Radikalisierung gewesen, die mit den Revolutionen des 17. und 18. Jahrhunderts, der Einschmelzung des Bürgertums in den Staat, wieder dahinfiel; es hatte mehr den Charakter einer Verwahrung gegenüber dem *absoluten Staat* als den einer eigenständigen sozialtheoretischen These. In Deutschland dagegen, das zur Revolution geringeren Anlass hatte, da seine aufgeklärten Fürsten die westlichen Errungenschaften im 18. Jahrhundert bereits vorweggenommen hatten, schlugen sich Schwäche der bürgerlichen Bewegung und Radikalität des naturrechtlichen Denkens in einem Freiheitsbegriff nieder, der eine als *Reservatfreiheit* aufgefasste bürgerliche Freiheit gegen die *politische Freiheit durch Teilnahme am Staat* auszuspielen versuchte: man könne die eine, nämlich die Freiheit *vom* Staat, besitzen, ohne die andere, nämlich den *freien Staat*, zu haben oder auch nur zu wollen – das ist die ausdrückliche These, die Ernst Ferdinand Klein, der Mitarbeiter von Svarez am preußischen Allgemeinen Landrecht, 1790 in seinen «Gesprächen über die Beschlüsse der Französischen Nationalversammlung» entwickelt. Niemand habe Grund, sich über den Mangel an politischer Freiheit zu beklagen, solange er die bürgerliche Freiheit genieße.

«Wer also in einer Monarchie lebt, worinn die bürgerliche Freyheit gehandhabt wird, wird kein Verlangen tragen, ein Republicaner zu werden.»[26] Von hier führen dann die Linien weiter zur Staatslehre des monarchischen Prinzips im 19. Jahrhundert und der ihr eingeordneten Doktrin des formalen Rechtsstaats;[27] und zugleich fällt Licht auf die spezifisch deutsche Auffassung der Grundrechte als «subjektiver öffentlicher Rechte», als «Unterlassungsanspruch» des Bürgers an den Staat, in der jenes spät-naturrechtliche «Eingriffs- und Schrankendenken», wie Peter Häberle nachgewiesen hat,[28] bis heute wie ein Trauma nachwirkt. –

Leo Strauss, Otto Brunner und Wilhelm Hennis haben uns neuerlich an den inneren Zusammenhang von Staatsräsonlehre und moderner Naturrechtslehre erinnert, wie er besonders im 17. und 18. Jahrhundert sich ausgeprägt hat.[29] Während auf der einen Seite der moderne Staat als Zwangsschlichter der streitenden Religionsparteien und neue institutionelle Ord-

---

26 E. F. Klein, Freyheit und Eigenthum, abgehandelt in acht Gesprächen über die Beschlüsse der Französischen Nationalversammlung, Berlin-Stettin 1790, 164. Unmittelbar vorher heißt es: «Man kann wohl nicht sagen, daß die bürgerliche Freyheit ohne die politische keinen Werth habe; vielmehr ist sie so sehr die Hauptsache, daß man der politischen Freyheit nur insofern einen Werth beylegen kann, als sie zur Unterstützung der bürgerlichen gereicht.» Zum Ganzen vgl. auch H. Conrad, Die geistigen Grundlagen des Allgemeinen Landrechts für die preußischen Staaten von 1794, 42.
27 E. Kaufmann, Studien zur Staatslehre des monarchischen Prinzips, Leipzig 1906, jetzt in: Gesammelte Schriften, Göttingen 1960, Bd. I, 1–49; Bd. III, 1–45; U. Scheuner, Begriff und Entwicklung des Rechtsstaats, in: Macht und Recht, Beiträge zur lutherischen Staatslehre der Gegenwart, ed. H. Dombois u. E. Wilkens, Berlin 1956; ders., Die neuere Entwicklung des Rechtsstaats in Deutschland, in: Hundert Jahre deutsches Rechtsleben, Festschrift zum hundertjährigen Bestehen des Deutschen Juristentages Bd. II, Karlsruhe 1960, 229 ff.; H. Ehmke, aaO, 33 ff.
28 P. Häberle, Die Wesensgehaltsgarantie des Art. 19 Abs. 2 Grundgesetz, Karlsruhe 1962, 145 ff.
29 L. Strauss, The Political Philosophy of Hobbes, Oxford 1936; dt. Neuwied-Berlin 1966, passim; O. Brunner, Neue Wege der Sozialgeschichte, Göttingen 1956, 24 ff., 41; W. Hennis, Zum Problem der deutschen Staatsanschauung, Vierteljahreshefte für Zeitgeschichte 7 (1959), 1–23 (7 f.).

nungsmacht – hoch entrückt über die gegensätzlichen Meinungen und Passionen der Menschen, immer mehr sich versachlichend und seiner besonderen «Räson» folgend – im 16. und 17. Jahrhundert allmählich zur Würde einer Überpersönlichkeit aufsteigt, bildet die Individualisierung und Radikalisierung des Naturrechtsgedankens, seine Nutzbarmachung für ständischen Beharrungstrieb und bürgerlichen Aufstiegswillen, gewissermaßen den sozialen Kontrapunkt der staatlichen Machtkonzentration – wobei beide Bewegungen im Westen in den großen Revolutionen zusammenfließen, in Deutschland aber bis ins 19. Jahrhundert hinein getrennt bleiben. Deutschland ist den Lehren der Staatsräson und des modernen Naturrechts nur zögernd gefolgt, es bleibt in seinem politischen Denken bis zum 18. Jahrhundert konservativ. Dann aber holt es, nach langer Stauung, beide Bewegungen in einer radikalisierenden Spätrezeption in wenigen Jahrzehnten nach. Diese Rezeption führt im Falle des *Naturrechts* zu einer eigentümlichen Umbiegung der politischen Freiheitslehre des Westens in den Gedanken einer staatsfreien Sphäre des Individuums; im Falle der *Staatsräson* um die Wende vom 18. zum 19. Jahrhundert zu einer eruptiven Aufnahme der lange abgelehnten Lehre Machiavellis im deutschen Denken bei Herder, Hegel und Fichte.[30] Im Angesicht des untergehenden Reiches nimmt die Staatstheorie, resignierend an Vernunft und Wissenschaft, die Farbe eines ultrakonkreten, oft zynischen Realismus an – im Schwanken zwischen unpolitischer Staatsfremdheit und ebenso unpolitischer Machtanbetung das kommende Jahrhundert mit seinen *incertitudes allemandes* vorwegnehmend.

---

30 J. G. Herder, Briefe zur Beförderung der Humanität, fünfte Sammlung, Riga 1795; Hegel, aaO, 94 ff.; J. G. Fichte, Nachgelassene Werke, ed. J. H. Fichte, Bonn 1835, Bd. III, 401–453.

Aber wenn das deutsche politische Denken bis ins 18. Jahrhundert hinein die Staatsräsonlehre ablehnte, weil es den Staat
nicht als autonome Naturgewalt, sondern als Teil der göttlichen Ordnung ansah; wenn es der Naturrechtslehre nur eine
beschränkte Geltung einräumte, sie ins Monarchische umbog,
durch eine Pflichtenlehre ergänzte und immanentisierte: Wo
lag dann der *Entfaltungsraum* der älteren deutschen Staatslehre? Die Antwort dürfte nach unseren bisherigen Betrachtungen nicht schwerfallen: Er lag nicht in einer naturrechtlichen
Entgegensetzung zum Staat, auch nicht in einem empirisch-
vergleichenden, objektivierenden Studium seiner Natur und
besonderen «Räson»; er lag vielmehr *im* konkreten Staate, in
seinem Handeln, seiner Praxis selbst. Anders als die westliche
Staatsräson- und Naturrechtslehre denkt die ältere deutsche
Staatslehre in hohem Maße aus dem Staat heraus;[31] der Staat
ist ihr vorgegebene, undiskutierte Ordnungsform. Die ältere
deutsche Staatslehre ist daher, zugespitzt formuliert, weniger
Staatslehre als Staats*verwaltungslehre* gewesen: An der empi-
rischen Wirklichkeit des Territorialstaats haftend, gelangt sie
gleichsam von innen her, aus der Beschreibung der staatlichen
Tätigkeiten, zu ihren theoretischen Aussagen; und noch häufi-
ger beschränkt sie sich auf diese Beschreibung selbst.

Ein theoretischer Ansatz zum Erfassen moderner Staatlichkeit lag gewiss schon in der aristotelischen Lehre der Ethik,
Ökonomik und Politik, wie sie vom 16.–18. Jahrhundert an

---

31 A. Müller-Armack, Religion und Wirtschaft, Stuttgart 1959, charakterisiert den Kameralismus als spezifische Form deutscher Staatswissenschaft
wie folgt: «Da die Position jenseits des Staates, sei es in einer Kirche, sei
es im Individuum, fehlt, kann sich keine dem Staate gegenüber souveräne
Fragestellung entwickeln. Es wird der Staat rein nur von innen betrachtet
(aaO, 177).»

den protestantischen deutschen Universitäten im Rahmen des moralphilosophischen Unterrichts vorgetragen wurde. Hier standen für eine politische Theorie die altehrwürdigen Kategorien des Hauses, der kleineren Gemeinschaften und der großen, durch αὐτάρκεια ausgezeichneten Bürgergemeinde zur Verfügung; hier fand der zum Wohlfahrtsstaat sich entwickelnde, zu religiös-politischer Uniformität sich schließende Territorialstaat im Gedanken des εὖ ζῆν, der Sorge des Staates für das gute Leben der Bürger, eine ideelle Rechtfertigung; hier lagen schließlich, in der Lehre der Chrematistik, wichtige Keime für eine den Bereich des Hauses und der älteren Ökonomik sprengende politische Wirtschaftslehre. Aber die Berührungen zwischen der aristotelischen Staatslehre und der sich entwickelnden Politik und Wirtschaft des deutschen Territorialstaats blieben doch im Allgemeinen unsicher oder zufällig; im Bereich des Wirtschaftlichen sind sie sogar, aufs Ganze gesehen, mehr retardierender als fördernder Art gewesen. Das zeigt sich deutlich darin, daß die erwähnte Staatsverwaltungslehre in ihren Anfängen auf den Widerstand der alten moralphilosophischen Politik stieß und daher zunächst außerhalb der Universitäten, in den fürstlichen kameralistischen Akademien, entwickelt und gelehrt wurde.[32]

Man kann sich das Verhältnis dieser neuen, meist «Polizei» genannten politischen Disziplin zur älteren Politik vielleicht am besten klarmachen an dem mehrfach erwähnten «Teutschen Fürstenstaat» des gothaischen Kanzlers und Reichsfreiherrn Veit Ludwig von Seckendorff. In der Vorrede zu seinem Werk, das 1656 erschien, sagt Seckendorff, er wolle nicht die Reichsverfassung schildern, wie es die anderen Schriftsteller bisher getan hätten, sondern die Polizei (also die Regierung und Verwaltung); und er rühmt sich, mit dieser gesonderten

---

32 Vgl. A. Nielsen, Die Entstehung der deutschen Kameralwissenschaft im 17. Jahrhundert, Jena 1911; Maier, Lehre der Politik, 87 ff.

Behandlung der Verwaltung in Deutschland «das Eis gebrochen» zu haben. Nicht in einer allgemeinen Politik (Verfassungslehre), aber auch nicht in einer besonderen Politik (Staatsklugheitslehre) liegt für ihn der Kern der «vortrefflichen, königlichen und hohen Wissenschaft vom Staat», sondern in einer Lehre vom Zustand des Gemeinwesens und von der Polizei als Verwaltung. Also nicht mehr die *pars constitutiva* oder *architectonica* der Politik – in Begriffen der Tradition zu sprechen – soll weiterentwickelt werden, sondern die *pars administrativa*, die Lehre von der Verwaltung. Entschlossen wendet sich die Staatslehre bei Seckendorff der Wirklichkeit des Territorialstaats zu; aber diese Wirklichkeit ist die der Staats*praxis*, des Beamtentums und seiner Treupflicht, des öffentlichen Dienstes.[33]

Es ist noch nicht einmal in Andeutungen möglich, einen Eindruck von der Vielfalt der bei Seckendorff geschilderten Gesetzgebungs-, Regierungs- und Verwaltungsgeschäfte – alles ist bei ihm noch eine Einheit – und ihrer Systematisierung zu geben. Ein weites Panorama staatlicher Tätigkeiten breitet sich vor unseren Augen aus. Alles, was uns in den älteren Polizeiordnungen, noch verstreut und zufällig, als Widerspiegelung der schnell sich weitenden Aktivitäten des Territorialstaats begegnet, ist bei Seckendorff in eine übersichtliche Ordnung gebracht. Die verschiedenen Ströme der Polizeigesetzgebung, vom Reich, von den Städten, den Territorien ausgehend, laufen in einem gemeinsamen Bett zusammen. Rechts- und Friedewahrung als Kern der alten Reichspolizeiordnungen, verbunden mit einer der Erhaltung der Ständeordnung dienenden Sozialgesetzgebung – das ist die erste Schicht der Seckendorff'schen Polizei. Als zweite gesellt sich hinzu die neue verselbständigte Wirtschaftsverwaltung des landesfürst-

---

33 Seckendorff, aaO, AndererTheil, cap. V u. VI; Additiones zum II T., 134 ff.

lichen «Staates». Und endlich nimmt die Verwaltungslehre Seckendorffs die durch die Auflösung der selbständigen Kirchenorganisation neu erwachsenden Erziehungs-, Bildungs- und Sozialaufgaben in sich auf, unter kräftigem Einschluss bisher in der Kirchendisziplin beheimateter seelsorglicher Obliegenheiten. Gerade hier gewinnt die von ihm geschilderte «Polizei» der Territorialstaaten jene ethisch-religiöse Tönung, die dann als charakteristischer Zug in der späteren deutschen Verwaltungslehre und im Ethos des landesfürstlichen Beamtentums weiterlebt.[34]

Unbekümmert um die Streitigkeiten der Publizistik über kaiserliche *majestas* und Landeshoheit, unbekümmert um alle Verfassungsfragen geht Seckendorffs Staatslehre einfach von der empirisch wahrnehmbaren, numerisch messbaren Summe der staatlichen Tätigkeiten im «Teutschen Fürstenstaate» aus. Dabei sucht er jedoch – bezeichnend für das Weiterwirken des älteren Denkens – nach Zuordnungen dieser Staatstätigkeiten zu den älteren, das Gemeinwesen legitimierenden Rechts-, Friedens- und Wohlfahrtszwecken. Aber die alten Formeln bieten nur noch äußere Anhaltspunkte für das Handeln der Verwaltung, sie haben keine wirklich leitende und begrenzende Kraft. Die empirisch wahrgenommene Sequenz der Staatstätigkeiten sprengt das staatstheoretische Konzept; die Staatslehre wendet sich daher schließlich, der unlösbaren Verfassungsfragen überdrüssig, einer rein beschreibenden Darstellung der staatlichen Regierung und Verwaltung zu.[35]

Seckendorff hat den deutschen Territorialstaat, der seine geschichtliche Legitimation aus der Erfüllung von Verwaltungsaufgaben gewann, die das Reich nicht mehr erfüllen konnte, mit Recht nicht von der *Reichsverfassung*, sondern von der

34 Vgl. R. Smend, Protestantismus und Demokratie (1932), jetzt in: Staatsrechtliche Abhandlungen, Berlin 1955, 297 f.; H. Zwirner, Die politische Treupflicht des Beamten (Diss. jur. Göttingen 1956).
35 Seckendorff, aaO, Anderer Theil, cap. VII–XV.

Verwaltung, der *Polizei* aus zu erfassen versucht. Denn abgesehen von einer immer problematischer werdenden Reichszugehörigkeit hatte dieser Staat ja überhaupt keine Verfassung, er hatte nur Verwaltung; ja man könnte von ihm, ein später auf Preußen angewandtes Wort abwandelnd, sagen: seine eigentliche Verfassung sei die Verwaltung gewesen. Was aber aus der eigentümlichen Genesis des deutschen Territorialstaats heraus verständlich und vielleicht unvermeidlich war, der Verzicht auf eine *allgemeine*, die Staatstätigkeit normierende *Politik*, ist in der Geschichte der späteren deutschen Staatslehre eine schwer belastende Hypothek geworden. Denn in einem Europa kraftvoller Nationalstaaten, die aus einem naturrechtlichen Ethos lebten, waren Rechtsstaatlichkeit und Gutregiertsein kein Argument gegen die fehlende Verfassung und die Unsicherheit über die letzten Zwecke des Gemeinwesens.[36]

In Deutschland greift die von der staatlichen Polizei geformte, später aus dem Staat «entlassene» Gesellschaft (P. Joachimsen) nicht wieder, wie im Westen, umformend auf den Staat zurück; und wo sie es versucht, wie später 1848, da schlägt ihr Unternehmen fehl. Die Einwirkung des Staates und seiner Verwaltung auf die Formung des Bürgertums und der Gesellschaft bleibt ein einseitiger Akt, dem der Bürger politisch passiv gegenübersteht – in jener Haltung des «Dulde und liquidiere», mit dem O. Mayer das Verwaltungsrecht des Polizeistaats charakterisiert hat. Der Raum bürgerlicher Freiheit öffnet sich nur nach innen – hier freilich in eine bei äußerer Beschränktheit oft weltweite geistige Autonomie.[37] Aber der Widerstreit von politischer und bürgerlicher Freiheit bleibt bestehen und wird von aufmerksamen Beobachtern immer

---

36 Hierzu eindringlich-kritisch H. Plessner, Die verspätete Nation, Stuttgart ²1959, 33 ff., 39 ff., 130.
37 K. v. Raumer, Absoluter Staat, korporative Libertät, persönliche Freiheit, HZ 183 (1957), 55–96 (80).

wieder registriert: Noch 1803 nimmt Madame de Staël aus den deutschen bürgerlichen Salons und den niederen Stuben der Dichter und Gelehrten den Eindruck mit, dass die Deutschen «die größte Gedankenkühnheit mit dem untertänigsten Charakter vereinen» ... «Die Gebildeten Deutschlands machen einander mit größter Lebhaftigkeit das Gebiet der Theorien streitig und dulden in diesem Bereich keine Fessel, ziemlich gern aber überlassen sie hierfür den irdischen Machthabern die ganze Wirklichkeit des Lebens. Diese Wirklichkeit, die sie so geringschätzen, findet jedoch Besitzer, die dann Störung und Zwang selbst im Reich der Phantasie verbreiten.»[38]

Es wäre lohnend, den deutschen Polizeigedanken, dessen erste Ausprägung bei Seckendorff wir verfolgt haben, im Einzelnen zu untersuchen und ihn von der westlichen Staatstheorie und Staatspraxis abzuheben.[39] Man würde dabei immer wieder auf grundlegende Unterschiede in der Zweckbestimmung der staatlichen Verwaltungstätigkeiten stoßen, die in der andersartigen soziologisch-politischen Einbettung des westlichen Denkens begründet sind. So nennt z. B. Seckendorffs jüngerer französischer Zeitgenosse De la Mare in seinem Traktat über die Polizei[40] als oberstes Ziel der menschlichen Gesellschaften und Motiv aller staatlichen Tätigkeit «la vie commode et tranquille» – eine Zurücknahme des Staatszwecks aufs Profane, Inner-Weltliche, die der ungefähr gleichzeitig in England von Locke gegen Filmer entwickelten Theorie des *civil government* entspricht. Aber die französische Verwaltungspraxis hatte auch niemals die kirchenpolizeilichen Funktionen in sich aufgenommen, die sie in Deutschland durch die

38 Mme. de Staël, De l'Allemagne, ed. Jean de Pange, t. I, Paris 1958, 61 ff. (hier nach der Übersetzung von R. Habs).
39 Vgl. K. Wolzendorff, Der Polizeigedanke des modernen Staates, Breslau 1918; H. Maier, Die ältere deutsche Staats- und Verwaltungslehre, Neuwied-Berlin 1966
40 N. De la Mare, Traité de la Police, t. I–IV, Paris 1705–1719.

Reformation hinzugewonnen hatte; von einer Verwaltung als quasi-geistlicher Aufgabe, vom Fürsten als Amtmann Gottes konnte hier nicht die Rede sein, und auch in ihrer Organisation blieb die Verwaltung der Verfassung des Königreiches eingeordnet. Anders in Deutschland, wo die vom Landesfürstentum wahrgenommenen Funktionen des geistlichen Regiments Gestalt und Umfang der Polizei, also der staatlichen Tätigkeiten, entscheidend mitbestimmt haben. Die staatliche Regierung und Verwaltung gewann hier eine quasi-religiöse Dignität. Sie ließ einen Widerspruch von seiten des Untertanen nicht aufkommen.

III

Ich breche hier ab, weil eine weitere Ausführung wohl noch Einzelheiten und Ergänzungen bringen könnte, aber die Grundlinien nicht verändern würde. Zwei Fragen sollen aber in einem letzten Teil noch behandelt werden: die Frage nach der Fortwirkung der geschilderten Formen der älteren deutschen Staatslehre im 19. und 20. Jahrhundert und die Frage nach ihrer heutigen politischen Bedeutung.

Was die erste angeht, so scheint mir die hier beschriebene Wendung von einer staatsimmanent gedachten Naturrechtslehre zur pragmatischen «Regierkunst» und Verwaltungslehre des Kameralismus und der Polizeiwissenschaft nicht nur ein isolierter Vorgang des 17. und frühen 18. Jahrhunderts zu sein. Diese Bewegung setzt sich vielmehr in der Aufklärung und im deutschen Idealismus fort und wirkt tief ins 19. Jahrhundert hinein.[41] Ihre eigentümliche, alle konkurrierenden Ideen ver-

41 Vgl. H. Holborn, Der deutsche Idealismus in sozialgeschichtlicher Beleuchtung, HZ 174 (1952), 359 ff.; R. Vierhaus, Ranke und die soziale Welt, Münster 1957, 6 ff.

drängende Wirkungskraft erklärt sich letztlich aus der besonderen Konstellation von Kirche und Politik, religiöser und politischer Welt im älteren, vornehmlich lutherischen deutschen
Territorialstaat. Dieser hat auf den außerordentlichen Macht-
zuwachs, den er durch die Einziehung des Kirchenguts und
die Lostrennung der Kirche von der römischen Jurisdiktion
erfuhr, zunächst bewusst durch eine ethische Politik zu ant-
worten versucht.[42] Der Ausbruch aus dem christlichen Staats-
gefüge in die Ungebundenheit der Machtpolitik und der reinen
Staatsräson hat sich daher in Deutschland erst verhältnis-
mäßig spät vollzogen. Bis weit ins 18. Jahrhundert hinein beherrscht eine höchst eigentümliche, für die deutsche Staatsent-
wicklung bedeutsame Konfiguration von Kirche und Politik
das Feld, die noch im 19. Jahrhundert – deutlich erkennbar
etwa an der Sozial- und Bildungspolitik Preußens bis zu
Bismarck – nachwirkt: der christliche Erziehungs- und Wohl-
fahrtsgedanke; gleichsam ein politisches Legat, das die dem
Staate eingeordnete lutherische Kirche dem «Teutschen Fürstenstaat» des 16.–18. Jahrhunderts mit auf den Weg gegeben
hat.

Es ist wohl ein noch nie im Zusammenhang gewürdigtes, ja

---

42 So K. v. Raumer, aaO, 83: «Gewiß hat der gleichsam um die Kirche be-
reicherte Staat das außerordentliche Maß an Dignität, aber auch an bis ins
kleinste eingreifendem praktischem Einfluß ins Leben der Bürger vielfach
und vielfältig durch eine ‹sittliche› Politik, die ihm die Regentenlehren Mel-
chior von Osses und Veit Ludwig von Seckendorffs zur Pflicht machten, zu
beantworten versucht. Er hat es auf die Dauer nicht vermocht. Hier liegt
wohl die tiefste unter den durch die Reformation verursachten Wirkungen
auf das Verhältnis von Staat und Freiheit: nicht in der bloßen Vermehrung
einzelner Attribute der Staatsmacht, sondern in der Störung und Zerstörung
des überlieferten Grundverhältnisses von Staat und Kirche. Jenes Gegen-,
Mit- und Ineinander von weltlicher und geistlicher Gewalt, auf dem das historische Europa (gerade in seiner Freiheit) beruht hatte, war in den alten
Form ein für allemal vorbei. Wohl wirkte der sittigende und rational-erzie-
herische Einfluß der Kirche auch fürderhin; aber Staat und Kirche waren
nicht mehr im alten Sinne ein Kräfteparallelogramm, und ebenso wie der
Einzelmensch hatte der Staat eine Instanz verloren, die notfalls über ihm
stand.»

noch kaum bemerktes Faktum, dass die großen deutschen Staatslehrer der Neuzeit – von Osse, Obrecht und Seckendorff über Justi und Sonnenfels bis zu Gneist und Lorenz von Stein – eigentlich allesamt Verwaltungslehrer, Wohlfahrtstheoretiker gewesen sind. Deutschland hat den großen westlichen Staatslehrern des 16. und 17. Jahrhunderts – einem Machiavelli, Bodin und Hobbes – außer Pufendorf keinen ebenbürtigen Namen an die Seite zu stellen; weder der Gedanke der Staatsräson noch der des modernen Naturrechts haben hier zunächst eine Heimstatt gefunden; aber an den sittlichen Zweck des Staates, an die Schaffung «gemeiner Wohlfahrt» und «guter Polizei» hat man immer gedacht. Hier liegt der eigentümliche Beitrag Deutschlands zum modernen Staatsgedanken: Es ist ein Denken, das zur offenen Distanznahme, zum naturrechtlichen Messen des Staates an einer über ihm stehenden Ordnung ebenso unfähig ist, wie es sich zur langsam-bedächtigen Reform des Bestehenden in hohem Maße eignet. Der deutsche Fürstenstaat, aus lutherisch-reformatorischem Antrieb erwachsen, ist so nicht nur der Anfang des modernen kontinentalen Staatskirchentums geworden, sondern zugleich auch eine erste Ausprägung des neuzeitlichen Kultur- und Wohlfahrtsstaates. Hier entstand ein christlicher Amtsgedanke, eine religiöse Berufsauffassung, die dem deutschen politischen Leben für Jahrhunderte eine besondere Färbung gegeben hat, indem sie eine Erscheinung wie das Berufsbeamtentum hervorgebracht und die Formen der Herrschaftsübung mit ihrem Geiste imprägniert hat.

Kann so an der Fülle und weiterwirkenden Kraft dieser Tradition kein Zweifel sein, so ist die zweite Frage – die nach der heutigen Bedeutung und Bewertung dieses Erbes – weit weniger leicht zu beantworten. Was zunächst das wesentlichste Positivum dieser Staatslehre angeht, die Schärfung der sozialen Verantwortlichkeit der Regierenden und den daraus fließenden sozialpolitischen Vorsprung Deutschlands im 19. Jahrhundert, so ist es belastet durch das Odium politischer Reaktion und bürgerlicher Unfreiheit: Man denke nur an das eigentümliche Doppelgesicht Preußens im 19. Jahrhundert, wo einander im Vormärz wirtschaftlich-soziale Emanzipation und reaktionärer Kurs in der Verfassungsfrage, später Dreiklassenwahlrecht und Sozialistengesetz auf der einen, die Bismarck'sche Sozialversicherung auf der anderen Seite gegenüberstehen.[43] Dass es ein Obrigkeitsstaat war, der in Deutschland der Herrschaft des liberalen Privatrechts Grenzen setzte, hat politisch freiere Völker immer wieder mit Furcht gegenüber gewissen Formen und Tendenzen des deutschen Staatsgedankens erfüllt,[44] zumal wenn diese, wie bei Steins Konzept einer «sozialen Monarchie» oder Spenglers «preußischem Sozialismus», herausfordernd den westlichen Demokratien gegenübergestellt wurden. Wenn alliierte Kriegspropaganda im Ersten Weltkrieg die deutschen Arbeiter als Sklaven hinstellte, die sich durch die Sozialversicherung politisch entmündigen ließen, so war das nur ein besonders krasser Ausdruck für ein bis heute nicht völlig überwundenes westliches Ressentiment. Man übersah dabei vielfach, dass die sozialpolitische Obsorge der Regierungen in Deutschland nicht einfach nur einem politischen Kalkül entsprang, sondern in einer viel weiter zurückreichenden Tradition ihre Wurzeln hatte, ja dass der Obrigkeitsstaat in Deutschland – in der gewiss problematischen Form einseitiger Verfügungen – doch einen wesentlichen Teil der älteren Sozialethik über die Schwelle des bürgerlich-individualistischen Zeitalters hinübergerettet hatte, indem er die pflichtenethische Seite des älteren Naturrechts aktivierte und weiterbildete.[45]

43 Hierzu grundlegend W. Conze, Das Spannungsfeld von Staat und Gesellschaft im Vormärz, in: Staat und Gesellschaft im deutschen Vormärz, Stuttgart 1962, 207 ff.
44 Vgl. F. Wieacker, Das Sozialmodell der klassischen Privatrechtsgesetzbücher und die Entwicklung der modernen Gesellschaft, Karlsruhe 1952, 16.
45 Hierzu eingehend G. K. Schmelzeisen, Polizeiordnungen und Privat-

Heute beginnen die Polemiken und Missverständnisse, die noch vor einem Vierteljahrhundert Deutschland und die westlichen Demokratien trennten, allmählich einer zurückhaltenderen Beurteilung des Für und Wider der älteren deutschen Staatslehre zu weichen. Dazu hat die Veränderung der politischen Szene seit dem Zweiten Weltkrieg nicht unwesentlich beigetragen. Die einzelnen historischen Ausprägungen der verfassungsstaatlichen Ordnung – im 19. Jahrhundert noch in isolierten Sondertraditionen lebend – beginnen sich heute ineinander zu verschränken und wesentliche Züge miteinander auszutauschen: In einem weltweiten Mischungsprozess ist der kontinentale Staat parteistaatlich-pluralistisch aufgelockert, seine *suprema potestas* mit der angelsächsischen *rule of law* konfrontiert worden, während umgekehrt kontinentale Überlieferungen einer effizienten bürokratischen Staatsverwaltung samt ihrem amts- und dienstrechtlichen Zubehör über den Kanal und den Atlantik gewandert sind. In diesem Zusammenhang haben deutsche Überlieferungen wie die Kranken- und Sozialversicherung, der Schutz der Arbeitsstelle gegen willkürliche Entlassungen, disziplinarrechtliche und finanzielle Sicherungen der Beamten in steigendem Maß die Aufmerksamkeit der angelsächsischen Politik und Forschung gefunden, so dass man gelegentlich geradezu von einer sich anbahnenden Symbiose der Entwicklungstendenzen der modernen Demokratie sprechen konnte. Ernst Fraenkel hat die Diskussion in der angelsächsischen Forschung kürzlich dahingehend zusammengefasst, man sei sich einig, «daß das Deutschland des ausgehenden 19. und des ersten Drittels des 20. Jahrhunderts einen bedeutsamen und bleibenden Beitrag zu der Entwicklung des Staats- und Gesellschaftstyps beigesteuert hat, den man als ‹Westliche Demokratie› zu bezeichnen pflegt: den

recht, Münster-Köln 1955; vgl. ferner F. Wieacker, Privatrechtsgeschichte der Neuzeit, Göttingen 1952, 109 ff., 127 ff.

Gedanken der sozialen Geborgenheit». Und er fügt hinzu: «Es ist mehr als eine rhetorische Frage, ob die diesem Gedanken zugrunde liegenden Prinzipien in der Gegenwart nicht bereits die Gültigkeit von Sätzen des Naturrechts beanspruchen können.»[46]

Das führt uns zum Schluss noch einmal auf die Ausgangsfrage zurück, auf das Problem des Nachwirkens jener politisch-ideologischen Kämpfe des Ersten Weltkriegs in der Forschung. Kein Zweifel, dass die deutsche historisch-politische Wissenschaft zwischen den Kriegen besonders nachdrücklich, ja mit einem gewissen Trotz auf den Spättraditionen des deutschen politischen Denkens im 19. Jahrhundert beharrte – die westliche Weltkriegsfrage nach dem «anderen Deutschland» der Althusius, Leibniz und Pufendorf hat dazu ihr kräftiges Teil beigetragen. Heute jedoch besteht zu einer Zurücksetzung und Verdrängung des älteren Denkens um so weniger Anlass, als gerade *von hier* – und nicht so sehr von den Ideen und Institutionen des Parlamentarismus, der Gewaltenteilung, der Grundrechte, wo die Deutschen Schüler der westlichen Politik sind – ein möglicher Beitrag Deutschlands zur heutigen verfassungsstaatlichen Form des Westens erwartet werden kann. Will die heutige deutsche politische Wissenschaft nicht, wie Karl Loewenstein kürzlich mit einem gewissen Vorwurf formuliert hat, von den Brosamen der Reichen leben,[47] will sie also nicht nur englische oder amerikanische Modelle kopieren, sondern an eigenen Forschungsproblemen eigene Methoden und eine eigene Sprache entwickeln, so wird sie die ältere deutsche Staats- und Verfassungslehre und die geschichtliche Tradition des deutschen Staates kritisch, aber mit historischem Verständnis in ihre Betrachtungen einbeziehen müssen.

---

46 E. Fraenkel, Deutschland und die westlichen Demokratien, Stuttgart 1964, 33.
47 Zur Situation der politischen Wissenschaft in Deutschland. Eine Umfrage, ZfP 12 (1965) 201–223 (212).

Im andern Fall liefe sie Gefahr, nur aktuelle Sozialpädagogik für den politischen Katastrophenfall zu sein, mit einem kurzen Gedächtnis, das nicht hinter 1945 oder 1919 zurückreicht, oder bloße ahistorische Modelltheorie, oder ideologische Repristination, die sich in der triumphierenden Erledigung von Scheinproblemen durch Leerformeln gefällt.

Die politische Wissenschaft wird, falls sie diesen Weg begeht, in der älteren Tradition des deutschen politischen Denkens nichts entdecken, was ihr fremd wäre – sie wird im Gegenteil in ihr Elemente einer gemeineuropäischen Überlieferung des Politischen wiederfinden, die bei uns erst im 19. Jahrhundert verschüttet und teilweise zerstört wurden. Die Begegnung mit diesem Traditionsbestand könnte in einem doppelten Sinne hilfreich werden: einmal im Sinn der Aufnahme dieses Stoffes in unser geschichtliches Denken – eine Arbeit, die uns die Historie bisher trotz wichtiger Vorarbeiten[48] schuldig geblieben ist; zum andern aber im Sinn eines besseren Verständnisses der Stellung und Aufgabe der politischen Wissenschaft selbst. Denn diese ist bei uns keineswegs ein so neues Fach, wie sie meint, sondern kann gerade in Deutschland an den Universitäten auf eine lange Vergangenheit zurückblicken – eine nicht unrühmliche Vergangenheit, wie ich Ihnen hier darzustellen versuchte.

48 Summarisch sei an die Arbeiten von G. Oestreich, K. v. Raumer, H. Gollwitzer und R. Vierhaus erinnert.

Literatur und Konfession in Deutschland[1]

I. Die historische Ausnahme: ein mehrkonfessionelles Land

Vor einigen Jahren, 1997, berichtete eine fränkische Tageszeitung über den kleinen 60-Seelen-Ort Adelmannsdorf bei Wolframs-Eschenbach in Mittelfranken. Ihn durchschneidet ein Bach. Ich zitiere: «Die Häuser davor sind ausnahmslos katholisch, die dahinter evangelisch ... Ein Kind springt leicht über diesen Bach – für Hochzeiter ist er nach Jahrhunderten noch zu breit.» Noch nie habe «jemand aus der einen Hälfte des Dorfes in die andere geheiratet». Der Grund für diese konfessionelle Zweiteilung: Die eine Dorfhälfte gehörte früher zum Deutschen Orden – die andere zur evangelischen Markgrafschaft Brandenburg-Ansbach. In beiden Dorfhälften galt ein unterschiedliches Bekenntnis – und dieser Zustand wirkte reflexartig im Verhalten der Menschen bis in die Gegenwart nach, obwohl die alten Territorialgewalten seit mehr als zweihundert Jahren nicht mehr existieren und ihre Ländereien längst im modernen Bayern aufgegangen sind.[2]

So wie in Adelmannsdorf sah es jahrhundertelang in ganz Deutschland aus. Kirche und Staat waren im Alten Reich seit dem Augsburger Religionsfrieden (1555) territorial und konfessionell organisiert. Religion – so sah es der junge Hegel in

1 Festvortrag in der Bayerischen Akademie der Schönen Künste am 30. Juni 2011.
2 Das Zitat bei Axel Gotthard, Die Vorgeschichte des Dreißigjährigen Kriegs, in: Peter C. Hartmann, Florian Schuller (Hg.), Der dreißigjährige Krieg, Regensburg 2010, 23–45 (23).

seiner Verfassungsschrift[3] – wurde «in das was Verfassung heißt hineingeflochten».[4] Das führte zu einer zweipoligen Ordnung: Im Land, in den Territorien des Reiches, herrschte konfessionelle «Purität» (es gab nur *eine* Religion); im Reich dagegen galt als oberster Grundsatz das Nebeneinander, die «Parität» der Konfessionen.[5] Über Religionsfragen durfte im Reichstag zu Regensburg nicht mit Mehrheit abgestimmt werden. Die Religionsgemeinschaften tagten gesondert (Itio in partes). Deutschland als Reich, als Gesamtstaat machte historisch eine Ausnahme von dem in den westlichen und nördlichen Nationalstaaten herrschenden Prinzip der Einheit von Staat und Religion, wie es in Frankreich, Spanien, Schweden, England (und übrigens auch in den von der Orthodoxie geprägten Ländern im Osten und Südosten Europas) ganz selbstverständlich galt.

Obwohl Deutschland konfessionell gespalten war, hielt das Reich zusammen: mühsam zwar, aber immerhin fast 300 Jahre lang.[6] Zeiten des Kampfes, in denen sich Protestanten und Katholiken abwechselnd zu bekehren oder zu verdrängen oder zu vernichten strebten – Höhepunkt: der Dreißigjährige Krieg –, wurden immer wieder abgelöst von Friedensschlüssen: Die Religionsfrieden von 1555 und von 1648 bilden den ältesten Bestand unserer Verfassungsgeschichte. Das Nebeneinander – und der Wettbewerb – der Konfessionen hielt das öffentliche Leben in Deutschland in enger Verbindung mit christlichen Normen, Überlieferungen, Verhaltensweisen –

---

3 Georg Wilhelm Friedrich Hegel, Über die Reichsverfassung, hg. von Hans Maier nach der Textfassung von Kurt Rainer Meist, Hamburg 2004. – Hegels Schrift, um 1800 entstanden, wurde zu seinen Lebzeiten nicht veröffentlicht – wohl deshalb, weil der Gegenstand, das Alte Reich, 1806 endgültig dahingeschwunden war.
4 AaO, 92 f.
5 Auch der Antagonismus Purität-Parität stammt von Hegel; aaO, 95.
6 Barbara Stollberg-Rilinger, Das Heilige Römische Reich Deutscher Nation. Vom Ende des Mittelalters bis 1806, 4. Aufl., München 2009.

lange Zeit, bis in die Gegenwart hinein. Auch die deutsche Aufklärung war zwar kirchenkritisch, aber keineswegs religionsfeindlich. Eine Parole wie Voltaires «Écrasez l'infâme!» («Vernichtet die Verruchte» – gemeint war die Kirche) wäre im Mund Lessings oder Kants undenkbar gewesen. Und obwohl die Religionsfrieden keine Glaubensfreiheit schufen, sondern nur eine Glaubenszweiheit oder -dreiheit etablierten,[7] konnte das Alte Reich späteren ausländischen Beobachtern wie Montesquieu und Rousseau in einem Europa der politisch-religiösen Einheitskulturen als Hort einer – relativen – Toleranz und Freiheit erscheinen.

II. Konfession und Literatur:
«Hast du das richtige Gesangbuch?»

Dass die Bildung von Konfessionen zentrale Bedeutung hat in unserer politischen Geschichte, ist also unbestreitbar. Aber hat sich die Konfessionsbildung auch auf unsere Literatur ausgewirkt? Hat sie Sprache und Dichtung beeinflusst, möglicherweise sogar entscheidend geprägt?

Nun, das ist fast eine rhetorische Frage. Denn es gibt wohl kein Land in Europa, in dem der Gegensatz, das Nebeneinander zweier, später dreier Konfessionen im Denken und Dichten so deutliche Spuren hinterlassen hat wie in Deutschland.[8]

Die Konfessionsbildung im 16. Jahrhundert begann ja nicht nur mit Agenden und Katechismen – sie begann auch mit Bibelübersetzungen, Gebeten, Liedern, Gesangbüchern. «Du

---

7 1555 zwischen Katholiken und Lutheranern, 1648 zwischen Katholiken, Lutheranern und Reformierten.
8 Vergleichbar ist nur noch Polen, gleichfalls ein mehrreligiöses Land mit katholischer Mehrheit, aber auch starken orthodoxen und protestantischen Minderheiten. Zugleich konzentrierten sich hier über Jahrhunderte hin jüdische Gemeinschaften aus vielen Teilen Europas.

hast das falsche Gesangbuch» – das war im territorial-kirchlich organisierten Deutschland lange Zeit ein Grund für bürgerliche Ausschließung, wenn nicht für Schlimmeres. Der Glaubenskampf wurde auf Kanzeln, in Predigten, im Feld der Sprache, der Literatur, der Publizistik, des Druckgewerbes und Verlagswesens ausgetragen. Dass man in den Anfängen gegenseitig den Gottesdienst störte, unter Umständen konkurrenzweise gleichzeitig im selben Kirchenraum katholische Messe und evangelische Predigt hielt und sich durch lautstarken Gesang zu übertönen suchte, war keine Seltenheit. Die Neigung der Theologen beider Seiten zu Kontroversen und Polemiken hielt lange an. Durch Jahrhunderte blieben Sprachentwicklung, Frömmigkeit und Theologie durch konfessionelle Rivalitäten geprägt – die nicht nur religionsgeschichtlich, sondern auch sozialgeschichtlich aufschlussreiche Geschichte der Gesangbücher, der Kirchenlieder zeigt es deutlich an.[9]

Will man das Verhältnis von Konfession und Literatur in Deutschland vom 16. bis zum 18. Jahrhundert genauer bestimmen, so muss man drei Stichworte nennen: erstens die Lutherbibel, zweitens das Evangelische Pfarrhaus, drittens den Pietismus und seine Wirkungen auf die Sprache unserer klassischen Literatur.

1. Das kulturelle Gewicht des nord- und ostdeutschen Protestantismus, wie es sich vom 16. zum 18. Jahrhundert herausbildete, beruhte vor allem auf einer sprachlichen Überlegenheit. Innerhalb des deutschen Protestantismus hatte sich seit

9 Die älteren Sammlungen von Kirchenliedern (Wackernagel, Bäumker u. a.) sind noch stark konfessionell geprägt und verzichten meist auf vergleichende Fragestellungen. Kriterien eines systematischen Vergleichs und einer literatur- und sozialgeschichtlichen Betrachtung des Kirchenliedes hat in jüngster Zeit vor allem Hermann Kurzke (Mainz) im Rahmen des Graduiertenkollegs «Geistliches Lied und Kirchenlied interdisziplinär» entwickelt (www.gesangbucharchiv.uni-mainz.de).

der Lutherbibel eine Sprache entwickelt, die zunehmend zur Literatursprache wurde. Diesen Vorsprung mussten die Katholiken seit etwa 1760 erst aufholen.

Gewiss war Martin Luther nicht der Schöpfer der deutschen Hochsprache. Luther war nicht der Erste, der die Bibel ins Deutsche übersetzte. Aber seine Übertragung drang erstmals in breitere Kreise; sie brachte den längst in Gang befindlichen Sprachausgleich zwischen «Ober- und Niederländern» zum vorläufigen Abschluss: Sie wurde zum Modell für das literarische Deutsch der Zukunft.[10] In seiner Wirkung als Sprachschöpfer hat Luther für Deutschland eine ähnliche Bedeutung wie Dante, Boccaccio, Petrarca für Italien. In seiner Sprache erkannte sich die (werdende) Nation.

Wenn die Voraussetzung für die Entstehung des modernen Deutsch in der – wenigstens partiellen – Konvergenz eines landschaftlichen (sächsischen) und eines kaiserlichen Deutsch lag (so sah es übrigens auch Luther selbst!), dann kann man umgekehrt die folgende Entwicklung aus dem Zerbrechen dieser Konvergenz im Zug der Glaubensspaltung erklären. Deutschland wurde zum nahezu einzigen Land des Kontinents, in dem sich, annähernd gleich stark, eine katholische und eine protestantische Kultur entwickelten: die eine im Süden und Westen und in bestimmten östlichen Regionen, in enger Verbindung zur romanischen und slawischen Welt, die andere, im Norden und in Mitteldeutschland, im Austausch mit England, Skandinavien, England.

Unterschiede zwischen den katholischen und den evangelischen Ländern entwickelten sich zuerst im Schulwesen. Des-

---

10   Eric A. Blackall, The Emergence of German as a Literary Language 1700–1775, Cambridge 1959; dt. unter dem Titel Die Entwicklung des Deutschen zur Literatursprache 1700–1775, Stuttgart 1966; Heinz Schlaffer, Die kurze Geschichte der deutschen Literatur, München 2003, 54 ff., 73 ff.; Nicholas Boyle, German Literature. A Very Short Introduction; dt. unter dem Titel Kleine Literaturgeschichte, München 2009; hier besonders 50 ff., 83 ff.

sen Organisation war in den evangelischen Staaten keine kirchliche, sondern in erster Linie eine staatliche Aufgabe. Die Kloster- und Domschulen waren ja säkularisiert worden. Zwar gab es in den Anfängen noch eine geistliche Schulaufsicht, die religiös und theologisch nach dem Rechten sah. Aber die disziplinäre Kontrolle durch kirchliche Autoritäten lockerte sich früh und verschwand bald ganz.

Die humanistische Symbiose von Religion und Erziehung – anfangs noch ein starkes Band der Gemeinsamkeit zwischen den Konfessionen – wurde im evangelischen Bereich zu Ende des 17. Jahrhunderts schwächer und löste sich endlich ganz auf. Das hatte zur Folge, dass das Lateinische als Sprache der Bildung zurücktrat, das Deutsche dagegen immer stärker vordrang. Übrigens war Deutsch in den evangelischen Territorien von Anfang an im Katechismusunterricht üblich. Fast durchweg deutsch waren auch die Formen der Verkündigung: Lutherbibel, Kirchengebet und Kirchenlied.

Auch in den katholischen Territorien drang im 17. und 18. Jahrhundert das Deutsche vor. Auch hier lockerte sich die Bindung an das Lateinische. Der entscheidende Unterschied lag aber darin, dass der gebildete Katholik im Allgemeinen nur die Sprache seiner Landschaft kannte, während der gebildete Protestant in ständigem Kontakt mit einer über den Mundarten stehenden gemeindeutschen Sprache lebte.[11] Das Problem des katholischen Deutschland war es, dass es aus Selbsterhaltungsgründen bis weit ins 18. Jahrhundert hinein eine Abgrenzungsstrategie verfolgte, die sich aus dem Konfessionellen alsbald ins Sprachliche übertrug. Was einstmals auf sprachlichen

11 Karl Viëtor, Luthertum, Katholizismus und deutsche Literatur, in: Viëtor, Geist und Form. Aufsätze zur deutschen Literaturgeschichte, Bern, 1982, 35–52 (44). Aus katholischer Perspektive ergänzend und in Einzelheiten korrigierend Wolfgang Frühwald, «Katholisch, aber wie Sailer ...». Kultur und Literatur in Bayern am Übergang zur Moderne, in: Aus dem Antiquariat 7/1984, 237–246.

Gemeinsamkeiten beruhte, das wurde jetzt zu «lutherischem Deutsch». Es ist gewiss eine Übertreibung ex post, wenn Jacob Grimm im 19. Jahrhundert das Neuhochdeutsche im Gegenzug als «protestantischen Dialekt» bezeichnet hat. Aber es trifft doch die Sache, wenn Karl Viëtor von einer «weitgehenden Personalunion zwischen Protestantismus und säkularer Literatur» in Deutschland sprach.[12] Während im katholischen Deutschland die Literatur überwiegend in die Hände von Geistlichen überging – man denke an Friedrich von Spee, Jakob Balde, Angelus Silesius, Abraham a Sancta Clara –, blieb im evangelischen Deutschland das Wechselspiel von geistlicher und weltlicher Literatur erhalten. Hier lagen die Voraussetzungen für den späteren Siegeszug der klassischen Literatur.

2. In den neueren Jahrhunderten wurde das evangelische Pfarrhaus zum zentralen Ort einer nachhaltigen Bildung. Es entfaltete eine besondere Wirkung im Bereich der Literatur. Für einen deutschen Dichter wurde es im 18. Jahrhundert geradezu typisch, fast geboten, dass er aus einem Pfarrhaus stammte. Die Liste ist lang: Bodmer, Gottsched, Gellert, Lessing, Wieland, Schubart, Claudius, Lichtenberg, Bürger, Hölty, Lenz, Jean Paul, August Wilhelm und Friedrich Schlegel. Heinz Schlaffer bemerkt dazu in seinem Buch «Die kurze Geschichte der deutschen Literatur» (2002): «Eine Liste ähnlich bedeutender Autoren, die zwischen 1730 und 1800 tätig, aber keine Pfarrersöhne waren, fiele kürzer aus. Aber auch sie – darunter Klopstock, Goethe, Schiller, Hölderlin – waren alle protestantisch, also durch die von der evangelischen Kirche beaufsichtigten Schulen und Lektüren hindurchgegangen. In dem für die Geschichte der deutschen Literatur entscheidenden 18. Jahrhundert spielen katholische Dichter ebenso wenig eine Rolle wie katholische Philosophen und Gelehrte,

12 Viëtor, aaO, 47.

obwohl die deutsche Bevölkerung, nimmt man Österreich hinzu, den beiden Konfessionen ungefähr zu gleichen Teilen angehörte. Erst an der Wende vom 18. zum 19. Jahrhundert treten katholische Autoren hervor: Görres, Brentano, Eichendorff; erst an der Wende vom 19. zum 20. Jahrhundert kommen sie nach Zahl und Rang den protestantischen gleich, übertreffen sie sogar.»[13]

3. Nur andeuten kann ich den dritten Aspekt: die Übernahme religiöser Sprachgebärden – vorzugsweise aus dem Pietismus stammend – in die klassische deutsche Literatur. Dazu haben Albrecht Schöne, Martin Brecht, Hartmut Lehmann und andere Erhellendes gesagt.[14] Ein Goethezitat mag genügen, um die Zusammenhänge anzudeuten. Im sechsten Buch von «Wilhelm Meisters Lehrjahren» – den «Bekenntnissen einer schönen Seele» – macht uns Goethe mit dem «Hallischen Bekehrungssystem» vertraut. «Nach diesem Lehrplan muss die Veränderung des Herzens mit einem tiefen Schrecken über die Sünde anfangen; das Herz muss in dieser Not bald mehr, bald weniger die verschuldete Strafe erkennen und den Vorschmack der Hölle kosten, der die Lust der Sünde verbittert. Endlich muss man eine sehr merkliche Versicherung der Gnade fühlen, die aber im Fortgang sich oft versteckt und mit Ernst wieder gesucht werden muss.»[15] Ein pietistischer Theologe hätte es nicht treffender sagen können. An vielen Stellen unserer klassischen Literatur wird deutlich, wie stark die gesteigerte reli-

13 Schlaffer (wie Anm. 9), 54 f.
14 Albrecht Schöne, Säkularisation als sprachbildende Kraft. Studien zur Dichtung deutscher Pfarrersöhne. 2. Aufl. Göttingen 1968; Martin Brecht, Klaus Deppermann, Hartmut Lehmann, Ulrich Gäbler (Hg.), Geschichte des Pietismus, Bd. 1–4, Göttingen 1993–2004; Hartmut Lehmann, Religiöse Erweckung in gottferner Zeit. Studien zur Pietismusforschung, Göttingen 2010.
15 Johann Wolfgang von Goethe, Wilhelm Meisters Lehrjahre, sechstes Buch; Hamburger Ausgabe, Bd. 7, 358–420; das Zitat 388.

giöse Selbstbeobachtung im Pietismus in die Literatur hinü-
bergewirkt hat. Sie entband einen spezifischen Eifer psychi-
scher Erkundungen, eine Konzentration auf das Innere – oft
unter Abwendung vom Weltlichen, Politischen, Sozialen.
Diese Innerlichkeit sollte der deutschen Literatur für fast zwei
Jahrhunderte ihr Gesicht verleihen. Alles wurde jetzt – in einer
ganz neuen, goethischen Bedeutung des Wortes – zu «Bruch-
stücken einer großen Konfession».

III. Literatur und Konfession: die Anderen

Doch nun: Wie war es inzwischen der anderen Konfession,
der katholischen, ergangen? Welche Konfigurationen von Religion und Literatur zeigten sich dort, in Österreich, im süd-
lichen und westlichen Deutschland?

Das 19. Jahrhundert war für die Katholiken in Deutschland
eine verlustreiche Zeit. Mit der Säkularisation verloren sie fast
ihr gesamtes klösterliches Bildungswesen und einen großen Teil
ihrer Hochschulen. Die ländlich-stiftische Kultur ging in er-
heblichen Stücken zugrunde.[16] Im Erziehungswesen wurde ein
Jahrhundert lang der Protestantismus führend – auch im Süden
und Westen. Mit Humboldt, Süvern, Thiersch wurde die schulische Bildung eine vorwiegend städtische Angelegenheit. Die
Bildungschancen der katholischen, überwiegend nichtstädti-
schen Bevölkerung waren im 19. Jahrhundert nicht größer, eher
geringer als vor der Säkularisation. Erst die Bildungsreformen
des 20. Jahrhunderts, in den Jahren 1965–1980, haben einen

---

16 Umfassender Überblick über die Säkularisation im deutschen Südwesten in den Begleitbüchern zur Großen Landesausstellung Baden-Württemberg «Alte Klöster – neue Herren» in Bad Schussenried 2003: Bd. 1 (Aus-
stellungskatalog), Bd. 2.1 und 2.2 (Aufsätze), Konstanz 2003. Für Bayern:
Alois Schmid (Hg.), Die Säkularisation in Bayern 1803. Kulturbruch oder
Modernisierung?, München 2003.

neuen Ausgleich zwischen Stadt und Land geschaffen und das durch die Säkularisation verursachte «Bildungsdefizit» im katholischen Deutschland dauerhaft abzubauen geholfen.

Im 19. Jahrhundert trennten sich in Deutschland der Katholizismus und die – protestantisch dominierte – Zeitkultur. Zu Anfang des Jahrhunderts standen Sailer und der Münsteraner Kreis noch in Verbindung mit dem Weimar Herders und Goethes. Viele versuchten noch einmal einen Brückenschlag zwischen Gegenwart und Mittelalter, zwischen katholischem und evangelischem Fühlen: Die Generation der Görres, Drey, Möhler, Diepenbrock und Radowitz hielt an der Verbindung von Katholizismus und Nationalkultur fest. Aber bald darauf gingen die Wege auseinander. Eichendorff war der letzte katholische Dichter, der im 19. Jahrhundert von der deutschen Gesamtkultur rezipiert wurde (nicht mehr Grillparzer, Stifter, die Droste). Das Kölner Domfest, 1842 gefeiert, vereinigte ein letztes Mal katholische, dynastische, historische und nationale Interessen. Für die spätere, von Liberalismus und Fortschrittsglauben geprägte nationale Kultur dagegen war der Katholizismus unwiderruflich Vergangenheit. Im Kulturkampf kam der Satz auf: Catholica non leguntur. Katholische Autoren erhielten im Kürschner ein kleines k als warnenden Hinweis: Vorsicht, Sonderkultur!

Mit dem Ende der Romantik hatte der Katholizismus in Deutschland seine kulturelle Ausdruckskraft im Bereich von Sprache und Dichtung weitgehend eingebüßt. (Das Band zur Barockliteratur war schon länger durchschnitten.) Die katholische Dichtung des 19. Jahrhunderts blieb in Deutschland erheblich schmaler in ihren Ausdrucksformen – und erst recht in ihrer Wirkung – als die aus Pietismus und Aufklärung hervorgegangene, überwiegend von protestantischen Autoren geprägte Nationalliteratur. Sie wies besondere Akzente auf: Im Vordergrund standen Lyrik und Versepos als Nachklang der Romantik (Friedrich Wilhelm Webers «Dreizehnlinden»!), während die großen Prosaepiker der Zeit, Stifter ausgenommen, Nicht-katholiken waren. Das Theaterspiel in den katholischen Gesellen- und Arbeitervereinen des Kaiserreichs – an Umfang die größte Laienbühne der Zeit – ging am klassischen deutschen Bestand vorbei, adaptierte dafür aber spanische, französische, italienische und englische Muster.[17] Immerhin blieben in dieser eingeschränkten, im Niveau oft bescheidenen, auf Selbstdarstellung und Verteidigung programmierten Literatur Themen erhalten, die in der allgemeinen Literatur zu verschwinden drohten oder schon verschwunden waren: biblische Stoffe, Evangeliendichtung, Märtyrerdramen, mittelalterliche und barocke Sujets – und vor allem «indigene» Geschichten «aus fernen Landen», aus dem romanischen und slawischen Europa, aus Lateinamerika, Afrika, dem Nahen und Fernen Osten.

Das wirft grundsätzliche Fragen auf. Noch immer wird ja in den meisten Darstellungen die Entwicklung der Literatur im katholischen Deutschland als «Sonderweg», als separatistisches Einzelgängertum, als Rückzug ins Getto gesehen – eine Perspektive, die schon bei Karl Muth, dem Gründer des «Hochland», selbstkritisch anklingt.[18] In der Tat mochten sich die Dinge von einem zur selbstverständlichen Norm erhobenen «Weimarer Kanon» her so präsentieren. Aber lässt sich diese Perspektive nicht auch umkehren? War nicht auch «Weimar» selbst ein Sonderweg? Und war die Einsamkeit katholischer Autoren wie Brentano, Eichendorff, Grillparzer, Droste im 19. Jahrhundert nicht auch dadurch verursacht, dass sie in einem rasch sich nationalisierenden, von älteren Traditionen

17 Gabriele Clemens, «Erziehung zu anständiger Unterhaltung». Das Theaterspiel in den katholischen Gesellen- und Arbeitervereinen im deutschen Kaiserreich. Eine Dokumentation, Paderborn 2000.
18 Veremundus = Karl Muth, Steht die Katholische Belletristik auf der Höhe der Zeit? eine litterarische Gewissensfrage von Veremundus, Mainz 1898; Karl Muth, Die literarischen Aufgaben der deutschen Katholiken. Gedanken über katholische Belletristik und literarische Kritik, zugleich eine Antwort an seine Kritiker, Mainz 1899.

abgeschnittenen Literaturraum unvermeidlich vereinzelt wurden, weil ihnen zum Beispiel die alten romanischen und slawischen Literatur-Nachbarn plötzlich fehlten?

Man sollte es nicht vergessen: Die deutsche klassische Literatur hatte sich in einem Akt der Emanzipation gebildet. Man riss sich im 18. und 19. Jahrhundert in Deutschland von zahlreichen literarischen Überlieferungen Europas los. Das gilt für die lateinische Poesie, von der man sich in Nord- und Mitteldeutschland früher abkehrte als im Süden.[19] Das gilt auch für die nach Europa ausstrahlende Ästhetik und Dramenkunst des französischen 17. Jahrhunderts, von der sich Lessing mit heftiger, heute fast nationalistisch anmutender Gebärde lossagte. Das gilt für Dante, der im 19. Jahrhundert in Deutschland seine literarische Zentralität verlor (und nun in der Tat zum Sonder-Interesse katholischer Forscher wurde). Bei Lessing, Herder, Wieland, Goethe rückte Shakespeare in die Mitte der deutschen Literatur. Deutschland germanische Zugehörigkeit wurde im 19. Jahrhundert literarisch und nationalgeschichtlich bedeutsam. Parallel dazu wurde der «heilige Ehebund» der Griechen und der Deutschen entdeckt und hypostasiert. Deutschland als das «neue Hellas» wurde herausfordernd der angeblich nur «abgeleiteten», «epigonalen» Poesie der Lateiner und Romanen entgegengestellt.[20]

Gewiss, Goethe stand über diesen Gegensätzen: Er kannte die Franzosen, die Italiener, Spanier und Portugiesen, er bewunderte Calderon und Camões und hatte Verständnis für seinen Zeitgenossen Manzoni. Aber im Ganzen verlor doch die deutsche Literatur im 19. Jahrhundert, vor allem *nach Goethe*, die nicht-germanischen Nachbarn aus den Augen – und mit

---

19 Dort erlebte die lateinische Poesie in dem Jesuitendichter Jakob Balde (1604–1668) einen späten Höhepunkt.
20 Noch immer lesenswert: Walter Rehm, Griechentum und Goethezeit, München 1936 (4. Aufl. Bern-München 1968) mit dem bezeichnenden Untertitel «Geschichte eines Glaubens».

ihnen formale und ästhetische Traditionen, die bis dahin Deutschen und Italienern, Franzosen, Spaniern, Polen und Ungarn gemeinsam gewesen waren. Dass es in Deutschland keine Parnassiens und keine Symbolisten gab – zumindest nicht im 19. Jahrhundert –, dass die deutsche Lyrik und Epik erst wieder im 20. Jahrhundert Anschluss an die Weltliteratur gewann – das hing auch mit Tendenzen jener Emanzipation zusammen, die manchmal einer freiwilligen Vereinzelung, einer literarischen Selbstisolierung glich.

Demgegenüber war die katholische Literatur lange Zeit hindurch ein Speicher des Vergangenen und Vergessenen – alles dessen, was versunken, abgelegt, aus der Mode gekommen war. Petrarkismus und barockes Pathos, Volks- und Legendenton, Kalendergeschichten und Lehrstücke, Märchenhaftes und Kindliches, Abenteuerliches und Exotisches gaben sich hier ein Stelldichein. Mystische und ritterliche Traditionen lebten unter der Oberfläche weiter. Das nahm manchmal esoterische, manchmal triviale Formen an. Wer ein realistisches Programm vertrat, wer Dichtung für ein Konterfei der Wirklichkeit hielt, der mochte darüber lächeln. Aber auch diese «katholische Literatur» fand ihre Leser.

Zum Beginn des 20. Jahrhunderts hatte sich die Lage von Grund auf verändert. Nach Weimar, Jena, Berlin, nach dem protestantischen Norden traten jetzt in der deutschen Literatur zwei Städte in den Vordergrund, die bis dahin eher am Rand des literarischen Geschehens gestanden hatten: Wien und Prag. «Es sind katholische Städte mit einer jüdischen Minderheit. Vor dieser geographischen Verlagerung war die deutsche Literatur eine Angelegenheit des protestantischen Nordens gewesen, nun kommen die wichtigsten Autoren aus einer katholischen oder jüdischen Umgebung im Süden, den man lange als geradezu illiterat verachtet hatte.»[21] Zu nennen

21 Schlaffer (wie Anm. 9), 134.

sind unter vielen anderen Rainer Maria Rilke, Hermann Bahr und Hugo von Hofmannsthal.

Erstaunlicherweise ist das so geblieben bis weit ins 20. Jahrhundert hinein, mit zwei besonderen zeitlichen Akzenten: einmal dem Expressionismus vor und nach dem Ersten Weltkrieg[22] und dann wieder in den ersten beiden Jahrzehnten nach 1945, als Autoren wie Elisabeth Langgässer, Reinhold Schneider, Gertrud von le Fort und Werner Bergengruen zu den meistgelesenen Schriftstellern gehörten; auch an dem zum Katholizismus konvertierten späten Alfred Döblin darf erinnert werden und an die neu aufgehenden Nachkriegssterne Heinrich Böll, Günter Grass und Martin Walser – alle gesegnet und geschlagen mit einer «katholischen Kindheit».

Die Geschichte schlägt manche Kapriolen – auch die Schreib- und Literaturgeschichte. Heute folgt die Literatur nicht mehr den Mustern, die im 19. Jahrhundert – zumal in Deutschland – als verbindlich galten. Vieles dagegen, was damals verpönt war, ist in der Gegenwart nicht nur erlaubt – es ist geradezu zum Paradigma neuer Ausdrucksformen geworden. In den großen Romanen des 20. Jahrhunderts – man denke an Belyj, Joyce oder Faulkner – rinnen reale und surreale, naturalistische und artifizielle Elemente zusammen. Hohe und niedere Literatur vermischen sich. Nicht nur Balzac und Tolstoj sind präsent, sondern auch Karl May und Jules Verne. Die Realität wird respektlos umhergewirbelt und in die Luft geworfen. Und auch das Erbaulich-Lehrhafte, lange Zeit verachtet und gemieden, ist wieder da – mehr in Gestalt des politischen als des religiösen Engagements zwar, aber unübersehbar.

Das zeigt, dass sich Epochen rascher wandeln können, als man denkt. Der Geist «ist ein Wühler» (Jacob Burckhardt) –

22 Überraschende Aufschlüsse bietet Paul Raabe in seiner Dokumentation Die Autoren und Bücher des literarischen Expressionismus, 2. erw. Aufl., Stuttgart 1992, in der sich zahlreiche jüdische und katholische Autoren finden.

er widerstrebt auch im literarischen Leben allen kanonischen Festlegungen. Natürlich bleibt die Verbindlichkeit unserer aus Pietismus und Aufklärung erwachsenen klassischen Dichtung um 1800 bestehen. Natürlich schickt sich auch die jüngste deutsche Literatur seit 1900 nicht an, katholisch zu werden. Aber viele nachklassische Schriftsteller der Moderne haben eine katholische Kindheit und reden liebevoll von ihr – auch wenn sie sich manchmal als «gottlose Christen» bezeichnen. Das ist neu und überraschend und lädt zum Nachdenken ein.

Jedenfalls: Die lange und wechselvolle Geschichte von Konfession und Literatur in Deutschland dürfte mit der jüngsten Epoche noch nicht zu Ende sein. Mit neuen Überraschungen, neuen Wendungen und Volten ist auch in Zukunft zu rechnen.

Faust: Das Drama der Deutschen

1 Weltspiel

Goethe hat an seinem *Faust* ein Leben lang gearbeitet. Mehr als drei Jahrzehnte, von 1773 bis 1806, dauerte die Arbeit am *Faust I* – und wiederum drei Jahrzehnte, von 1800 bis 1831, schrieb der Dichter am *Faust II*.[1] Dabei verlief die Arbeit nicht in einem Zug, sondern in einer Kette von Anläufen, Abbrüchen, Wiederaufnahmen, Überarbeitungen. Andere Werke kamen dazwischen, Briefe und Tagebücher und vor allem die stetigen, Raum und Zeit erfordernden naturwissenschaftlichen Forschungen. Beobachter wie Friedrich Schiller zweifelten, ob Goethe das Werk überhaupt noch vollenden werde.[2] Tatsächlich erschien der *Faust I* erst 1808 im Rahmen der Werkausgabe bei Cotta in Tübingen, Goethe ging damals auf die sechzig zu. Als er fast ein Vierteljahrhundert später im Juli 1831 den Zweiten Teil abschloss, versiegelte er das Manuskript. Das Werk sollte nach seinem Willen zu seinen Lebzeiten nicht erscheinen. Er fürchtete, es würde «an den Strand getrieben wie ein Wrack in Trümmern daliegen und von dem Dünenschutt der Stunden […] überschüttet werden» – das schrieb er kurz vor seinem Tod an Wilhelm von Humboldt.[3] Erst nach Goethes Tod kam

1 Faust I und II werden zitiert nach der Ausgabe von Albrecht Schöne (Bibliothek deutscher Klassiker 114), Frankfurt am Main 1994 (Texte). Schönes gleichzeitig erschienener Kommentarband (Johann Wolfgang Goethe: Faust. Kommentare) wird zitiert: Schöne, Kommentare.
2 Schmidt, Jochen: Goethes Faust. Erster und Zweiter Teil. Grundlagen – Werk – Wirkung (1. Aufl. München: C.H.Beck 1999), 3. Aufl. München: C.H.Beck 2011, 37.
3 Brief vom 22. März 1832 (zit. bei Schmidt 211).

der Zweite Teil des Faust zur Ostermesse 1833 im Druck heraus; erst seit dieser Zeit kennen und besitzen wir das gesamte Werk.

Wenn ein Thema einen Autor über so lange Zeit beschäftigt – es waren 60 Jahre, seit Goethe am *Faust* zu schreiben begann, 70 Jahre, seitdem er in der Kindheit in Frankfurt erstmals mit dem Puppenspiel in Berührung gekommen war und von dem Magier und seinem Teufelspakt erfahren hatte –, wenn sich also der *Faust*-Stoff durch ein ganzes Leben hindurchzieht, wie es bei Goethe der Fall war, so verwandelt sich notwendig auch seine Gestalt – sei es, dass der schreibende und redigierende Autor immer wieder neue Akzente setzt, sei es, dass der Wandel der Epochen, das Auf und Ab der Zeit sich in der Dichtung spiegelt. So enthalten die beiden *Faust*-Dramen viel Autobiografisches über Goethe und sind zugleich ein Abbild ihrer Entstehungszeit. Sie sind Teil der «großen Konfession», wie Goethe seine Dichtung benannt hat, sie sind aber auch Teil der Epoche, die Goethe in seiner Lebenszeit durchmaß – *politisch* vom Ancien Régime zur Französischen Revolution und ihren Kriegen, zu dem von Goethe hochgeschätzten ‹Empereur› Napoleon, dem Gipfel seiner Herrschaft und ihrem jähen Ende sowie der nachfolgenden Restauration, *literarisch* vom Sturm und Drang zu dem, was man später ‹Weimarer Klassik› nannte, zur Romantik, zu den Anfängen des ‹Jungen Deutschland›, zum Realismus.

Goethe lässt seinen Faust durch viele Räume und Zeiten wandern. Das Drama beginnt laut Regieanweisung «in einem hochgewölbten, engen, gotischen Zimmer», in dem der von Wissenschaft und Forschung, ja vom Leben schlechthin enttäuschte Doktor, dem nach eigenem Bekenntnis «alle Freud entrissen» ist, mit dem Gedanken an den Selbstmord spielt (nur die unerwartet einfallenden Osterglocken halten ihn davon ab).[4] Auch die folgenden Schauplätze sind nicht allzu weit

---

4 Schöne 1994 (Bd. 1: Texte/Faust I), V. 355–805.

vom «dumpfen Kellerloch» des Anfangs, von der mittelalter-
lich-kleinstädtischen Atmosphäre des Ganzen entfernt. Vor
unseren Augen entsteht eine Ackerbürgerstadt mit Wald und
Feldern vor den Toren; Auerbachs Keller in Leipzig wird sichtbar und hörbar mit seinen polternden und lärmenden Zechern;
das Haus der Nachbarin erscheint, in dem sich die Verbindung
von Faust und Gretchen und die tragische Verwicklung ihrer
Beziehung vorbereitet. Dann Gretchens Stube; Straße, Garten,
Wald und Höhle, später der Kerker, in dem die zur Hinrich-
tung verurteilte Kindsmörderin ihre letzten Tage verbringt,
ehe das Schwert des Henkers ihr Leben auslöscht; dazwischen
das Ambiente des Teufelsbündnisses: die Gestalt des Mephistopheles als Pudel und als menschenähnliches Geschöpf, die
Hexenküche, die Walpurgisnacht.

Im Zweiten Teil des *Faust* weiten sich die Räume. Der erste
Akt beginnt in einer «anmutige[n] Gegend», und wir finden
Faust «auf blumigen Rasen gebettet».[5] Dann führt der Weg im
zweiten Akt in die Kaiserliche Pfalz und in eine Folge großer
Säle (freilich auch in eine «Finstere Galerie», in der Mephistopheles plötzlich von den «Müttern» zu sprechen beginnt – was
Faust, wie er bekennt, «wie ein Schlag» trifft!).[6] Unerwartet
taucht das «hochgewölbte enge gotische Zimmer» des Ersten
Teiles wieder auf, gefolgt von einem Laboratorium mit weit-
läufigen Apparaten zu fantastischen Zwecken.[7] Der alt-
deutsch-ausschweifenden Walpurgisnacht des Ersten Teils tritt
eine mittelmeerische «Klassische Walpurgisnacht» gegenüber,
in der Sirenen, Nereiden, aber auch historische Gestalten wie
Anaxagoras und Thales auftreten.[8] Im dritten Akt begegnet
Faust Helena vor dem Palast des Menelas zu Sparta.[9] Er ist

5 Schöne 1994 (Bd. 1: Texte/Faust II), V. 4615–4725.
6 Ebd., V. 6215–6220.
7 Ebd., V. 6820–7000.
8 Ebd., V. 7005–8483.
9 Ebd., V. 8490–10035.

jetzt endgültig in der Antike, in der Klassik angekommen. Der vierte Akt spielt im Hochgebirge und Vorgebirge und hat kriegerischen, chaotischen Charakter – mit Kaiser und Gegenkaiser, mit den ruchlos agierenden drei Gewaltigen.[10] Der abschließende fünfte Akt zeigt Faust als Kolonisator, als Landgewinner und Weltgestalter, gewalttätig nach allen Seiten ausgreifend, Überrumpelung und Zwang nicht scheuend, um «das größte Werk» zu vollenden – dann freilich von der Sorge gequält, in die Isolation gestoßen, erblindend, schließlich dem Tod verfallend im höchsten Alter[11] –, ehe sich das Drama ins Mystische wendet und Engel das Unsterbliche von Faust «zu höheren Sphären», zum «ausgespannten Himmelszelt» entführen.[12]

Eine bunte, ja überbunte Welt – und es wundert nicht, dass die vielen dramatischen Bilder erst spät den Weg auf die Bühne fanden. Zusammenhängend sind *Faust I* und *Faust II* wohl erst im späten 19. und im 20. Jahrhundert ins Theaterrepertoire eingegangen (erste Gesamtaufführung im Hoftheater Weimar vom 6./7. Mai 1876). Claus Peymann und Achim Freyer inszenierten 1977 in Stuttgart an zwei Abenden *Faust I* und *II*, machten das Drama zu einem lebhaften, von Regieeinfällen flimmernden Theater-Spektakel. Im Jahr 2000 führte Peter Stein anlässlich der Expo in Hannover in 21 Stunden den gesamten *Faust* auf (mit Bruno Ganz in der Titelrolle), wobei der Regisseur keinen der mehr als 12 000 Verse ausließ und sämtliche Regieanweisungen Goethes sorgfältig beachtete. Brauchte Stein für diese Aufführung noch zwei Tage, so bot Hasko Weber in Weimar im Reformationsjahr 2017 den Zuschauern *Faust I* und *II* an einem einzigen Tag. In München erlebten wir die beiden Teile gleichfalls in einem Theater-Mara-

10 Ebd., V. 10 04o–11 04o
11 Ebd., V. 11 045–11 585.
12 Ebd., V. 11 845–12 110.

thon von acht Stunden an einem Tag in einem Gastspiel des Thalia-Theaters Hamburg in den Kammerspielen in der Spielzeit 2011/12 (Regie: Nicolas Stemann). Die Inszenierung ist bis heute im Programm des Thalia-Theaters.[13]

Goethes Faust geht nicht nur durch verschiedene Räume, er geht auch durch verschiedene Zeiten. Gleichzeitig spiegelt der Text – ich sagte es schon – die Lebenszeiten des Autors. Die ältesten Sätze des Dramas sind Teil der Sturm-und-Drang-Periode Goethes, deren bekanntester Ausdruck der «Götz von Berlichingen» ist – wie dieses Drama ist auch der Faust auf einen altdeutschen Ton gestimmt, strebt weg vom französischen Klassizismus, hält sich in seinem Aufbau und Ablauf nicht an das Gebot der ‹Regeln›.[14] Zu dieser kleinen selbstbezogenen Welt gehören Gretchen und ihr Bruder Valentin, gehören die Sonntagsspaziergänger vor den Toren der Stadt, gehören die munteren Gesellen in Auerbachs Keller, gehören der Pedant Wagner und die muntere Marthe Schwerdtlein. Selbst Mephistopheles spricht im *Faust I* noch – wenn auch nicht selten parodierend – den altdeutschen Ton. Auch das Heilige Römische Reich, dem der junge Goethe im Reichskammergericht zu Wetzlar noch als Jurist gedient hat, ist im *Faust* gegenwärtig: in Auflösung begriffen und dem Ende nahe in Auerbachs Keller in *Faust I*,[15] aber auch in seiner vergangenen Macht und Würde in der Rückblende der Kaiserszenen des *Faust II*.[16]

Übermächtig wächst im *Faust* neben der altdeutsch-mittelalterlichen und der kaiserlich-römischen Welt die hellenische Antike empor. Sie beherrscht weite Teile von *Faust II*. Im dritten Akt von *Faust II* sprechen Faust und Helena eine Sprache,

13 Thalia Theater: Homepage, in: https://www.thalia-theater.de/ [Abruf: 19.04.2018].
14 Zu den frühen Fassungen: Schöne [5]2003 (Bd. 2: Kommentare), 827 ff.; Schmidt [3]2011, 34 ff.
15 Schöne 1994 (Bd. 1: Texte/Faust I), V. 2075–2335.
16 Schöne 1994 (Bd. 1: Texte/Faust II), V. 4730–6565.

die denkbar weit von den Knittelversen im Anfang von *Faust I*
und den treuherzig-offenen Dialogen zwischen Faust und Gretchen entfernt ist. Das mythische Paar folgt mit sechshebigen
reimlosen Jamben von hochstilisierter Künstlichkeit der in
Goethes Dichtung inzwischen erreichten klassischen Form.
Man lasse das Gegenüber dieser Sprechweisen auf sich wirken:

Faust I
FAUST:
    Mein schönes Fräulein, darf ich wagen,
    Meinen Arm und Geleit Ihr anzutragen?
MARGARETE:
    Bin weder Fräulein, weder schön,
    Kann ungeleitet nach Hause gehn.[17]

Dagegen Faust und Helena in *Faust II*:
HELENA:
    Ich wünsche dich zu sprechen, doch herauf
    An meine Seite komm! Der leere Platz
    Beruft den Herrn und sichert mir den meinen.
FAUST:
    Erst kniend lass die treue Widmung dir
    Gefallen, hohe Frau; die Hand die mich
    An deine Seite hebt lass mich sie küssen.[18]

Endlich tritt im *Faust II* neben die *mittelalterliche* und die
antike Zeit unübersehbar eine dritte: die *zukünftige* Zeit. Sie
kennzeichnet vor allem Fausts Alter, seine herrische Kolonisa-
toren- und Konquistadorenrolle, sein Einswerden mit Macht,
Gewalt und Krieg. Goethe hat sich in seinen letzten Lebensjahren, als er den *Faust* zu Ende schrieb, viel mit technischen
Problemen, und speziell mit der Vertiefung und Verbreite-
rung von Häfen, beschäftigt. Die Anfänge der großen Kanal-
baupläne, des Suez-, Panama- und Rhein-Donau-Kanals, die
Kolonisation der noch verbliebenen weißen Stellen der Erde,

---

17 Schöne 1994 (Bd. 1: Texte/Faust I), V. 2605–2608.
18 Schöne 1994 (Bd. 1: Texte/Faust II), V. 9356–9361.

die Weltbeherrschung durch Kultur und Technik beschäftigten ihn intensiv. So führt der Weg Fausts aus dem engen Gewölbe, aus der Gelehrtenstube in der Kleinstadt ins Weite, in die Tiefe der Geschichte und in das Projekt weltweiter Landgewinnung – und in diesem Gang verwandelt sich der Held aus einem missmutigen deutschen Winkelgelehrten in den Gebieter eines großen Küstenreiches, einen geistig und politisch Mächtigen jenseits nationaler Schranken.

2 Goethes Faust: Was ist neu?

Dieser Faust, der durch so viele Zonen und Zeiten geht, der in so vielen Gewändern auftritt, in so vielen Tonarten spricht – was ist an ihm das Beständige, das Bleibende? Worin liegt das Besondere, worin besteht seine Identität? Woran erkennt man speziell den Goethe'schen Faust gegenüber anderen Faustdichtungen und Faustgestalten?

Die Antwort, meine ich, ist überraschend einfach. Goethes Faust hebt sich vom Faust des Puppenspiels, vom Faust der *Historia* von 1587 und von späteren Faustdichtungen, die von Christopher Marlowe (1604) bis zu Thomas Mann (1947) reichen, durch ein simples Faktum ab: *Er geht nicht unter. Er nimmt kein tragisches Ende. Er wird gerettet.* Das ist neu und überraschend und gibt dem Goethe'schen Faust seine Besonderheit – seine Sonderstellung, ja Alleinstellung in der Literaturgeschichte dieser Gestalt.

Man mache sich den Unterschied an zwei Vergleichstexten klar, die Fausts Ende schildern *Die Historia von D. Johann Fausten*, das älteste deutsche Faustbuch (1587), das auch Goethe vorlag und aus dem er viele Einzelheiten übernahm,[19]

---

19 Neu und kritisch ediert nach dem Druck von 1587 durch Stephan Füssel und Hans Joachim Kreutzer (Hgg.), Stuttgart: Reclam 1988.

lässt den Teufelsbündner in einer Katastrophe enden. Die Studenten, seine Nachbarn im selben Haus, hören ihn, nachdem seine Frist abgelaufen ist und der Teufel mit «Pfeiffen vnnd Zischen» sein Haus bestürmt, um ihn zu holen, nur noch «Hüllf vnnd Mordio...schreyen», wobei seine Stimme immer leiser wird; als sie am Morgen seine Stube betreten, sahen sie

> «keinen Faustum mehr / vnnd nichts / dann die Stuben voller Bluts gesprützet / Das Hirn klebte an der Wandt / weil jn der Teuffel von einer Wandt zur andern geschlagen hatte. Es lagen auch seine Augen vnnd etliche Zäen allda / ein greulich vnnd erschrecklich Spectackel.[20]

Diskreter, aber nicht minder unmissverständlich kennzeichnet Thomas Mann das Ende seines Doktor Faustus, des Komponisten Adrian Leverkühn. Der Autor übernimmt aus dem alten Faustbuch einen bezeichnenden Zug: Der mit dem Teufel Verbündete blickt selbst auf seinen bevorstehenden Untergang und warnt seine Zuhörer in einer großen Rede vor dem Pakt mit dem Bösen. Er weiß: Der Teufel wird in Kürze kommen, um ihn zu vernichten und auszulöschen, nachdem er ihm für eine wichtige Lebensfrist musikalische Größe und Berühmtheit verliehen hat.

> Merkt es nur [...], dass ihr's mit einem Gottverlassenen und Verzweifelten zu tun habt, dessen Leichnam nicht an geweihten Ort gehört, zu frommen abgestorbenen Christen, sondern auf den Schindwasen, zu den Kadavern verreckten Viehes.

Leverkühn stirbt am Klavier, vor der Partitur seines letzten Werkes.

> Dabei öffnete er den Mund, wie um zu singen, aber nur ein Klagelaut [...] brach zwischen seinen Lippen hervor; er breitete, über das Instrument gebeugt, die Arme aus, als wollte er es damit

20 AaO, 122 f.

umfangen, und fiel plötzlich, wie gestoßen, seitlich vom Sessel hinab zum Boden.[21]

Gestoßen, geschlagen – so «fällt» Faust in den meisten Darstellungen an seinem Lebensende hilflos zu Boden. *Erhoben, gezogen* – so steigt *Goethes* Faust nach seinem Tod, von Engeln getragen, in «höhere Sphären» auf, umgeben vom Chor der Heiligen, der seligen Knaben, der Büßerinnen. Und die Engel, die Fausts Unsterbliches dem Griff Mephistos entziehen, ihn listig dem Teufel «entführen»,[22] verkünden auf den letzten Seiten der Dichtung nachdrücklich Fausts Rettung:

> Gerettet ist das edle Glied
> Der Geisterwelt vom Bösen,
> Wer immer strebend sich bemüht
> Den können wir erlösen.
> Und hat an ihm die Liebe gar
> Von oben Teil genommen,
> Begegnet ihm die selige Schar
> Mit herzlichem Willkommen.[23]

Zugespitzt gesprochen: Unter Goethes Händen verliert die Fausttragödie ihren tragischen Gehalt, sie wird zu einer Komödie – wenn man unter Komödie im allgemeinsten Sinn ein «Stück mit gutem Ausgang» versteht. Dazu braucht es freilich die kurvenreichen Windungen des Gesamtgeschehens, in dessen Verlauf sich die Gelehrtentragödie – und auch die

---

21 Thomas Mann, Doktor Faustus. Das Leben des deutschen Tonsetzers Adrian Leverkühn, erzählt von einem Freunde, Berlin: Aufbau Verlag 1973, 676 f., 683.
22 Vom Chor der Engel heißt es in Goethes Regieanweisung zu Faust II, 11 817–11 824: «Sie erheben sich, Faustens Unsterbliches entführend.» Mephisto reagiert, sich umsehend, überrascht: Mir ist ein großer einziger Schatz entwendet, / Die hohe Seele, die sich mir verpfändet, / Die haben sie mir pfiffig weggepascht» (Schöne 1994 [Bd. 1: Texte/Faust II, V. 11 829–11 831) und später: «Du bist getäuscht in deinen alten Tagen, / Du hasts verdient, es geht dir grimmig schlecht» (V. 11 834–11 835).
23 Ebd., V. 11 933–11 941.

Gretchentragödie – des Ersten Teils trotz aller Gegenläufigkeiten zuletzt ins Gute wendet. Am Ende kann eine der Büßerinnen, die Faust auf seinem Weg zur Höhe begleiten – Goethe nennt sie «Una Poenitentium, sonst Gretchen genannt» –, den glücklichen Ausgang verkünden, indem sie, ins eigene Leben zurückschauend, die frühe Liebe zu dem Geretteten beschwört:

Neige, neige
Du Ohnegleiche,
Du Strahlenreiche,
Dein Antlitz gnädig meinem Glück.
Der früh Geliebte
Nicht mehr Getrübte
Er kommt zurück.[24]

Das letzte Wort hat in Goethes *Faust*, nicht anders als in Dantes *Divina Commedia*, «die Liebe», personifiziert im «Ewig-Weiblichen» der Schlussverse, dramatisch repräsentiert in Gestalt der mit Gnadengaben ausgestatteten «Mater Gloriosa», hinter der sich Maria verbirgt, deren Name aber nicht genannt, sondern nur im anbetenden Doctor Marianus gespiegelt wird. Goethe nennt sie, Epochen und Bekenntnisse durcheinanderwirbelnd, Jungfrau, Mutter, Königin – ja sogar «Göttin». Sie erscheint hier unversehens als – so Goethe – Bewohnerin eines «christlichen Olymps».[25] Gott selbst kommt in den Schlussszenen des *Faust II* nicht mehr vor.

24 Ebd., V. 12069–12075.
25 Schöne ⁵2003 (Bd. 2: Kommentare), 783.

3 Faust – ein Fall für den Staatsanwalt?

Einigermaßen staunend stehen wir vor dieser Umformung und Umpolung der Faustgeschichte und fragen: Wie macht Goethe das? Wie geschieht die Rettung, worauf gründet sie? Ist etwa der Teufel in Goethes Drama menschlicher, rücksichtsvoller geworden, besteht er nicht mehr bis zum Ende, bis zum letzten Punkt auf seinen Pakt? Oder war Gottvater von Anfang an zur Rettung Fausts entschlossen, war er beinahe gleichgültig gegenüber dem, was der Held in seinem «dunklen Drange» alles anrichten wird? Oder lädt etwa Faust in Goethes Darstellung geringere Schuld auf sich als in den anderen überlieferten Faustgeschichten? Ist er weniger verblendet, weniger böse? Kann er auf entlastende Taten hinweisen, mildernde Umstände geltend machen, Entlastungszeugen für sein Tun beibringen, bereut er gar, tut er Buße?

Um beim letzten Punkt zu beginnen: Hier ist die Antwort ein klares und eindeutiges Nein. Goethe nimmt von den Schandtaten der Hauptfigur nicht ein Jota weg, ganz im Gegenteil: Er fügt noch einiges hinzu, er steigert die Schuld, statt sie zu verringern. Das Schuldkonto Fausts wächst vom Anfang bis zum Ende, vom Beginn des Teufelspaktes bis zum Ende der Frist und bis zum Tod des erblindeten Alten. Ein Einlenken, eine Umkehr ist nirgends zu erspähen. Eigentlich ist Faust ein Fall für den Staatsanwalt. Mildernde Umstände kommen nicht in Betracht.

Schon im Ersten Teil des Dramas stehen wir erschüttert und entgeistert vor den Taten des in der Hexenküche verjüngten Gelehrten. Im Pakt mit dem Teufel sind ihm Sinnenlust und Herrschbegier zugewachsen, sie verleiten ihn zur Maßlosigkeit, zu Ausschweifungen und Gewalttaten. Das Hauptopfer ist natürlich Margarete, aber sie steht keineswegs allein. Abgesehen davon, dass schon das Bündnis mit dem Teufel (ja schon der geplante Selbstmord) nach damaligem Recht strafwürdige Verbrechen sind, häuft Faust frühzeitig weitere Übeltaten auf sein Haupt. Er dient als Zeuge für den von Mephisto frei erfundenen Tod des Gatten der Marthe Schwerdtlein – unzweifelhaft ein Meineid.[26] Er verführt Gretchen, die seinem egoistischen Begehren mit selbstloser Hingabe begegnet, sich in «seine edle Gestalt», «seines Mundes Lächeln», «seiner Rede Zauberfluß» verliebt und «an seinen Küssen vergehen» will.[27] Er tötet ihren Bruder Valentin, der sich abwehrend vor seine Schwester stellt. Er ist mitschuldig am Tod der Mutter. Und während er sich in der Walpurgisnacht ins Vergnügen stürzt und die Zeit vergisst, nimmt das Verhängnis seinen Lauf, Gretchen gebiert ein Kind, das keinen Vater hat, dessen uneheliche Geburt ihr Schande einträgt – sie tötet es, wird gefasst und gefangengesetzt und vom Gericht als Kindsmörderin zum Tod verurteilt. Der Befreiung durch Mephistos Künste verweigert sie sich und übergibt sich dem Gericht Gottes, sich losreißend vom Geliebten, der ihr jetzt, nachdem sie ihn als Teufelsbündner erkannt hat, Grauen einjagt.[28]

Faust, nachdem er Valentin erstochen hat, steht im Blutbann, er ist ein Betrüger, ein Verführer, ein Mörder. Unzweifelhaft ist er dem Gericht verfallen. Das ändert sich auch im Zweiten Teil des Dramas nicht, wenngleich der immer höhere Rang, die immer stärkere Macht Faust der irdischen Justiz zu entziehen scheint. Heutige Betrachter reagieren wohl besonders empfindlich auf die öffentlichen, die politischen Verbrechen Fausts. Als Landerschließer, Kolonisator, Schöpfer eines weiten Reiches geht er skrupellos gegen alles vor, was sich ihm entgegenstellt. Er duldet die Seeräuberei seiner Leute, verbündet sich mit den Drei Gewaltigen und ihren Untaten, feuert

26 Faust I, V. 3009–3038.
27 Ebd., V. 3374–3413.
28 Ebd., V. 4605–4612.

seine Mitstreiter zur gewaltsamen Rekrutierung von Arbeitern an («Bezahle, locke, presse bei»).[29] Die stille friedliche Enklave von Philemon und Baucis, die seinen Unmut weckt, weil sie den eigenen «Weltbesitz» stört, will er beseitigen lassen – die hochbetagten Alten sollen umgesiedelt werden. Mephisto und die Gewaltigen verschärfen seinen Befehl, treiben ihn weiter zum Mord an den beiden Greisen und zur Zerstörung ihres Heimes. Paul Celan hat in seiner *Todesfuge*, die Erinnerung an Auschwitz beschwörend, Bezug auf diese Faustszene genommen. In *Faust II* heißt es von Mephisto: «Er pfeift gellend» (nämlich nach den Drei Gewaltigen, die Philemon und Baucis töten).[30] Bei Celan heißt es, darauf anspielend: «Er pfeift seine Rüden herbei / er pfeift seine Juden hervor, lässt schaufeln ein Grab in der Erde.»[31] Albrecht Schöne bemerkt in seinem Faustkommentar dazu:

> In den hier angeführten Versen des Hauptwerks unserer Literatur sah der Dichter der *Todesfuge* präfiguriert, was die Deutschen den Juden antaten. ‹Der Tod ist ein Meister aus Deutschland›.[32]

Fazit: Im Lauf seines hundertjährigen Lebens lädt Goethes Faust Schuld um Schuld auf sich: vom Tod von Gretchens Mutter und Bruder bis zur Vernichtung von Philemon und Baucis kurz vor dem eigenen Ende. Betrügereien, Gewalttätigkeiten, Vertrauensbrüche gesellen sich dazu. Vor irdischen Gerichten ist Faust nicht zu retten. Nicht nur mäkelnde Zeitgenossen Goethes, auch ernsthafte Kritiker wie Tomáš G. Masaryk[33] haben das in ihren Fauststudien hervorgehoben.

29   Dazu ausführlich Schöne [5]2003 (Bd. 2: Kommentare), 718 ff.
30   Regieanweisung zu Faust II (wie Anm. 22), V. 11 281.
31   Paul Celan, Mohn und Gedächtnis. Gedichte, München: Dt. Verl.-Anst. 2012, 37–39.
32   Schöne [5]2003 (Bd. 2: Kommentare), 726.
33   Tomas G. Masaryk, Polemiken und Essays zur russischen und europäischen Literatur- und Geistesgeschichte, hg. von Peter Demetz, Wien 1995.

4 Gerichtet – Gerettet?

Dennoch wird Faust bei Goethe nicht *gerichtet,* sondern *gerettet,* wir wissen es. Das Doppelwort «gerichtet – gerettet» klingt schon zu Ende von *Faust I* bedeutsam an (gegenüber Gretchen) und wird im mystischen Schluss von *Faust II* von den Engeln bestätigt (gegenüber Faust). Zu dem von Goethe ursprünglich geplanten[34] Endgericht am Schluss des Dramas kommt es nicht. Offenbar gehört das Leben Fausts in Goethes Dichtung nicht nur der juristischen Sphäre an; auch die Theologie – ja vor allem sie – hat ein Wort mitzusprechen, wo es um sein Schicksal geht; ganz abgesehen von der poetischen Freiheit, die sich der Autor nimmt und mit der er über Vorbilder und Vorlagen einfach hinweggeht.

Sehen wir uns zunächst einmal näher an, welche Rolle «Der Herr» – also Gottvater – in Goethes Drama spielt und welchen Part sein Gegenüber – der «Geist, der stets verneint», Mephisto, der Teufel – übernimmt.

Goethe spürte offenbar die Notwendigkeit, die ‹Umpolung› des Fauststoffs auch biblisch zu begründen. Dass das Tragische in seinem Drama gedämpft, ja gegen Ende nahezu gelöscht wird, dass sich alles zum ‹guten Ausgang›, zur Rettung des Helden hinwendet – das sollte nicht einfach als subjektive Entscheidung, als persönliche Marotte eines Autors erscheinen, so berühmt dieser war – es sollte auch ‹an der Schrift›, an der Tradition legitimiert werden und damit allgemeinere Geltung gewinnen.

Hier bot sich die Hiobsgeschichte des Alten Testamentes als Referenzpunkt an. Dort reden Gott und der Teufel miteinander über den frommen, gottesfürchtigen, vom Glück gesegneten Hiob. Gott rühmt ihn als einen Menschen, der Gottes Wil-

---

34 Schöne [5]2003 (Bd. 2: Kommentare), 781 ff.

len tut und das Böse meidet. Der Teufel zweifelt, dass Hiob auch dann gottesfürchtig bleibt, wenn Gott ihm seinen Segen entzieht und er Reichtum und Gesundheit verliert. Gott willigt in das waghalsige Versuchsspiel am Menschen ein, das der Teufel vorschlägt. Der Teufel darf Hiob alles wegnehmen, was er besitzt: seine Herden, seine Kinder, zuletzt seine Gesundheit – Hiob verliert nahezu alles, wird isoliert, geschmäht, verachtet. Der Geschlagene, Gedemütigte beklagt sein Los, er hadert mit Gott, er ist zornig, verzweifelt, wünscht den eigenen Tod herbei. Aber er lässt in seinen weit ausholenden klagenden und anklagenden Reden nicht von seinem Schöpfer ab, wenngleich ihm dieser zunehmend unbegreiflich erscheint. Und so wird er zuletzt – nach unendlichen Leiden – vor Gott gerechtfertigt: Ihm werden wieder Kinder geboren, und er erhält den früheren Besitz zurück; er erreicht ein hohes Alter und stirbt «alt und lebenssatt».[35]

Mephistos Rede gegenüber Gott im *Prolog im Himmel*, den Goethe um das Jahr 1800 schrieb, ist diesem alttestamentarischen Vorbild nachgebildet:

MEPHISTOPHELES:
    Was wettet ihr? Den sollt ihr noch verlieren,
    Wenn ihr mir die Erlaubnis gebt
    Ihn meine Straße sacht zu führen.
DER HERR:
    So lang' er auf der Erde lebt,
    So lange sei dir's nicht verboten.
    Es irrt der Mensch so lang' er strebt.[36]

Damit erhält Fausts Pakt mit dem Teufel einen Hintergrund, der anders ist als in den überlieferten Faustgeschichten. Der Pakt ist nicht mehr der Hauptpunkt, um den sich alles dreht,

---

35 Die Bibel/Das Buch Hiob, in der Übersetzung Martin Luthers (Stuttgart 1976), S. 594–625; vgl. Martin Bocian, Lexikon der biblischen Personen, Stuttgart: Kröner 1989, 159–169.
36 Schöne 1994 (Bd. 1: Texte/Faust I), V. 312–317.

das Verhängnis, das den Menschen in einen Aufruhr gegen Gott verstrickt. Eher wirkt der Pakt bei Goethe als Teil eines göttlichen – zumindest von Gott geduldeten – Experiments. Faust wird ein neuer, ein anderer Hiob. Er soll sich trotz aller Missetaten, dem Teufel zum Trotz, als «Knecht Gottes» erweisen. Das ist von Gott schon anfänglich so festgelegt, bevor das Faustdrama überhaupt seinen Anfang nimmt. Und daher ist auch der Streit der Faustinterpreten, der bis heute anhält, wer nun am Ende des Goethe'schen *Faust* die Wette gewonnen hat: Faust oder der Teufel – oder beide zugleich, oder beide nur halb – im Grunde müßig.[37]

Der Teufelspakt wird relativiert. Relativiert wird auch die Rolle Mephistos. Der «Geist, der stets verneint», ist in Goethes neuer Anordnung der dramatischen Personen nicht mehr der große Herausforderer, der Gegenspieler Gottes, die Alternative zu Gott; an vielen Stellen wirkt er vielmehr wie ein unfreiwilliger Sekundant im göttlichen Heilsplan. Gottvater selbst bezeichnet ihn im Prolog im Himmel als einen «Gesellen»[38] – einen, «der reizt und wirkt, und muss als Teufel, schaffen», und dies alles, damit der Mensch nicht in Untätigkeit und Müßigkeit versinkt. Sogar Witz und «Schalk»[39] billigt «der Herr» dem Teufel zu – und man muss zugeben: Mephisto ist eine der wenigen Goethefiguren, die der Autor mit Humor ausgestattet hat (in seinen klassizistischen Dramen kommt Humor kaum vor). Jedenfalls: Mephisto ist nicht mehr «Der Böse» des alten Faustbuchs, bei allem Unwesen, das er treibt und anrichtet; und ebenso wenig verkörpert er das von Kant neu entdeckte und gegen aufklärerische Kritik verteidigte «Radikal-Böse» (so sehr er ihm partiell in der Gretchentragödie des Ersten wie in der Palastszene am Ende des Zweiten

37 Ähnlich Schöne [5]2003 (Bd. 2: Kommentare), 712 ff.
38 Schöne 1994 (Bd. 1: Texte/Faust I), V, 342.
39 Faust I, 338/39: «Von allen Geistern die verneinen / Ist mir der Schalk am wenigsten zur Last.»

Teiles nahekommt!). Goethe hat seine eigene Haltung gegenüber Gott und Teufel nur an wenigen Stellen offengelegt; als
eine der aufschlussreichsten erscheint mir ein Gespräch mit
Sulpiz Boisserée am 8. September 1815, wo der Dichter das
kühne Bild einer Orgel entwirft, an der Gott und der Teufel
gleichzeitig tätig sind:

> Die Natur ist so, dass die Dreieinigkeit sie nicht besser machen
> könnte. Es ist eine Orgel, auf der unser Herrgott spielt, und der
> Teufel tritt die Bälge dazu.[40]

Der Teufel als Kalkant, als Bälgetreter, ohne den kein Ton aus
der Orgel kommt – eine theologisch gewagte, eigenwillige, vielleicht absonderliche, auf jeden Fall aber eine echt Goethe'sche
Sicht der Schöpfung.

Soviel zum Verhältnis Mephisto – Faust. Aber wie steht es
mit dem Verhältnis Fausts zu Gott selbst? Verglichen mit der
alttestamentarischen Erzählung scheint Goethe die Nachsicht
Gottes gegenüber Fausts Untaten beinahe ins Uferlose zu treiben. Denn während der gepeinigte Hiob die Verbindung mit
Gott nie abbricht und ständig mit seinem Schöpfer Gespräche
führt, ihn anfleht, mit ihm streitet, sagt sich Faust vor seinem
Tod ausdrücklich von allen Jenseitsvorstellungen los. Er will
sich ganz aufs Diesseits konzentrieren, die Blicke nicht mehr
nach oben richten, den «Erdentag entlang» wandeln:

> Nach drüben ist die Aussicht uns verrannt:
> Tor! Wer dorthin die Augen blinzelnd richtet,
> Sich über Wolken seines gleichen dichtet;
> Er stehe fest und sehe hier sich um,
> Dem Tüchtigen ist diese Welt nicht stumm,
> Was braucht er in die Ewigkeit zu schweifen,
> Was er erkennt lässt sich ergreifen […].[41]

40   Zit. bei Hans Maier, Die Orgel, München: Beck 2015, 77.
41   Schöne 1994 (Bd. 1: Texte/Faust II), V. 11 442–11 448.

So kommt denn auch Gott in den Bergschluchten, den Gipfeln und höheren Sphären, in die Fausts Fahrt abschließend mündet, nicht mehr vor. An seiner Stelle erscheint Maria im Bild, die als «höchste Herrscherin» über den Seligen, ja sogar über den Engeln thront. Im Hymnus des Doctor Marianus erscheint sie als eine den Eros des Mannes schützende und ihn zugleich befriedende Macht. Umgeben von büßenden Frauen und frühgestorbenen seligen Knaben erwartet sie Faust im «edlen Geisterchor», wobei sie Gretchen überlässt, den vom Licht geblendeten Neuankömmling vollends in die Höhe zu ziehen:

> Komm! Hebe dich zu höhern Sphären,
> Wenn er dich ahnet folgt er nach.[42]

So repräsentieren Maria und Gretchen auf Goethes dramatischer Bühne gemeinsam jenes «Ewig-Weibliche», das die letzten Verse des *Faust II* im «Chorus mysticus» beschwören.

> Das Unbeschreibliche
> Hier ist es getan;
> Das Ewig-Weibliche
> Zieht uns hinan.[43]

5 Faust – «wiedergebracht»

Faust wird, wie gesagt, nicht *gerichtet*, er wird *gerettet*. Aber genügt zur Rettung das im Schluss von *Faust II* beschworene «Ewig-Weibliche» allein? Was geschieht mit der Vergangenheit, mit der Schuld? Kann das, was Faust auf Erden getan oder unterlassen hat, was er an Widrigkeiten und ungelösten Konflikten hinterließ, einfach weggewischt und ausgelöscht werden?

42 Ebd., V., 12 094–12 095.
43 Ebd., V. 12 108–12 101.

Ist ein gänzlich neuer Anfang möglich – kann eine andere reinere Welt erstehen inmitten der irdischen, unreinen Welt?

In der Tat, das muss möglich sein – Goethes Vorstellungen von Faust und seiner Rettung sind anders gar nicht zu erklären. Und diesmal bildet nicht die Bibel, das Buch Hiob, den Anknüpfungspunkt für den Dichter, sondern die Theologie – freilich nicht die kirchliche Theologie, sondern jene heterodoxe Spielart, die Goethe exemplarisch in der von ihm besonders geschätzten «Unpartheyischen Kirchen- und Ketzer-Historie» Gottfried Arnolds (1666–1714) vorfand (er benutzte das zweibändige Buch in der zweiten Auflage von 1729).[44] Dort stieß er auf die Lehre von der «Wiederbringung» (Apokatastasis), die zuerst im Werk «Von den Prinzipien» des griechischen Kirchenvaters Origenes (um 185–254) entwickelt wurde.[45] Es geht hier – um es mit einem späten Ausleger, dem evangelischen Theologen Johann Christoph Blumhardt (1805–1880), zu sagen – um «einen Generalpardon über die ganze Welt». Die universelle «Wiederbringung» ist nach dieser theologischen Vorstellung mit Christi Tod am Karfreitag gegeben.[46] Nicht umsonst hing Christus am Kreuz. Nicht umsonst stieg er hinab in das Reich des Todes. Die Botschaft des Karfreitags lautet: Eines Tages wird das Böse enden, wird es gänzlich aus dem Sein getilgt sein, wird es dem Nichts verfallen. Um Hans Urs von Balthasar zu zitieren, der unter den modernen Theologen am deutlichsten origenistisches Gedankengut aufgenommen hat: «Es bleibt aber zu überlegen, ob es Gott nicht freisteht, dem von ihm abgewendeten Sünder in der Ohnmachtsgestalt des gekreuzigten, von Gott verlassenen Bruders zu begegnen.»[47]

44 Schöne [5]2003 (Bd. 2 Kommentare), 788 ff.
45 Wilhelm Breuning, Zur Lehre von der Apokatastasis, in: Internationale Katholische Zeitschrift COMMUNIO 10 (1981), 19–31.
46 Breuning 1981, 27.
47 Zit. nach: ebd., 30 f.

Kreuz und Kreuzestheologie spielen zwar in Goethes *Faust* keine Rolle. Doch von Origenes' Lehren, die er in der Wiedergabe Arnolds las, hat der Dichter mehrere Züge übernommen.[48] So nimmt Gretchen als *Una Poenitentium* Faust in der überirdischen Welt als einen wahr, der ‹zurückkommt› («Der früh Geliebte / Nicht mehr Getrübte / Er kommt zurück»). Das ist unzweifelhaft eine Anspielung auf die Wiederbringungslehre, die Apokatastasis. – Sodann: Das Motiv des Aufstiegs in der Schlussszene, die bekanntlich in Bergschluchten, in Wald und Fels und in der Luft spielt, knüpft gleichfalls an Origenes an, der in seinem Werk auf den 1. Thessalonicherbrief 4,17, hinweist; in Luthers Übersetzung:

> Danach wir, die wir leben und übrigbleiben, werden zugleich mit ihnen hingerückt werden in den Wolken, dem Herrn entgegen in die Luft, und werden so bei dem Herrn sein allezeit.

Wichtig erscheint mir weiterhin der Hinweis der «Vollendeteren Engel» auf Fausts «Erdenrest», der «nicht reinlich» und den zu tragen «peinlich» ist[49] – eine poetische Umschreibung für die auf ihm lastende Schuld. Sie wird – auch dies ist origenistisch – nicht in einem plötzlichen göttlichen Gnadenakt getilgt, sondern in einem langen Reinigungs- und Reifungsprozess – in «büßenden Gewinnen», an dem alle Betroffenen, einschließlich der Haupttäters, beteiligt sind. (Origenes nimmt hier übrigens die erst später, im Mittelalter, entstehende Lehre vom Fegefeuer vorweg!) – und endlich gilt auch, dass im Himmel des Origenes «alle von der göttlichen Wiederbringung Erfassten einander Hilfe und Belehrung» leisten. «Vergönne mir ihn zu belehren», wird die sonst Gretchen Genannte zur Mater Gloriosa beten.[50]

48 Zum Folgenden Schöne ⁵2003 (Bd. 2: Kommentare), 788 ff.
49 Schöne 1994 (Bd. 1: Texte/Faust II), V. 11 954–11 957.
50 Ebd., V. 12 092–12 093; Schöne ⁵2003 (Bd. 2: Kommentare), 791.

Es musste Goethe gefallen und in sein Konzept passen, dass in dem großen ‹Generalpardon› der Apokatastasis das Entweder-oder des Teufelspakts zerbricht. Nicht in einem jähen Schlag gelangt nach dieser Auffassung der Mensch nach dem Tod in den Himmel oder in die Hölle – vielmehr nähert er sich in einer langsamen Aufwärtsbewegung einem Zustand größerer Vollkommenheit an, wobei er, wenn die Verwandlung gelingt, wie in einer Neugeburt wieder so unschuldig (so «reinlich») werden kann, wie er bei seiner Geburt als unschuldiges Kind gewesen war.[51] Entscheidend ist, dass er an dieser Verwandlung selbst teilnimmt und mitwirkt und dass ihm andere selige Menschen dabei entgegenkommend helfen. Hier fügt der Dichter dem Konzept der «Wiederbringung» das «Ewig-Weibliche» ein; es ist für Goethe das (einzig verbliebene) Transzendentale des Menschen – jene Kraft, mit der er sich selbst zu überschreiten und dadurch vollkommen (oder doch vollkommener) zu werden vermag.

6 «Ihr glücklichen Augen»

Blicken wir von hier zurück, so werden die Gründe deutlicher, die Goethe zu der geschilderten Umwertung des überlieferten Fauststoffs veranlassten.

Das alte Faustbuch von 1587, das die noch älteren Faustgeschichten zusammenfasst und an einen geschlossenen Lebenslauf bindet,[52] entstand im Umkreis reformatorischer Theologie und spiegelt Luthers Sündenpessimismus wider. Fausts Ursünde, die ihn zum Bündnis mit dem Teufel treibt, ist für den protestantischen Autor sein «Fürwitz», seine Curiosi-

---

51 Wichtige Hinweise zu dieser Seite der Apokatastasislehre verdanke ich Herrn Pater Christoph Wrembek SJ, Hannover.
52 Füssel/Kreutzer (1587) 1988 (s. Anm. 19), 323–335 (Nachwort, auch zum Folgenden).

tas. Das Buch folgt Augustinus, der in seinen *Confessiones* die Neugier verurteilt, jene Neugier, die sich in der *concupiscentia oculorum,* der «Begierlichkeit der Augen», sammelt und verdichtet und den Menschen zu Reisen und Abenteuern, zum Erkunden und Ausforschen alles Neuen führt und damit in einen «ungeheuren Wald von Nachstellungen und Gefahren»[53] verstrickt. Die Bloßstellung der Neugier zieht sich durch einen großen Teil der mittelalterlichen und der neuzeitlichen christlichen Theologie hindurch. Sie kennzeichnet auch die überlieferte Faustlegende.[54] Damit musste sie freilich heftig mit der Zeitgeschichte und ihren neuen Erfahrungen zusammenstoßen. Das 15. und 16. Jahrhundert war ein Zeitalter großer Entdeckungen – man muss nur die Namen Kolumbus und Kopernikus nennen. Es sprengte alle überlieferten Vorstellungen von Welt und Mensch. Umso heftiger formierte sich im alten Faustbuch der Widerspruch gegen die Renaissance des antiken und den Aufgang des modernen Wissens: Wissenschaftliche Erkenntnis wurde geradezu zum Teufelswerk, zur Zauberei,[55] die Gier nach neuem Wissen enthüllte sich als eine Urversuchung des Menschen, gefährlicher als die Sünden des Fleisches, denen der Held im gleichen Zug erliegt (auch das ist gut augustinisch). Faust als Forscher muss also nach jener der Forschung innewohnenden Logik zum Teufelsbündner werden, und er muss in diesem Bündnis untergehen – mit Notwendigkeit, nicht zufällig.

Das konnte Goethe so nicht stehenlassen. Für ihn hatte die menschliche Wissbegierde, obwohl ihre Ambivalenz auch bei ihm sichtbar wird, eine entschieden positive Seite. Wie hätte er sich sonst in einer Zeit, die von Aufklärung geprägt war, von Erfahrungswissenschaft und Technik, von neuen Entdeckun-

53 Augustinus, *Confessiones,* Buch 10, 35.
54 Siehe Schmidt ³2011, 20 ff.
55 Ebd., 14, 17 ff.

gen und Erfindungen, dem Publikum verständlich machen können? Goethe folgte Lessing, der in seinem Faustfragment argumentiert, die Gottheit habe dem Menschen nicht den edelsten der Triebe gegeben, um ihn ewig unglücklich zu machen.[56] Für ihn wird der Dr. Faust trotz des Unglücks, das er auslöst (und selbst erleidet!), am Ende zum Glücklichen – womit er neuerlich die ursprüngliche Bedeutung des lateinischen Wortes «Faustus» aufnimmt.

Wie hätte auch ein Autor, der überall seine «Zustimmung zur Welt» erkennen lässt («Am Sein erhalte dich beglückt» […]. «Wie es auch sei, das Leben, es ist gut») – wie hätte er es vermocht, Faust in einer trüben, dem Untergang geweihten Welt scheitern und untergehen zu lassen? Wie hätte ein Augenmensch wie Goethe, der auch Theaterzeichnungen zu seinem Faust hinterlassen hat[57] und der seinen Lynceus singen lässt «Ihr glücklichen Augen, /Was je ihr gesehn, / Es sei wie es wolle, / Es war doch so schön!»[58] – wie hätte er Augustinus folgen und die «Neugier der Augen» als Drang zum Bösen verdammen sollen? Nicht nur Zeit und Umgebung, auch die eigene poetische Veranlagung führten Goethe dazu, der Faustgestalt positive Züge zu geben. Und insofern die «Zustimmung zur Welt» eine christliche Urgebärde ist, der Christ sich kein Nein gegenüber seiner Zeit und Umwelt erlauben darf, darf man dem Goethe'schen Faust auch symbolische Bedeutung für die Weltzuwendung des Christentums in der Neuzeit zusprechen: Goethe revidiert das frühe Nein christlicher Theologen zur Moderne, er deutet die Möglichkeit einer Versöhnung der Glaubensüberlieferung mit der Botschaft der Aufklärung an. Er rückt von der Meinung Augustins und der ihm folgenden Strenggläubigen ab, das Leben sei eine einzige

---

56 Zit. nach: Füssel/Kreutzer (1587) 1988, 324.
57 Schöne 1994 (Bd. 1: Texte/Faust I und II; Theaterzeichnungen zum Faust), 465 f.
58 Schöne 1994 (Bd. 1: Texte/Faust II), V. 11 288–11 303.

Versuchung für den Christen, und Enthaltsamkeit der einzige Weg.

Diese Umwertung geschieht freilich in einem ganz persönlichen Zugriff, in einer privatreligiösen Ausdrucksweise, in einem Geist, der weit entfernt ist vom positiven Christentum der Kirchen. So waren denn auch die Reaktionen christlicher und jüdischer Autoren auf den «ganzen Faust» zwiespältig. – Nicht wenige protestantische Beobachter empörten sich darüber, dass Goethe dem Schluss des Dramas eine an das Jesuitentheater erinnernde katholische Gestalt gegeben hatte – mit Engeln und Heiligen, Sündern und Seligen und einem sichtbaren, greifbaren Himmel.[59] – Der alte Eichendorff als Katholik wiederum warf Goethe vor, er habe es fertiggebracht, dass Faust, «den doch offenbar schon längst der Teufel geholt» hat, als «völlig courfähiger Cavalier am himmlischen Hofe» aufersteht, nachdem er «dem vor lauter Respekt ganz dummgewordenen Teufel mit seiner eminenten Weltbildung» imponiert hat – eine

opernartige Heiligsprechung dieser Bildung, die auf den Unbefangenen fast den Eindruck macht, wie eine vornehme Umschreibung des trivialen Volkstextes: Lustig gelebt und selig gestorben.[60]

Der Spötter Heine endlich lässt sich über das Ende von Faust wie folgt aus:

In diesem zweiten Teile befreit Goethe den Nekromanten aus den Krallen des Teufels, er schickt ihn nicht zur Hölle, sondern lässt ihn triumphierend einziehen ins Himmelreich unter dem Geleite tanzender Englein, katholischer Amoretten, und das schauer-

---

59 Schöne [5]2003 (Bd. 2: Kommentare), 782 f.
60 Joseph Freiherr von Eichendorff, Geschichte der poetischen Literatur Deutschlands (Faksimilenachdruck der Ausgabe von 1857 mit einem Nachwort von Wolfgang Frühwald), Paderborn 1987, Erster Teil, 300 (hier auch das spätere Zitat).

liche Teufelsbündnis, das unsern Vätern so viel haarsträubendes Entsetzen einflößte, endet wie eine Farce – ich hätte fast gesagt: wie ein Ballett.[61]

In der Tat ist Goethes Faust, wie Thomas Mann angemerkt hat, ein «Zeitgewächs» – «halb Ausstattungs-Revue, halb Weltgedicht, das innerlich 3000 Jahre Menschheitsgeschichte umfasst, und in dem alle Quellen der Sprache springen […].»[62] Um dieses vergleichslose Gebilde zustandezubringen, konnte man nicht irgendein Autor, man musste eben Goethe sein – Goethe, der nach dem listig anerkennenden und zugleich behutsam relativierenden Urteil Eichendorffs, «in der Richtung, welche die allgemeine Bildung der Zeit seit der Reformation genommen, unser größter Dichter ist».[63]

61 Zit. nach: Faust 1 und 2 am Goetheanum ungekürzt: Meinungen zu Goethes Faust (2018), in www.faust 2017.ch/das-stueck/meinungen-zu-goethes-faust [Abruf: 28.05.2019].
62 Zit. nach ebd.
63 Eichendorff (1857) 1987, 300.

Literatur

Augustinus: Confessiones, Buch 10.

Bibel/Das Buch Hiob (in der Übersetzung Martin Luthers), Stuttgart 1976.

Bocian, Martin: Lexikon der biblischen Personen, Stuttgart: Kröner 1989.

Breuning, Wilhelm: Zur Lehre von der Apokatastasis, in: Internationale Katholische Zeitschrift COMMUNIO 10 (1981), S. 19–31.

Celan, Paul: Mohn und Gedächtnis, Gedichte, München: Dt. Verl.-Anst. 2012.

Eichendorff, Joseph Freiherr von: Geschichte der poetischen Literatur Deutschlands (Faksimilenachdruck der Ausgabe von 1857 mit einem Nachwort von Wolfgang Frühwald), Paderborn: Schöningh 1987, Erster Teil.

Faust 1 und 2 am Goetheanum ungekürzt: Homepage (2017), in: www.faust2017.ch/das-stueck/meinungen-zu-goethes-faust [Abruf: 28.05.2019].

Füssel, Stephan/Kreutzer, Hans Joachim (Hgg.): Historia von D. Johann Fausten.

Text des Druckes von 1587. Neue und kritisch edierte Ausgabe, Stuttgart: Reclam 1988.

Maier, Hans: Die Orgel, München: Beck 2015.

Mann, Thomas: Doktor Faustus. Das Leben des deutschen Tonsetzers Adrian Leverkühn, erzählt von einem Freunde, Berlin: Aufbau-Verlag 1975.

Masaryk, Tomas G.: Polemiken und Essays zur russischen und europäischen Literatur- und Geistesgeschichte, hg. von Peter Demetz, Wien: Böhlau 1995.

Schmidt, Jochen: Goethes Faust. Erster und Zweiter Teil. Grundlagen – Werk – Wirkung (1. Aufl. München: C.H.Beck 1999), 3. Aufl. München: C.H.Beck 2011.

Schöne, Albrecht (Hg.): Goethe Faust, 2 Bde., Frankfurt am Main: Deutscher Klassiker Verlag 1994, Bd. 1: Texte, Bd. 2: Kommentare.

Thalia Theater: Homepage, in: https://www.thalia-theater.de/ [Abruf: 19.04.2018].

Säkularisation – «wohltätige Gewaltsamkeit?»

I

Am 25. Februar 1803, vor 200 Jahren also, führte ein Ausschuss des Reichstags in Regensburg – eine «Reichsdeputation» – die mehrmonatigen Arbeiten an einem Entschädigungs-
und Neugliederungsplan für das Reich mit einem förmlichen
Beschluss zu Ende. Dieser «Hauptschluss der außerordentlichen Reichsdeputation» – später kurz Reichsdeputationshauptschluss[1] genannt – wurde am 24. März vom Reichstag
verabschiedet und am 27. April vom Kaiser ratifiziert, womit
er zum Reichsgesetz wurde.

Es war das letzte Grundgesetz des Heiligen Römischen Reiches und zugleich eines, das die hergebrachten territorialen
und politischen Strukturen in revolutionärer Weise umgestal-
tete. 112 der rechtsrheinischen Reichsstände, darunter ein
weltliches und zwei geistliche Kurfürstentümer, 19 Reichs-
bistümer, 44 Reichsabteien, 41 Reichsstädte und alle Reichs-
dörfer, wurden *mediatisiert*,[2] d. h. sie verloren ihre reichs-

---

1 Vollständiger Text: Adam Christian Gaspari, Der Deputations-Receß
mit historischen, geographischen und statistischen Erläuterungen und
einer Vergleichungs-Tafel, 2 Bde., Hamburg 1803. Zur Einführug geeignet: Ulrich Hufeld (Hg.), Der Reichsdeputationshauptschluss von 1803,
Köln u. a. 2003.
2 Die Worte mediatisieren, Mediatisierung sind zwar um 1803 noch nicht
üblich, machen aber in den folgenden Jahren rasch die Runde. De facto handelt es sich beim Vorgehen gegen die Reichsstände um eine Mediatisierung
(so auch Ernst Rudolf Huber, Deutsche Verfassungsgeschichte seit 1789,
Bd. 1, Stuttgart 1961, 43 f., und Rudolf Morsey, Wirtschaftliche und soziale
Auswirkungen der Säkularisation in Deutschland, in: Dauer und Wandel der
Geschichte. Aspekte europäischer Vergangenheit [FS Kurt von Raumer]
Münster 1966, 361–383).

unmittelbare Stellung und wurden der weltlichen Herrschaft eingeordnet; sämtliche geistlichen Fürsten mit Ausnahme des Hoch- und Deutschmeisters und des Kurfürsten von Mainz, dessen Gebiet vergrößert und dessen Sitz nach Regensburg verlagert wurde, wurden *depossediert*;[3] das Kirchengut der reichsunmittelbaren wie der landesunmittelbaren Vermögensträger wurde zugunsten des Staates *säkularisiert*.[4]

In Zahlen: Ungefähr 10 000 Quadratkilometer geistlichen Staatsgebiets kamen unter die Herrschaft weltlicher Territorialstaaten; 3 161 776 Menschen wechselten ihre Staatsangehörigkeit. Im Reich, in den Territorien, auf dem flachen Land setzte eine umfassende Säkularisation von Kirchengut ein, welche die alten kulturellen Ressourcen des «stiftischen Deutschland» erheblich minderte und an vielen Orten zerstörte – mit Folgen für Wirtschaft, Künste, Schulen, Wissenschaften vor allem im Süden und Westen Deutschlands, die schwerwiegend waren und teilweise noch bis in die Gegenwart hinein fühlbar sind.

Stifte, Abteien und Klöster waren die ersten und unmittelbaren Opfer des Regensburger Beschlusses. Aber das umfangreiche Gesetzeswerk rührte auch an die Fundamente der Staats- und Kirchenverfassung Deutschlands. Der ständische Dualismus von «Kaiser und Reich» geriet durch den Reichsdeputationshauptschluss ebenso ins Schwanken wie die reichsrechtlich gesicherte Parität der Konfessionen. In gewisser Weise nahm der «Deputations-Receß» von 1803 schon das Ende des

3 Die geistlichen Reichsstände gingen ihrer staatlichen Hoheit verlustig, sie wurde «außer Possession gesetzt». Das scheint mir den Vorgang präziser und quellennäher zu beschreiben als der heute übliche Terminus der «Herrschaftssäkularisation» (der seinerseits eine Reaktion auf die Ausweitung des Säkularisationsbegriffs im 19. Jahrhundert darstellt).
4 Im Text des Reichsdeputationshauptschlusses meint «säkularisieren» – durchaus im überlieferten Verständnis – den Übergang von Kirchengut an den Staat; freilich mit der verschärfenden Maßgabe, dass die Verwendung nun nicht mehr ausschließlich «geistlichen Zwecken» unterliegt.

Reiches vorweg – und in der Tat dauerte es nur noch wenige Jahre, bis dieses Ende wirklich eintrat.

Mit dem Austritt der Rheinbundstaaten aus dem Reich, mit dem Entzug der Anerkennung der «Constitution germanique» durch den französischen Gesandten beim Reichstag (im Auftrag Napoleons) und endlich mit der Niederlegung der römischen Krone durch Kaiser Franz II. im August 1806 brach das altertümliche «gotische Gebäude» der Reichsverfassung vollends zusammen. Die alte, seit ottonischen Zeiten bestehende Ordnung der Reichskirche gehörte mit einem Schlag der Vergangenheit an. Die Länderkarte Deutschlands veränderte sich. An die Stelle vieler Klein- und Kleinststaaten traten Mittelstaaten. Aus Hunderten von politischen Einheiten wurden in den Jahrzehnten nach 1803, grob gerechnet, 30. Eine riesige Flurbereinigung setzte ein – Vorspiel jenes schwierigen und krisenreichen Übergangs vom Alten Reich zum Nationalstaat, der den Ablauf der deutschen Geschichte im 19. Jahrhundert prägen sollte.

Ahnungsvoll zitiert ein zeitgenössischer Druck des Reichsdeputationshauptschlusses auf seiner Titelseite[5] Verse Goethes aus dem wenige Jahre zuvor erschienenen Flüchtlingsepos und Zeitgemälde «Hermann und Dorothea»:

«Grundgesetze lösen sich auf der festesten Staaten,
und es löst der Besitz sich los vom alten Besitzer,
Freund sich los von Freund; so löst sich Liebe von Liebe.»[6]

Der Reichsdeputationshauptschluss von 1803 hat die Säkularisation nicht ausgelöst – die Weichen waren schon vorher gestellt. Er hat sie nur reichsrechtlich sanktioniert. Spätestens

5 Abgebildet bei Hans Jürgen Becker, Der Reichsdeputationshauptschluss zu Regensburg im Jahre 1803 als Wendepunkt der europäischen Geschichte, in: Blick in die Wissenschaft. Forschungsmagazin der Universität Regensburg, Heft 14 (2002), 30–39, hier 31.
6 Goethe, Herrmann und Dorothea (1797), 9. Gesang.

seit den Friedensschlüssen Frankreichs mit Preußen in Basel 1795 und mit dem Kaiser in Campoformio 1797 war klar, dass die Franzosen das von ihnen besetzte linke Rheinufer nicht wieder freigeben würden, dass es auf Dauer an Frankreich fallen werde. Ebenso stand fest, dass die weltlichen Fürsten für ihre Gebietsverluste links des Rheines aus geistlichen Fürstentümern entschädigt werden sollten.[7] Der Friede mit Kaiser und Reich in Lunéville 1801 spitzte die Dinge zu. In ihm sicherte sich Frankreich – gemeinsam mit Russland, der anderen Garantiemacht des Westfälischen Friedens – das Recht, an der Aufstellung des fälligen Entschädigungsplanes teilzunehmen. Damit lag die Entscheidung über die künftige territoriale Gestalt des Reiches de facto in den Händen der großen Nachbarn Deutschlands, wobei sich das territorial ferne Russland zurückhielt, Frankreich dagegen seine Machtstellung (und die Begehrlichkeit der neu entstehenden oder sich vergrößernden deutschen Mittelstaaten!) ausnützte und so der politischen Neuordnung Deutschlands die entscheidende Richtung gab.

Den Arbeiten der Reichsdeputation lag ein französisch-russischer Entschädigungsplan zugrunde. Der Ausschuss konnte nicht viel mehr tun, als ihn – gegen den hinhaltenden Wider-

7 Zum zeitgeschichtlichen Umfeld: Huber (s. Anm. 2), 3–74; Albrecht Langner (Hg.), Säkularisation und Säkularisierung im 19. Jahrhundert, München u. a. 1978; Hermann Schmid, Die Säkularisation der Klöster in Baden 1802–1811, Überlingen 1980; Eberhard Weis, Die Säkularisation der bayerischen Klöster 1802/03 (SB der Bayerischen Akademie der Wissenschaften, phil.-hist. Kl., 1983, Heft 6), München 1983; Winfried Müller, Im Vorfeld der Säkularisation, Köln u. a. 1989; ders., Die Säkularisation und ihre Folgen, in: Bayern ohne Klöster? Eine Ausstellung des Bayerischen Hauptstaatsarchivs, München 2003, 239–250; Alte Klöster – neue Herren. Die Säkularisation im deutschen Südwesten 1803. Große Landesausstellung Baden-Württemberg 2003 in Bad Schussenried, Begleitbücher Bde. 2.1 und 2.2, hg. von Volker Himmelein und Hans Ulrich Rudolf, Ostfildern 2003; Alois Schmid, Die Säkularisationspolitik des Kurfürstentums Bayern, in: zur debatte 3/2003, 1–3; Manfred Weitlauff, Die Säkularisation in Bayern, Ereignisse und Probleme, ebd. 4–6.

stand des Kaisers – zu bestätigen. Während der Beratungen, ja schon vorher sicherten sich die entschädigungsberechtigten Staaten in Direktverhandlungen mit Frankreich und Russland ihren Anteil aus der Beute der säkularisierten und mediatisierten Gebiete.[8]

Dieser Anteil ging in den meisten Fällen über den territorialen Ersatz für das Verlorene weit hinaus. So verlor etwa Preußen linksrheinisch 48 Quadratmeilen mit 127 000 Einwohnern – und erhielt als Entschädigung 235 ½ Quadratmeilen mit 558 000 Einwohnern zurück. In Württemberg betrug die Entschädigung das Vierfache, in Baden sogar das Siebenfache des Territoriums. In Bayern war die Gesamtbilanz wegen des Verlusts der Kurpfalz und der Herzogtümer Zweibrücken, Simmern und Jülich relativ ausgeglichen. Gewinne und Verluste hielten sich die Waage. Doch die jetzt einsetzende staatliche Konzentration trug entscheidend zur Bildung des modernen Bayern bei. Das Land dehnte sich auf Schwaben und Franken aus und wurde «wie Österreich und Preußen ein dynastischer Machtstaat von überstammesmäßiger Struktur». Es wurde mit Sachsen, den hessischen Staaten, Württemberg und Baden zum Kern des «Dritten Deutschland», jenes Kreises mittlerer Mächte, die sich im 19. Jahrhundert zwischen die alten Rivalen Österreich und Preußen schoben – Mächte, die zwar nicht stark genug waren, um das Geschick des künftigen deutschen Nationalstaats entscheidend zu beeinflussen, die aber den Gang der Dinge fördern oder hemmen konnten.

In all dem zeigt sich, dass es bei den Verhandlungen, die zum Reichsdeputationsschluss führten, um mehr ging als um territoriale Entschädigungen. Es ging um die radikale Umgestaltung der überlieferten politischen Strukturen im Geist einer «neuen Zeit». Es war eine Revolution von oben. Weder der Staat noch die Kirche sollten so bleiben, wie sie waren.

---

8   Zu Folgenden Weis (s. Anm. 7), 44 ff., Huber (s. Anm. 2), 44 ff.

Dabei waren die Interessen der Akteure durchaus verschieden: Der französischen Politik lag daran, den alten Rivalen Österreich durch Schaffung einer Reihe neuer, von Frankreich abhängiger Mittelstaaten zu schwächen und in Schach zu halten; die neuen Staaten wiederum versuchten ihre Territorien zu arrondieren und nach Prinzipien einer modernen Staatlichkeit zu organisieren.

Die Säkularisation kam fast von selbst in Gang, sie erwies sich als Selbstläufer, weil sie von einer starken Zeitströmung getragen wurde. Denn geistliche Fürstentümer, Stifte und Klöster, Ordensleben, Wallfahrten, Frömmigkeit und Brauchtum – das galt vielen Meinungsführern der Zeit, aber auch den meisten aufgeklärten Obrigkeiten als etwas Überholtes, Vergangenes.[9] Waren im Alten Reich die Klöster und Stifte in die altständischen Strukturen wie selbstverständlich als Stabilisatoren eingebaut, so wurden sie jetzt zu Fremdkörpern und Störelementen: sich von ihnen zu befreien wurde eine allgemeine Losung.

Woher diese Aversion gegen Orden, Klöster, Mönche, Nonnen? Nun, Klöster und Stifte hinderten nach Ansicht der aufgeklärten Politik und Publizistik mit ihren altüberkommenen Rechten, ihren Immunitäten, Exactionen, Unmittelbarkeiten die Bildung einheitlicher Territorien und zentraler Regierungsstrukturen – und sie beschränkten nach der gleichen Meinung durch ihren oft riesigen Grundbesitz die Beweglichkeit von Handel und Verkehr. Das Traditionsbewusstsein dieser älteren Welt störte die neu entstehenden Staaten, die allesamt aus aktuellen Anlässen erwachsen waren und auf augenblickliche

---

9 Materialreich zur Diskussion über Klöster und Klosterleben: Heribert Raab, Reich und Kirche in der frühen Neuzeit, Freiburg/Schweiz 1989, 367 ff., 401 ff. Vgl. ferner: Glanz und Ende der alten Klöster. Säkularisation im bayerischen Oberland 1803, Katalogbuch zur Ausstellung im Kloster Benediktbeuern vom 7. Mai bis 20. Oktober 1991, hg. von Josef Kiermeier und Manfred Treml unter Mitarbeit von Evamaria Brockhoff, München 1991.

Bedürfnisse reagierten. In einer Welt, die in rascher Wandlung begriffen war, war die herausfordernde Nachhaltigkeit der klösterlichen Kultur fast eine Provokation. Was sollte die ständige Berufung auf «ewiges» Herkommen, auf einen Jahrhunderte zurückliegenden Stifterwillen, auf gutes altes Recht? Was sollte man mit diesen Gebilden anfangen, die seit Hunderten von Jahren bestanden und sich anschickten, weitere Jahrhunderte zu existieren? Beschränkten sie nicht unzulässig die Gestaltungsmöglichkeiten der fürstlichen Souveräne? Hinderten sie nicht das entstehende staatliche Gewaltmonopol? Waren sie nicht – das war schon der alte Vorwurf aus Reformationszeiten – Seelenversicherungsanstalten, Stätten der «Werkheiligkeit»? Setzten sie nicht – das war der neue Vorwurf der Aufklärung – als «manus mortua», als «tote Hand», der dringend nötigen Bewegung und Mobilisierung des Bodens einen unüberwindlichen Widerstand entgegen?

Die Klöster waren entweder zu reich oder zu arm. Viele weltliche Souveräne empfanden die großen und reichen Prälatenklöster der Benediktiner, Augustinerchorherren, der Prämonstratenser und Zisterzienser, fast alle im ländlichen Raum gelegen, als politische Rivalen, zumal sie ständisch organisiert waren und sich gegen Angriffe zu wehren wussten. Die Mendikanten wiederum, Franziskaner, Dominikaner, Kapuziner, in deren Hand sich vor allem die städtische Seelsorge befand, galten dem aufgeklärten Denken als Ausbund von Unbildung, Obskurantismus, bettelhafter Armut und unwirtschaftlichem Verhalten. Bis zu welchem Grad von Ablehnung, ja offener Feindschaft aufgeklärte Regierungen selbst in einem alten Klösterland wie Bayern gehen konnten, zeigt jener diplomatische Vorstoß Montgelas' bei Napoleon und Talleyrand, dessen genaue Kenntnis wir Eberhard Weis verdanken: Buchstäblich in letzter Minute, im Januar/Februar 1803, wurde in den schon ausgehandelten Text des Reichsdeputationshauptschlusses der Paragraph 35 eingefügt, der es den Regierungen erlaubte, auch die in den alten Gebieten liegenden, durch die landständische Verfassung geschützten Klöster aufzuheben und ihr Eigentum nicht nur für kirchliche und schulische Zwecke, sondern auch für die staatlichen Finanzen zu verwenden.[10] Ausgerechnet das Reichsrecht – von Haus dazu bestimmt, den raschen Zugriff auf Kircheneigentum einzugrenzen – wurde auf diese Weise zum Instrument einer «flächendeckenden», alle Gebiete erfassenden Auslöschung von Klöstern und Stiften – eine paradoxe Verkehrung von Absicht und Wirkung, wie sie rechtlichen Normierungen in revolutionären Zeiten nicht selten widerfährt.

Die Säkularisation war ein Geschehen von einer «erregenden Dramatik und handgreiflich derben Anschaulichkeit» (Martin Heckel).[11] In den einzelnen Teilen des rechtsrheinischen Deutschland lief sie durchaus unterschiedlich ab. Es gab korrekte und sorgfältige Prozeduren – aber es gab auch Übergriffe, leichtfertigen Umgang mit Kunstschätzen, unersetzliche Verluste an Buch- und Kulturgütern.[12] Es gilt von der Säkularisation, was man schon von der Aufklärung sagen muss: Sie hat viel Gutes bewirkt, vor allem im Rechtswesen, aber indem sie rücksichtslos Altes, Gewachsenes beseitigte, entfaltete sie nicht selten destruktive Wirkungen. Das gilt schon für die Plünderungen und Zerstörungen in der Französischen Revolution, für die Henri Grégoire – einer der Väter der europäischen Denkmalpflege – den Namen «Vandalismus» prägte.[13] Wer

10 Weis (s. Anm. 7), 44 ff., 57 ff.
11 Martin Heckel, Säkularisierung. Staatskirchenrechtliche Aspekte einer umstrittenen Kategorie, in: Zeitschrift für Rechtsgeschichte, Kan. Abt. LXVI (1980), 1–163, hier 28.
12 Forschungsbeiträge zur Praxis der Säkularisation aus jüngster Zeit: Monika Ruth Franz, Die Durchführung der Säkularisation als administrative Herausforderung; Rainer Braun, Blindes Wüten? Der Umgang des Staates mit den säkularisierten Klosterkirchen und -gebäuden; beide in: Bayern ohne Klöster? (s. Anm. 7), 265 ff., 304 ff. Reiche Beispielsammlungen auch in: Alte Klöster – neue Herren (s. Anm. 7), 327 ff., 545 ff., 717 ff.
13 Am 31. August 1794 im Konvent; vgl. Raab (s. Anm. 9), 418.

die Segnungen der Säkularisation preist, der darf von ihrem Vandalismus nicht schweigen. Immerhin wurde z. B. in Bayern ein rundes Fünftel der Kirchen- und Klostergebäude total und ein knappes weiteres Fünftel teilweise abgebrochen;[14] die Ordenskonvente wurden aufgelöst, die erhaltenen Bauten entweder an Private verkauft oder in Fabriken, Kasernen, Lazarette, Irrenhäuser, Zuchthäuser umgewandelt (da und dort, jedoch selten genug, auch in Schulen).[15]

In Bayern wurde schon im August 1801, also lange vor dem Reichdeputationshauptschluss, eine zentrale Kommission für das «Klosterwesen in den oberen Staaten» eingesetzt – ihre Aufgabe war die Auflösung der Klöster der Bettelorden. Im September – die Reichsdeputation hatte gerade mit ihren Beratungen angefangen – rückten bayerische Truppen in Würzburg ein. 1802 hob Bayern 91 nichtständische Klöster auf. Ihnen folgten 70 ständische Abteien und Kollegiatstifte – die meisten waren ein knappes Jahr später, im Frühjahr 1803, bereits geräumt und versteigert. Die finanziellen Erwartungen des Staates erfüllten sich nicht: Einmal mussten mit dem Besitz auch die Schulden der geistlichen Gebiete und Einrichtungen übernommen werden; zum anderen drückten das riesige Angebot und die Eile, mit der man zu Werke ging, die Preise, und Pensionslasten verschlangen einen Teil der neu erschlossenen Liquidität, so dass die fiskalische Rechnung nicht aufging wie geplant.

Bayern ging bei der Säkularisierung nach allgemeinem Urteil rücksichtsloser vor als die protestantischen Länder und Obrigkeiten, von denen die Mehrzahl auf die Gefühle ihrer neuen katholischen Untertanen Rücksicht zu nehmen versuchte. So vermied man vor allem in Preußen, das unter den

---

14 Egon Johannes Greipl, Säkularisierte Klosteranlagen in Bayern als Problem der Denkmalpflege, in: Bayern ohne Klöster? (s. Anm. 7), 513 ff. (Zahlenangaben 516 f.).
15 Überblick über die Verwendungszwecke bei Braun (s. Anm. 12), 310 ff.

Gewinnern der Säkularisation an zweiter Stelle stand, «jene Hast, die eine so besonders schroffe Note in die bayerischen Säkularisierungsmaßnahmen brachte».[16] Systematische Erfassung der Klöster und Stifter und ihrer Aktiv- und Passivvermögen hatte den Vorrang vor übereilten Verkäufen und Versteigerungen. Ein Mann von der Statur des Freiherrn vom Stein, der in den bisher bischöflichen Staaten Münster und Paderborn mit der Durchführung der Säkularisation beauftragt wurde, empfand durchaus das «gehässige Gewaltthätige der Sache»; er empfahl seiner Regierung sogar, das Einvernehmen mit dem Papst zu suchen, was freilich in Berlin nicht auf Gegenliebe stieß (und wohl auch angesichts der damaligen Lage des Papsttums nicht realistisch war). Auch andere Entschädigungsberechtigte hielten sich mit schnellen Maßnahmen zurück und ließen sich mehr Zeit. Nur die aufgeklärte württembergische Beamtenschaft spielte, ähnlich wie in Bayern, ihre Überlegenheit aus und nutzte die Gelegenheit, in der nach ihrer Meinung zurückgebliebenen Klöster- und Barocklandschaft Oberschwabens kräftig für Ordnung zu sorgen.[17]

Die Ironie der Geschichte wollte es, dass ausgerechnet die besetzten Gebiete auf der linken Rheinseite, also die Erstbetroffenen der großen Säkularisationswelle, am Ende noch recht glimpflich davonkamen – zumindest was die innerkirchlichen Wirkungen der Säkularisation betraf. Denn just zu der Zeit, als im rechtsrheinischen Deutschland die Regensburger Beschlüsse ihren Lauf nahmen und die alten Verhältnisse von Grund auf umgestalteten, hatte sich in Frankreich das Rad erneut gedreht: Napoleon hatte sich mit dem Papst versöhnt,

16 So das Urteil von Rudolfine Freiin von Oer, Die Säkularisation von 1803 – Durchführung und Auswirkungen, in: Langner (s. Anm. 7), 9 ff. (das Zitat 24).
17 Das klingt sogar noch in dem harmlos anmutenden Lied «Drunten im Unterland» nach, in dem ein begeisterter Unterländer Mitte des 19. Jahrhunderts zweifelnd und bedenklich auf das nach seiner Meinung karge und wenig anziehende, auf jeden Fall «ganz andere» Oberland blickt!

das Konkordat von 1801 war in Kraft getreten – und das bedeutete, dass der Wiederaufbau kirchlicher Strukturen links des Rheines neu beginnen konnte, während die rechtsrheinischen Gebiete noch lange Zeit, im Grunde bis 1815, ja darüber hinaus im Zeichen von Abriss und Zerstörung standen.[18]

Zwar wechselten auch links des Rheines die geistlichen Gebiete den Besitzer, das Klostervermögen ging verloren, die Ordensleute büßten ihre Freizügigkeit ein, die Seelsorge wurde eingeschränkt. Aber bereits im November 1802 wurde in den Rheindepartements die wenige Monate zuvor angeordnete Säkularisation abgebrochen. Und während man in den rechtsrheinischen Gebieten die Enteignung ohne dauerhafte Sorge für die Zukunft der Bistümer und geistlichen Einrichtungen vornahm – gewissermaßen ohne «Sozialplan» und in der vagen Hoffnung auf ein späteres Konkordat mit Rom –, gab es in den linksrheinischen Bistümern zu Beginn des 19. Jahrhundert bereits wieder Realdotationen für die Geistlichen. Auch das Kirchenfabrikvermögen war nicht angegriffen worden. «Pfarreien und Domkirchen, aber auch das bischöfliche Tafelgut und sogar das Pfründevermögen der Domkapitel wurden im Lauf der Jahre wiederhergestellt und blieben dann nach 1815 der Kirche erhalten.»[19]

Die Rolle, die gerade das linksrheinische Deutschland in der katholischen Bewegung des 19. Jahrhunderts spielen sollte – man denke an den Mainzer Kreis! –, erklärt sich unschwer auch aus der regionalen und zeitlichen Differenz der Entwick-

18 Hierzu Freiin von Oer (s. Anm. 16), 16 ff.; Winfried Müller, Ein bayerischer Sonderweg? Die Säkularisation im links- und rechtsrheinischen Deutschland, in: zur debatte 3/2003, 22–24; Walter G. Rödel/Regina E. Schwerdtfeger (Hg.), Zerfall und Wiederbeginn. Vom Erzbistum zum Bistum Mainz (1792/97–1830), Würzburg 2002; Barbara Nichtweiß (Hg.), Vom Kirchenfürsten zum Bettelbub. Das heutige Bistum Mainz entsteht, Mainz 2002.
19 Hans-Wolfgang Strätz, Die Säkularisation und ihre nächsten staatskirchenrechtlichen Folgen, in: Langner (s. Anm. 7), 31 ff., hier 36.

lung der linken Rheinlande im Verhältnis zum rechtsrheinischen Deutschland. Die «Dornenkrone der Dienstbarkeit»,[20] mit Görres zu reden, verblieb zunächst bei den Bistümern und Pfarreien rechts des Rheins. Hier wirkten die Folgen der Säkularisation noch lange nach. Erst mit Ludwig I. in Bayern und Friedrich Wilhelm IV. in Preußen, den «Romantikern auf dem Königsthron», mit der Rückwendung zum Überlieferten, zum historischen und religiösen Erbe entwickelte sich langsam eine neue Wertschätzung der Vergangenheit. Manche sahen jetzt die untergegangene stiftische Kultur in verklärtem Licht, in nostalgischen Farben. Aber das ist schon wieder eine andere Geschichte.

II

Blättert man im umfangreichen Konvolut des Reichsdeputationshauptschlusses, so begegnet man dem Terminus *Säkularisation* an vielen Stellen. Der Begriff ist in diesem Dokument nicht nur allgegenwärtig – er erreicht hier auch das Maximum seiner Ausdehnung, seiner historischen Wirkung. Ganz selbstverständlich bringt heute jeder Geschichtskundige den Reichsdeputationshauptschluss mit der «Säkularisation» in Verbindung. Dabei macht die Materie der Säkularisation nur einen Teil – wenn auch natürlich einen sehr gewichtigen – der im Rezess enthaltenen Regelungen aus. Wie kommt es, dass dieses Wort alle anderen Vorgänge, die zum komplexen Geschehen des Jahres 1803 gehören – Herrschaftsübergang, Mediatisierung, Staatenbildung, territoriale Verschiebung –, absorbiert und aus dem Feld geschlagen hat?

20 Nach Görres trug die säkularisierte Kirche «statt des Zepters verlorener Landesherrlichkeit den Rohrstengel der Ohnmacht und die Dornenkrone der Dienstbarkeit» (zit. bei Raab [s. Anm. 9], 94).

Genau besehen regelte der Reichsentschädigungsplan drei Dinge: 1. den Übergang der Hoheitsgewalt von geistlichen auf weltliche Staaten, 2. die Aufhebung der Reichsunmittelbarkeit von Reichsständen, Reichsstädten oder Reichsrittern, 3. die Einziehung des kirchlichen Eigentums durch den Staat. Um *Säkularisierung* im spezifischen Sinn des Wortes handelt es sich ausschließlich beim dritten Fall,[21] während man im Fall 2 zutreffender von Mediatisierung sprechen müsste. Interessant ist der Fall 1, der Übergang der hoheitlichen Gewalt von einem Träger zum anderen. Herrschaftsübergänge betreffen die staatliche Hoheit, das Imperium – sie kommen vielfältig vor, sind alltägliche Erscheinungen der Geschichte und müssen keineswegs den Charakter von Säkularisationen haben. Warum spricht man aber dann hier, bei der Aufhebung der landesherrlichen Gewalt eines geistlichen Reichsfürsten, von Säkularisation? Nun, einfach deshalb, weil die Hoheit von einem *Geistlichen* an einen *Laien* übergeht. Das aber ist nach zwingender Überlieferung nicht einfach ein Übergang wie jeder andere, hier schwingt etwas mit, was die Rechtslehre immer wieder beschäftigt hat: Der Ausgang (Egressus) aus dem Stand der Kleriker und Regularen ist ja ein altes Thema der Kanonistik. Hier stoßen wir auf den personenrechtlichen Kern des Wortes saecularisatio. Er ist alt – noch älter als der eigentumsrechtliche Mantel, der sich im Lauf der Zeit um ihn gelegt hat.[22]

Das Wort Säkularisation bezeichnet ursprünglich den Übergang vom Ordenskleriker zum Weltpriester – zum «Leyen-

21 Vgl. oben die Anm. 2–4. Entgegen der Tendenz, den Säkularisations-begriff (in Richtung «Säkularisierung») auszuweiten, scheint es mir gerade im Hinblick auf die kirchenrechtlichen Ursprünge geboten, ihn enger zu fassen als heute üblich.
22 Zum Folgenden: Säkularisation, Säkularisierung, in: Geschichtliche Grundbegriffe, hg. von Otto Brunner, Werner Conze, Reinhart Koselleck, Bd. 5, Stuttgart 1984, bes. Teil II «Der kanonistische und staatskirchen-rechtliche Begriff» (Hans-Wolfgang Strätz), 792–809.

priester», wie die Worte Presbyter saecularis, Prestre seculier in einem französisch-lateinisch-deutschen Wörterbuch des 17. Jahrhunderts verdeutscht werden.[23] Auch dieser Sprachgebrauch ist alt – auch er reicht bis in unsere Zeit hinein. Ein Ordenskleriker, wenn er den Orden verlässt, kann «Weltpriester» sein und bleiben – vorausgesetzt, er ist geweiht. Er wird säkularisiert, nicht laisiert. So geschah es z. B. dem Schweizer Theologen Hans Urs von Balthasar, als er 1949 den Jesuitenorden verließ, um das *Säkularinstitut* Johannesgemeinschaft leiten zu können.[24] Er blieb Weltpriester, wurde nicht «laisiert».

Zwar tritt in der heutigen Kanonistik die scharfe Scheidung der kirchlichen Stände nicht mehr so deutlich in den Vordergrund wie früher. Über die alte Dreigliederung: Ordenskleriker – Weltpriester – Laie hat sich der weitergefasste Begriff der «Christifideles» gelegt, der die Gemeinsamkeit *aller* Gläubigen, ob nun Kleriker oder Laien oder Religiosen, hervorhebt.[25] Aber auch das heutige Kirchenrecht kommt an der Tatsache nicht vorbei, dass in der Kirche verschiedene Stände existieren und dass es zwischen ihnen Übergänge gibt: So können aus «Laien» Priester oder Ordensleute werden, ein «Weltpriester» kann in einen Orden eintreten usw. Der Weg aus dem Laienstand in den geistlichen Stand entspricht alter Übung und wirft keine Probleme auf. Die Durchlässigkeit «nach oben» macht keine Schwierigkeiten. Schwierig aber ist der Rückweg, und er war es immer. Denn der Austritt aus dem regulierten Stand, die Exklaustration oder Säkularisation,[26]

---

23 Strätz (s. Anm. 22), 792 Anm. 16.
24 Hans Urs von Balthasar 1905–1988 (Gedenkschrift), Basel 1989, 141.
25 Durch die Taufe sind Laien wie Kleriker Christus eingegliedert und bilden als Christifideles das Volk Gottes (*Lumen gentium* 10). Beide können dem Rätestand (dem Leben nach den evangelischen Räten) angehören (c. 207 § 2 CIC).
26 Der CIC von 1983 spricht von «saecularizatio» im c. 684 § 2, gewöhnlich werden jedoch die Worte egressus (Austritt) und dimissio (Entlassung)

ist nicht die selbstverständliche Regel, eher die Ausnahme; sie bedarf daher der rechtlichen Form.

Wir bewegen uns hier freilich in einem ungesicherten, wenig erforschten Gelände. An Schwierigkeiten und Fallstricken fehlt es nicht. Ist schon die Zweiteilung von Klerus und Laien, das Hervortreten des Klerus als Stand (mit dem Merkmal der Tonsur), die Hierarchiebildung zwischen den «duo genera Christianorum», wie sie seit Gratian genannt werden, ein windungsreicher, noch immer nicht genügend aufgehellter Prozess, so kompliziert sich das Bild noch einmal, wenn man die «regulierten Kleriker», die Religiosen hinzunimmt. Und doch liegt gerade im Verhältnis von Laien, Klerikern und Ordensleuten eine dem Christentum eigentümliche geschichtliche Dynamik, ohne die man weder die mittelalterlichen Kämpfe von Klerikern und Laien (bis hin zu Papst und Kaiser) noch die säkularistischen und laizistischen Strömungen der Moderne versteht.

Walther von Wartburg, Rudolf Schieffer, Hans-Wolfgang Straetz und Alexandre Faivre haben einige Schneisen durch dieses Dickicht geschlagen, und ich mache dankbar von ihren Forschungen Gebrauch. So hat von Wartburg gezeigt, dass die Ausdrücke «Säkularisation» und «säkularisieren» – entgegen früheren Annahmen – bereits im 16. Jahrhundert nachweisbar sind, und zwar im personen- wie im eigentumsrechtlichen Sinn. Der älteste Beleg stammt aus der Kathedrale von Tulle: hier wird 1559 die Zahlung von Geldern für päpstliche Bullen nachgewiesen, welche die «sécularisation» von Ordensgeistlichen zum Inhalt haben.[27] Im «Magnum Bullarium Roma-

---

gebraucht. Imm älteren kanonischen Recht war saecularisatio die kirchliche Erlaubnis für einen Religiosen, für immer außerhalb des Klosters zu leben. Für die Mitglieder von diözesanrechtlichen Kongregationen erteilte sie der Bischof, für die übrigen Religiosen der Heilige Stuhl.

27 Walter von Wartburg, Französisches Etymologisches Wörterbuch, Tübingen 1949 ff., Art. Saeculum, séculariser; siehe auch Strätz (s. Anm. 22), 794 mit Anm. 29–33.

num», das aus späterer Zeit stammt, ist im Index und Kopf-regest ausdrücklich von Säkularisationsbullen die Rede. Die älteste Erwähnung des entsprechenden lateinischen Fach-ausdrucks – reductio ad saecularitatem – datiert aus der Regierungszeit Papst Clemens' VIII. (1592).[28] – Rudolf Schieffer hat in seinem Buch «Die Entstehung von Domkapiteln in Deutschland»[29] gezeigt, dass solche Übergänge auch in Domen und Stiften stattfanden, wenn an die Stelle einer klöster-lich-gemeinsam nach einer Regel lebenden Priesterschaft nicht mehr regulierte weltlich-individuell lebende Kanoniker (Domkapitulare) traten. – Hans-Wolfgang Strätz hat die Begriffsgeschichte von saecularisatio seit dem 16. Jahrhundert eingehend untersucht. Als Fundgrube erwiesen sich dabei staats- und kirchenrechtliche Traktate des 17. und 18. Jahr-hunderts, und zwar sowohl im evangelischen wie im katho-lischen Deutschland.[30] Endlich hat Alexandre Faivre in sei-nem Buch «Ordonner la fraternité»[31] den breiteren Hinter-grund dieser Vorgänge sichtbar gemacht, den langen Prozess der Hierachiebildung zwischen Priestern und Laien, von dem die kirchenrechtliche «Situierung» der Orden entscheidend abhing. Angesichts der seit dem 12. Jahrhundert praktisch ab-geschlossenen Stabilisierung des institutionellen Gefüges von Klerikern und Laien (an dem sich bis zum Zweiten Vaticanum kaum etwas veränderte!) wird das Bewegungspotential der Orden doppelt wichtig. Hier liegt der Spielraum für jene Akti-vitäten der Mönche, die mit ihren Lebensformen und kirch-lichen Initiativen auf spezifische Herausforderungen der Zeit reagieren – ein Vorgang, den Walter Dirks in seinem Buch «Die Antwort der Mönche» (1953) zu Recht als eine Eigenart christ-lichen Wirkens in der europäischen Welt herausgestellt hat.

28 Ebd. 795 Anm. 35.
29 Bonn 1976.
30 S. Anm. 19, 22
31 Paris 1992.

Es ist einleuchtend, dass der «Transitus» der «Regulierten» in die «Welt» auch sachenrechtliche, vermögensrechtliche Konsequenzen zeitigt. Setzt man voraus, dass der Abschied in geregelter Form erfolgt, durch Entbindung vom Gelübde, durch Übergang zum Kanoniker oder Weltpriester (was freilich bei Frauen wegen der fehlenden Weihe nicht möglich war!), dann stellen sich zahlreiche Fragen. Was lässt der Entlassene bei seinem Abschied im Kloster, was nimmt er mit in die Welt? Ein Andenken? Eine Reliquie? Ein Kunstwerk? Bleiben Bindungen erhalten wie bei der Exklaustration? Werden Restitutionen an die zurückbleibende Gemeinschaft fällig? Oder haben die Ausscheidenden umgekehrt Erwartungen an die Kommunität, z. B. dann, wenn sie ihr Vermögen in die Kommunität eingebracht haben?

Gewiss, das Armutsgelübde relativiert wechselseitige Ansprüche dieser Art. Speziell bei den Bettelorden spielen sie kaum eine Rolle. Klöster sind ja keine Sparkassen, keine Versicherungsanstalten. Aber wie steht es mit den im Heiligen Römischen Reich nicht eben seltenen «Versorgungsklöstern», deren Hauptzweck – zumindest auch! – die standesgemäße Unterbringung nachgeborener Adeliger war? Wie steht es überhaupt mit Geld und Reichtum, Macht und Ausstrahlung der Klöster, mit den materiellen und kulturellen Werten, die sich dort im Lauf der Zeiten gesammelt haben, mit den Architekturen, Kunstschätzen, Bibliotheken, Musiksammlungen, mit den Steuereinnahmen, Spenden, Schenkungen, mit den weiträumigen, oft internationalen Verbindungen und Verflechtungen, mit dem sozialen und politischen Einfluss?

Schon früh haben reiche und mächtige Klöster – und geistliche Territorien überhaupt! – die begehrlichen Blicke der Herrscher auf sich gezogen – vor allem, wenn diese in aktuellen Geldnöten waren und nach rascher Hilfe und Entlastung suchten. Von Karl Martell bis zu Karl V., von den Obrigkeiten der Reformationszeit bis zu den Herrschern der Aufklärung reicht die lange Reihe der Fürsten, die ihr Auge auf kirchlichen Besitz, auf klösterliche Bauten und Domänen warfen. Immer wieder kam es zu staatlichen Eingriffen in kirchliche Vermögensverhältnisse. Hermann Schmid hat in seinem Buch über die Säkularisation der Klöster in Baden 1802–1811[32] vier historisch sich ablösende Grundtypen unterschieden: die «Entwidmung von Reichskirchengut in der Zeit des mittelalterlichen Eigenkirchenrechts, die Einziehung von Kirchenvermögen durch den Landesherrn auf Grund des ‹ius reformandi›, die Verstaatlichung von Kirchengut zur Zeit des Absolutismus kraft der staatlichen Souveränität und schließlich die Nationalisierung alles geistlichen Eigentums durch das revolutionäre Frankreich auf Grund der demokratischen volonté générale».[33]

Entscheidend ist, dass sich in dieser ansteigenden Sequenz von Maßnahmen allmählich Richtung und Bezugspunkt der Säkularisation verschieben. Immer mehr wird der *Staat* zum Generaladressaten. Was man «saeculum» nennt, liegt nicht mehr *innerhalb* der Kirche; es wird zu einem außerkirchlichen, innerweltlichen und schließlich profanen Begriff. In älterer Zeit war das noch anders: ein Stück «Welt» war stets der Kirche inkorporiert; Weltentsagung und Weltzuwendung hatten ihren Spielraum in der einen Christenheit. Sie standen in einem Balance- und Ergänzungsverhältnis zueinander. So wie der mit kirchlicher Erlaubnis aus dem Kloster Entlassene zwar die Ordenstracht ablegte, aber im Übrigen weiterhin in der Welt ein geistliches Leben führen konnte, so konnte auch klösterliches Eigentum, wenn es «säkularisiert» wurde, in veränderter Form kirchlichen und geistlichen Zwecken dienen: der Seelsorge, der Armenpflege, der religiösen Unterweisung, der Erziehung und Wissenschaft. Viele Schulen und Universitäten des Abendlandes sind aus klösterlichem Besitz dotiert worden.

---

32 S. Anm. 7.
33 Schmid (s. Anm. 7), 7 f.

Die Mehrgliedrigkeit des kirchlichen Körpers, sein variabler Aufbau aus Klerikern, Laien, Regularen, gestattete immer wieder Austausch und Transfer aus dem einen in den anderen Bereich. Das galt für Personen wie für Sachen, für Institutionen wie für finanzielle Mittel. Zugespitzt gesprochen: Etwas konnte in weltliche Bereiche verlagert und damit «säkularisiert» werden, was gleichwohl dem Geist der evangelischen Räte verpflichtet blieb. Die Kirche verlor das saeculum nie gänzlich aus dem Blick – und das galt natürlich auch vice versa.

Nicht einmal die Reformation hat – entgegen gängigen Meinungen – an dieser Situation Grundsätzliches geändert. Gewiss, sie verschloss dem Laien die Klosterpforte, sie stellte die vita contemplativa als privilegierten Weg des Lebens nach dem Evangelium in Frage – aber doch nur, weil nun für sie die ganze Welt «ein Kloster» war und der Christ in ihr Gottes Willen zu vollstrecken hatte. «Du glaubst, du seist dem Kloster entronnen», sagte der Reformator Sebastian Frank, «es muss jetzt jeder sein Leben lang ein Mönch sein.»[34] Eine «virtuelle Klösterlichkeit» der Welt blieb auch in nachreformatorischer Zeit erhalten. Zumindest gilt dies für die Ära des Altprotestantismus. Max Weber hat für diese Transformation des regulierten Lebens ins Weltliche, Berufliche, Intellektuelle, Kaufmännische den Ausdruck «innerweltliche Askese» geprägt.

Bei den Verhandlungen zum Westfälischen Frieden mahnte der französische Gesandte am 8. Mai 1646 die Evangelischen, sie sollten die Katholiken nicht zu einem «Ewigen Vergleich» bezüglich der in der Reformation enteigneten Kirchengüter drängen; die katholische Seite habe keine Vollmacht zu einem

---

34 Zit. bei Franz Steinbach, Der geschichtliche Weg des wirtschaftenden Menschen in die soziale Freiheit und politische Verantwortung (Arbeitsgemeinschaft für Forschung des Landes Nordrhein-Westfalen, Bd. 15), Köln/Opladen 1954, 5 ff., hier 42.

solchen Vergleich, «es sey dann, dass der Pabst darin ausdrücklich consentirte».[35] Die Reformation, so lautete der Vorwurf, habe widerrechtlich Kirchengut enteignet, es «säkularisiert». Oder anders gewendet (und darin lag die Spitze!): Beim Übergang in evangelische Hände verwandle sich Kirchengut notwendig in weltliches Gut. Die Verwendung des Wortes «säkularisieren» (séculariser) verärgerte die Evangelischen – das Wort hatte inzwischen einen pejorativen, einen weltlichen und profanen Geschmack. Außerdem steckte im Hinweis auf den Papst die These, eine papstlose Kirche könne, trotz aller Versicherungen, Kirchengut nur profanieren, nicht aber «geistlich» umwidmen.[36]

Kann man im Umkehrschluss auch folgern, dass es nach Meinung der Katholiken *mit Zustimmung des Papstes* sehr wohl auch eine «gültige» Säkularisation hätte geben können? Der Text – man hat in ihm lange Zeit irrtümlich den allerersten Beleg überhaupt für das Wort «säkularisieren» gesehen[37] – schließt eine solche Interpretation nicht aus. Tatsächlich blieben die in der Reformation säkularisierten geistlichen Güter in den evangelischen Territorien ganz überwiegend an kirchliche und geistliche Zwecke gebunden, an Schule, Almosen, christliche Lehre, Wissenschaft.[38] De facto hat die katholische Seite diesen Umstand im Westfälischen Frieden (wie schon zuvor im Augsburger Religionsfrieden) zuletzt auch anerkannt – so sehr

35 Johann Gottfried von Meiern, Acta Pacis Westphalicae Publica. Oder Westfälische Friedens-Handlungen und Geschichte, Teil 2, Hannover 1734, 635; zit. bei Strätz (s. Anm. 22), 798 f. Auf von Meiern geht auch die – in der Forschung lange Zeit dominierende – irrtümliche Meinung zurück, das Wort saeculatio (sécularisation) sei zum ersten Mal bei den Verhandlungen zum Westfälischen Frieden 1646 gebraucht worden.
36 So die überzeugende Deutung bei Strätz (s. Anm. 22), 792, 798 ff., 802 ff.
37 S. Anm. 35.
38 Hierzu Harm Klueting, Enteignung oder Umwidmung? Zum Problem der Säkularisation im 16. Jahrhundert, in: Irene Crusius (Hg.), Zur Säkularisation geistlicher Institutionen im 16. und im 18./19. Jahrhundert, Göttingen 1996, 57–83.

man sich in den Verhandlungen bemühte, weiteren Säkularisationen einen Riegel vorzuschieben.

Es war nicht die Reformation, es war die Aufklärung, die
den Säkularisationsbegriff endgültig zum Pol des Staates hin
verschob. Im Briefwechsel zwischen Voltaire und Friedrich
dem Großen ist Säkularisation nur noch ein Kalkül zur Stärkung der Macht der Staaten. Es gilt den «Spinnenkörper» des
Staates (zumal in Preußen!) aufzufüllen und eine durchgän-
gige Territorialhoheit zu schaffen. Die umfassenden Nationa-
lisierungen von 1789 in Frankreich machten die Probe aufs
Exempel: In ihnen griff die Säkularisierung – über den klösterlichen Besitz hinaus – auf die gesamten Kirchengüter
über.[39] Zugleich offenbarte sich eine tiefe, heute fast unbe-
greifliche Entfremdung zwischen der Führung der Kirche und
der Welt der Orden. Als Anfang November 1789 die Nationalversammlung in Paris die Güter der französischen Kirche
«der Nation» zur Verfügung stellte, gab Erzbischof Boisgelin
von Aix als Sprecher der Bischöfe der Hoffnung Ausdruck,
dass man es vielleicht am Ende beim Verkauf des Eigentums
der Mönchsorden bewenden lassen könne.[40] (Auf ein ähnliches Schwarze-Peter-Spiel zwischen den geistlichen Ständen
stößt man übrigens auch im Vorfeld des Reichsdeputationshauptschlusses!) Auch für die Verteidigung der anbetenden
Orden rührte sich in der Nationalversammlung kaum eine
Hand. Die Illusion war bezeichnend: Der Bischof glaubte mit
den Orden nur ein kirchliches Außenwerk preiszugeben. In
Wahrheit berührte die Säkularisierung der Klöster den Kern
der Kirche. Die Kirche retten zu wollen ohne die Klöster, in
einem Atemzug kirchenfreundlich und klosterfeindlich zu

---

39 Georges Lefebvre, Études sur la Révolution française, Paris 1954,
223 ff.; Hans Maier, Revolution und Kirche, Freiburg i. Br. ⁵1988, 101 ff.
40 Karl Dietrich Erdmann, Volkssouveränität und Kirche, Köln 1949,
158 ff.; Maier (s. Anm. 39), 120 ff.; Timothy Tackett, La Révolution, l'Église,
la France. Le serment de 1791, Paris 1986, 24 mit Anm. 18.

sein – das erwies sich rasch als lebensgefährliche Selbsttäu-
schung.

Was sich hier in äußerster Zuspitzung zeigt, hatte sich lange
vorbereitet. Bischöfe und Päpste hatten gegenüber der Aneignung von Kirchen- und Klostergut durch weltliche Gewalten
nicht immer eine ablehnende Haltung eingenommen, sie ließen manchmal durchaus Verständnis walten – gelegentlich
sogar in erstaunlichem Maß. Man darf vermuten, dass dabei
nicht nur kirchlicher Altruismus gegenüber der politischen
Macht im Spiel war. Klöster und Orden waren zeitweilig nicht
nur weltlichen, sondern auch kirchlichen Obrigkeiten ein
Dorn im Auge. Als Mittelpunkte örtlicher Kultur, als Zentren
der Seelsorge, vielfältig mit Patronatsrechten ausgestattet,
manchmal eigenwillig die Diözesanstrukturen durchkreuzend,
besondere Akzente setzend mit Wallfahrten, Festen, alten
Traditionen, frommen Bräuchen, waren sie ein oft sperriges,
unberechenbares, pluralistisches Element im weiträumigen
Gefüge der Kirche. Dem Zentralismus weltlicher wie geistlicher Gewalten setzten sie einen natürlichen Widerstand entgegen. Sie trugen dazu bei, dass die kirchliche Welt polyzentrisch
blieb, dass nirgends Uniformität zur Regel wurde.[41] Manche
Reformer in Staat und Kirche sahen daher in der Ordens- und
Klöstervielfalt einen gefährlichen Widerpart, eine Tendenz
zum Wildwuchs. Sie sannen auf Änderung: Wie der neue Staat
rationale Strukturen entwickelte, so dachte auch mancher Kir-
chenmann an eine Kirche mit gleichförmigen Pfarreien und
Dekanaten, mit zentralen Leitungsstrukturen, einheitlichen
Vorschriften – und nicht zuletzt auch an eine moderne Besol-
dung anstelle des altmodischen Pfründensystems.

Gerade zu Ende des Alten Reiches waren solche Denk-
weisen weit verbreitet. Kirchen und Klöster hatten es schwer,

---

41 Vgl. Glanz und Ende der alten Klöster (s. Anm. 9), passim, und Raab
(s. Anm. 9), passim.

einer kritischen Öffentlichkeit ihre Nützlichkeit zu beweisen. Säkularisationspläne, auch sehr weitgehende, stießen auf immer geringeren Widerstand. Selbst Bischöfe liebäugelten mit der Möglichkeit, auf diesem Weg drückende weltliche Bürden abzuwerfen: Der Säkularisationsantrag des Trienter Fürstbischofs Peter Vigil von Thun 1781/82 – obwohl er am Ende fehlschlug – war ein Zeichen der Zeit. Er zeigte, «dass eine sichere Pension einem geistlichen Fürsten verlockender sein konnte, als eine kleine, wenig ertragreiche, von mächtigen Nachbarn bedrohte Landesherrschaft» (Heribert Raab).[42] Und so wie in Trient mag es auch anderswo gewesen sein – was erklärt, dass den revolutionären Änderungen von 1803 außerhalb des Kreises der unmittelbar Betroffenen, die sich nach Kräften wehrten, wenig Widerstand entgegenschlug.

III

Wir haben in die Vergangenheit geblickt, sind auf das Wort Säkularisation und seine Schicksale eingegangen; auf die historischen Erscheinungen, die sich mit ihm verbinden; auf die allmähliche Wandlung aus einem ordensrechtlichen, personenrechtlichen zu einem staatsrechtlichen und politischen Begriff. Der Höhepunkt dieser Entwicklung war mit der Verabschiedung des Reichsdeputationshauptschlusses vor 200 Jahren erreicht. Der Regensburger Rezess brauchte das Wort Säkularisation nicht mehr zu definieren, er konnte es als bekannt voraussetzen. Es war allgemein verbreitet.

Aber was geschah nun jenseits dieses historischen Kulminations- und Knotenpunktes? Welche Bedeutung gewann das Wort Säkularisation im 19. und im 20. Jahrhundert? Hatte es in dieser Zeit noch eine Bedeutung? Kann man sie präzise fas-

---

42 Raab (s. Anm. 9), 396.

sen, mit historischen Beispielen füllen? Oder verschwimmt nach 1803, 1806, 1815 alles im Unbestimmten – in jener Loslösung des Begriffs vom Recht, jener Entgrenzung und Verallgemeinerung, für die dann der neue Name «Säkularisierung» (ein im Wesentlichen philosophisch-weltanschaulicher Begriff!) repräsentativ und typisch wird?[43]

Zunächst ist festzuhalten, dass der Reichsdeputationshauptschluss – so erstaunlich das klingt – den Untergang des Alten Reiches überdauert hat. Es gab zwar im Deutschen Bund nach 1815 kein Reichsrecht mehr, auch kein zentrales Bundesrecht – einzige Rechtsquelle war das Landesrecht der Einzelstaaten. Aber die Materien des RDH wurden in dieses Landesrecht transformiert und behielten daher ihre Geltung. Das lag in der Logik des Regensburger Dokuments: Es enthielt ja nicht nur einen territorialen Austausch- und Entschädigungsplan, der einzelne Staaten betraf – es war in seinem universellen Zugriff so etwas wie das neue Grundbuch des «flurbereinigten», vereinfachten, modernisierten Deutschland. Darüber hinaus nahm es wichtige Elemente der künftigen Verfassungsstruktur vorweg: das Ende der geistlichen Territorialherrschaft, den Aufbau geschlossener Staatsgebiete, ein Nebeneinander von mittelgroßen Staaten, das zum föderalistischen Ausgleich drängte.

Die Wirkungen reichen weit ins 19. und ins 20. Jahrhundert

---

43 Aus der fast unübersehbaren Literatur seien genannt: Hermann Lübbe, Säkularisierung. Geschichte eines ideenpolitischen Begriffs, Freiburg i. Br. [2]1975; Ernst-Wolfgang Böckenförde, Die Entstehung des Staates als Vorgang der Säkularisation, in: Säkularisation und Utopie (FS Ernst Forsthoff), Stuttgart 1967, 75 ff.; Karl Lehmann, Prolegomena zur theologischen Bewältigung der Säkularisierungsproblematik, in: ders., Gegenwart des Glaubens, Mainz 1974, 94 ff.; Hartmut Lehmann, Säkularisierung, Dechristianisierung, Rechristianisierung im neuzeitlichen Europa, Göttingen 1997; Franz-Xaver Kaufmann, Wie überlebt das Christentum?, Freiburg i. Br. 2000; Mathias Hildebrand/Manfred Brocker/Hartmut Behr (Hg.), Säkularisierung und Resakralisierung in westlichen Gesellschaften, Wiesbaden 2001. Vgl. ferner die in Anm. 11, 12, 14 genannte Literatur.

hinein, ja bis zur Gegenwart. Die Rechtstitel der Kirchen auf Staatsleistungen, grundgelegt im RDH, blieben sowohl im Kaiserreich wie in der Weimarer Republik bestehen. «Die Weimarer Reichsverfassung erkannte sie in Art. 138 Abs. 1 an; in Art. 140 des Bonner Grundgesetzes sind sie erneut sanktioniert.»[44] Insofern bilden wesentliche Bestimmungen des Reichsdeputationshauptschlusses bis zum heutigen Tag einen wichtigen Bestandteil unseres Staatskirchenrechts – und selbst der ambivalente § 35, den die Regierung Montgelas zum Schaden der landständischen Klöster in das Gesetzeswerk gebracht hatte, lässt sich in der Gegenwart auch anders lesen, nämlich als eine geradezu «klassische Begründung der Staatsleistungen» an die Kirchen (Axel von Campenhausen); enthält er doch den Vorbehalt der «festen und bleibenden Ausstattung der Domkirchen» und «der Pensionen für die aufgehobene Geistlichkeit».[45]

Mit dem Reichsdeputationshauptschluss beginnt in Deutschland der moderne säkulare Staat. Er beginnt früher als in anderen Ländern[46] – man denke einen Augenblick daran, dass es im Norden und Nordwesten Europas bis heute Staatskirchen

44   Huber (s. Anm. 2), 61.
45   Zu den Verknüpfungen zwischen dem RDH und dem heutigen Staatskirchenrecht vgl. Axel von Campenhausen, Der heutige Verfassungsstaat und die Religion, in: Handbuch des Staatskirchenrechts der Bundesrepublik Deutschland, Bd. 1, Berlin ²1994, 47–84; Hermann Kästner, Die Verfassungsgarantie des kirchlichen Vermögens, ebd. 891–906; Josef Isensee, Staatsleistungen an die Kirchen und Religionsgemeinschaften, ebd. 1009–1063; Heiner Marré, Das kirchliche Besteuerungsrecht, ebd. 1101–1147.
46   Zur historischen Einordnung des Alten Reiches vgl. den anregenden Diskussionsbeitrag von Johannes Burckhardt, Europäischer Nachzügler oder institutioneller Vorreiter? Plädoyer für einen neuen Entwicklungsdiskurs zur konstruktiven Doppelstaatlichkeit des frühmodernen Reiches, in: Matthias Schnettger (Hg.), Imperium Romanum – irregulare corpus – Teutscher Reichs-Staat. Das Alte Reich im Verständnis der Zeitgenossen und der Historiographie, Mainz 2002, 297–316. – Unentbehrlich nach wie vor: Karl Otmar Freiherr von Aretin, Das Alte Reich 1648–1806, 3 Bde. u. Reg. Bd., Stuttgart 1993–2000 sowie Volker Press, Das Alte Reich. Ausgewählte Aufsätze, Berlin 1997.

gibt und dass das britische Unterhaus als «sehr christliche Versammlung» sogar noch in der Gegenwart für die Gestaltung der Liturgie der Church of England zuständig ist (wenn es auch von diesem Recht nicht mehr Gebrauch macht). Auch die letzten katholischen Staatskirchen sind erst nach dem Zweiten Vaticanum verschwunden. Deutschland liegt mit seiner Entwicklung seit 1815 *zwischen* den protestantischen Staatskirchen Nord- und Nordwesteuropas, welche die mittelalterliche Gemengelage von Staat und Kirche bis heute am treuesten bewahrt haben, und unserem westlichen Nachbarland Frankreich, in dem Kirche und Staat seit 1905 am rigorosesten voneinander getrennt sind. Und nicht nur zeitlich, auch inhaltlich liegt es dazwischen; denn das deutsche Staatskirchenrecht – ein in andere Sprachen kaum übersetzbarer Begriff! – lässt sich weder einfach auf den Generalnenner der Einheit noch auf den der Trennung bringen; es ist ein komplexes System von Trennung *und* Verbindung, gekennzeichnet durch wechselseitige Wahrnehmung der Partner Staat und Kirche, Respekt vor dem «Krongut» des anderen und vertraglichen, nicht hoheitlichen Lösungsmodellen für Konflikte.[47]

Das ist freilich erst das Ergebnis eines langen Ausgleichsprozesses über mehr als hundert Jahre hin. Nach 1815 überwiegt noch stark das Bild des Abbruchs. Depossediert und finanziell geschwächt, gerät die säkularisierte Kirche an vielen Orten unter die Botmäßigkeit des Staates. Sie wird von ihm verwaltet «wie Zölle und Steuern» (Lamennais). Ihr Inneres, Glaube und Lehre, wird der staatlichen Verwaltung zuneh-

---

47 Heckel (s. Anm. 11), 22: «In seiner Gesamtexistenz ist das deutsche Staatskirchenrecht – unbeschadet seiner alten liberalen und emanzipatorischen Momente – doch Ausdruck der Tendenz, die Säkularisierung in ihrer krassen Form hintanzuhalten: Statt radikaler Trennung wahrt es gewisse Verbindungen zwischen Staat und Religion bzw. Religionsgemeinschaften; es drängt sie nicht ins Privatrecht ab, nötigt sie nicht in … Vereinsstrukturen und zwingt sie nicht zur Leugnung ihrer sakramentalen, geistlich bekenntnismäßig bestimmten, bzw. hierarchisch aufgebauten Rechtsgestalt.»

mend fremd, obwohl es inzwischen «Kultusministerien» (in Stuttgart sogar früher «Kultministerien») gibt, die ihre Abkunft aus den Folgewirkungen der Säkularisation bis heute an der Stirne tragen.

Doch gleichzeitig verschärft sich der äußere Zugriff: Die immer noch vermutete «Macht über die Seelen» soll für die politische Gemeinschaft genutzt und aktuell-politischen Forderungen dienstbar gemacht werden. Suchte die Kirche lange Zeit an ihrer weltlichen Macht festzuhalten, so beanspruchte auch der liberale Kulturstaat des 19. Jahrhunderts an vielen Stellen eine Suprematie über den geistlichen Bereich. Ein großer Teil der Kämpfe zwischen Kirche und Staat im 19. Jahrhundert erklärt sich aus dieser Wechselbewegung, die ein nachzitternder Reflex der jahrhundertelangen Symbiose von Staat und Kirche im älteren Europa ist.[48]

Aber so wenig die Katholische Kirche an der alten Einheit des Geistlichen und Weltlichen festhalten konnte, so wenig gelang es dem modernen Staat, die in der frühen Neuzeit gewonnene Herrschaft über die Kirchen in nachrevolutionärer Zeit aufrechtzuerhalten – oder gar noch zu steigern. Denn auch der Staat säkularisierte sich – als moderner Staat diente er nur noch dem *Wohl*, nicht mehr dem *Heil* der Menschen. Und in dem Maß, in dem er ein neutrales Gehäuse für viele Religionen, Konfessionen, Weltanschauungen wurde, eine pragmatische Institution zur Sicherung von Wohlfahrt, Glück und Zukunft, verschwand seine innere Legitimation zur Mitsprache im Bereich der Kirchen. Es war ein geschichtliches Datum, als in der Zeit der Französischen Revolution das heilige Öl in Reims ausgegossen wurde und man in Paris die Vernunft auf den Thron der Staatsweisheit erhob. Fortan sollte keine Res-

48 Hans Maier, Fremd unter Fremden? Katholische Zeitkultur im 19. Jahrhundert, in: Ulrich von Hehl/Friedrich Kronenberg (Hg.), Zeitzeichen. 150 Jahre Deutsche Katholikentage 1848–1998, Paderborn u. a., 1999, 43–58.

tauration des Staates mehr gelingen, die ihm eine geistliche Aufgabe zuschrieb: Weder die Versuche zur Wiederherstellung christlicher Monarchien hatten Erfolg noch der gegenläufige Versuch, einen weltlichen Kulturstaat mit verpflichtender Weltanschauung aus dem Geist des Laizismus aufzubauen.

Kein Zweifel, der säkularisierte Staat bot einer nationalen Kirche – wie sie der Gallikanismus in Frankreich, aber auch die deutschkirchliche Bewegung in Deutschland erträumte – keine Stütze mehr. Daher löste sich in Europa im 19. und im 20. Jahrhundert die alte Symbiose von katholischer Kirche und Staat bis auf geringe Reste auf – trotz fortwährender Rückschläge in Gestalt des Staatskirchentums, des Kulturkampfs und der späteren totalitären Bedrohungen und Übergriffe. Die Kirche emanzipierte sich; sie verlangte vom Staat das Recht der Selbstregierung zurück; sie gab sich nicht mehr mit einer politisch vermittelten Stellung zufrieden. Sie besann sich auf die kirchlichen und theologischen Wurzeln ihrer Existenz. Das brachte eine Loslösung vom nationalen Machtstaat mit sich. Die Einheit von Kirche und Politik zerbrach – über den isolierten nationalen Kirchentümern stieg erneut der Universalismus Roms empor. Gelöst aus nationalen Bindungen, fand sich die Kirche zu Anfang des 20. Jahrhunderts, fast überrascht, als Weltkirche wieder. In eine «reine Welt» hineingestellt, ohne die Stützen der Politik oder des Zeitgeists, wurde die Kirche wieder ebenso zur «Mission» wie in den Anfängen der Christenheit – ein Vorgang, der ohne die Französische Revolution und ohne die Säkularisation kaum denkbar gewesen wäre.[49]

Zum Bild kirchlicher Regeneration im 19. und 20. Jahrhun-

---

49 Die «Zerstörung alter kirchlicher Metropolen» als «Voraussetzung für den ultramontanen Zentralisierungsprozeß» zeigt Rudolf Lill am Beispiel von Mainz, in: Rödel/Schwerdtfeger (s. Anm. 18), 473–482; vgl. auch Maier (s. Anm. 39), 87 ff., 150, 264 f., und Karl Hausberger, Von der Reichskirche zur «Papstkirche»? Die kirchlich-religiösen Folgen der Säkularisation, in: zur debatte 3/2003, 15–18.

dert gehört aber unübersehbar auch das neue Hervortreten monastischer und laikaler Kräfte – und damit die Anknüpfung an eine Pluralität, die in der Neuzeit oft durch kirchlichen Zentralismus und Klerikalismus, aber auch durch das reduzierte, unilaterale Kirchenbild der Aufklärung verdunkelt worden war. Die Initiatoren der Säkularisation hatten, als sie ans Werk gingen, eine klösterlose Welt im Auge – sie wollten vom christlichen Erbe nur allgemeine Lehren, nur Ethik und Verhaltensmaximen übernehmen – erzieherische Zukost zu dem, was die Vernunft den Vernünftigen ohnehin eingab. Dass das Christentum mehr war als eine Lehre, dass der Glaube ringsum in Lebensvollzüge eingebettet war und in jeder Zeit andere Ausdrucksformen finden musste, war ihnen fremd. Wie groß war daher die Überraschung, als sich die Klöster – nicht ohne königliche Hilfe – nach dem großen Grabenbruch erneut belebten – langsam zwar, aber stetig und schließlich unumkehrbar. Das 19. und 20. Jahrhundert war eine Zeit der Regeneration des Ordenslebens, und heute, zweihundert Jahre nach der Säkularisation, ist die Kirche – sind beide Kirchen – ohne Orden und geistliche Gemeinschaften, ohne die sichtbare Präsenz des Lebens nach den «evangelischen Räten» längst nicht mehr vorstellbar.

Auch die Laien kehrten zurück, vielmehr: Sie übernahmen auf vielen Feldern die Führung. Die Kleriker waren ja in dem parlamentarischen und demokratischen Zeitalter, das nun begann, auf ihren «weltlichen Arm» aufs Dringendste angewiesen. Durch die Aktivität der Laien öffneten sich viele Spielräume für neue Initiativen, differenzierte Verantwortlichkeiten in der Kirche. Auch hier wurde die Kirche am Ende reicher, vielfältiger, beweglicher, aktionsfähiger; die unentbehrliche laikale Dimension, die Welt als Feld der Gestaltung und Bewährung, wurde sichtbar – und dies ganz friedlich und organisch, ohne die früheren Gewitter der Kirchengeschichte, die sich an den Worten Laienkelch und Laienpredigt entzündeten.

Dies alles war nicht einfach eine Rückkehr. Es war das neuerliche Wachstum der Kirche in ihre Mehrdimensionalität, ihre soziale und geistige Fülle hinein. Es hängt im Übrigen mit den Erfahrungen der Säkularisation zusammen, dass sich heute neben den alten Orden neue Gemeinschaften gebildet haben, welche programmatisch *die Welt* in ihrem Namen tragen – die *Säkularinstitute*. Auch sie sind ohne den Vorgang der Säkularisation nicht denkbar.

Hans Urs von Balthasar, der «säkularisierte» Jesuit – wir sind ihm schon begegnet –, hat in seinen Schriften immer wieder auf den spannungsreichen Austausch, die notwendige Osmose zwischen Kirche und Welt hingewiesen. Diese Osmose – ich zitiere ihn – «vollzieht sich in zwei gegenläufigen Bewegungen, die doch nur zwei Seiten des gleichen Vorgangs sind … Die eine Seite ist die progressive verwandelnde Aufnahme von Welt im Raum der Kirche, die andere ist das immer neue Sich-selbst-Überschreiten der Kirche in die Welt hinein …[50] Die Kirche nahm sich Zeit, erst einmal die Gemeinde der Heiligen zu werden, bevor sie sich auf die Durchsäuerung des Weltstaats einließ. Christliche Kultur und Kunst gibt es erst, nachdem es christliche Märtyrer, Jungfrauen, Bekenner, Anachoreten gegeben hat, christliche Kirchen konnten erst gebaut werden, da ihre Fundamente den Geist der Katakomben in sich aufgenommen hatten, christliche Politik erst, da große Bischöfe jede Neigung zum Kompromiss mit weltlichen Gewalten abgelehnt und die Forderung ungebrochener Anerkennung der Kirche erhoben hatten. Christliche Aktion durfte es nur geben, wo die ursprünglichere Sendung zum Jawort der Kontemplation und zum Mitgehen in die Passion verstanden worden war».[51]

Was war sie nun, die Säkularisation? Zählt sie zu den

50   Hans Urs von Balthasar, Christlicher Stand, Einsiedeln 1977, 281.
51   Ebd., 283.

«wohlthätige(n) Gewaltsamkeiten» wie Gervinus meinte, war der Umsturz eine «große Nothwendigkeit», wie Treitschke befand – oder muss man den Reichsdeputationshauptschluss mit dem Regensburger Domvikar Scheglmann ein «ungeheuerliche(s)» Dokument nennen, «dessen Festsetzungen moralisch ein Gottesraub, juridisch eine illegitime Anmaßung, politisch ein Hochverrat sind, vor dem Richterstuhl der Vernunft aber Unsinn und Torheit»?[52]

Nun, so heftige Verurteilungen der Säkularisation sind heute nicht mehr üblich. Aber auch die Töne des Triumphs und der Genugtuung sind inzwischen fast ganz verstummt. An die Stelle eines bedingungslosen Pro oder Contra sind differenziertere Unterscheidungen getreten, ein geschärftes Gefühl dafür, dass der RDH von 1803 – wie fast jedes Ereignis der Geschichte – Gewinne und Verlust in sich schließt. Auf der einen Seite das wohl unvermeidliche Ende geistlicher Herrschaft im Reich – auf der anderen Seite die durch den Untergang des «stiftischen Deutschland» bewirkte inferiore Position der Katholiken im 19. Jahrhundert. Auf der einen Seite der Schritt aus der kleinräumigen Herrschaftsdichte der älteren Zeit zu größeren, einheitlich verfassten Staaten – auf der anderen Seite ein sichtbarer Verlust an regionaler Durchformung, kultureller Durchdringung kleiner und kleinster Einheiten – was zu einer Regression vor allem der Entwicklung des flachen Landes und der Landbevölkerung führte. Auf jeden Fall war das Ergebnis ambivalent. Ich zitiere Werner Blessing: «Der betroffenen Bevölkerung brachte die Säkularisation offenbar zunächst weniger Verbesserungen der materiellen Lage und mentalen Situation als von den Urhebern beabsichtigt; ja die Auflösung vertrauter wirtschaftlicher, sozialer, kultureller Netze nahm

---

52 Die Zitate bei Katharina Weigand, Der Streit um die Säkularisation. Zu den Auseinandersetzungen in Wissenschaft und Öffentlichkeit im 19. und 20. Jahrhundert, in: zur debatte 3/2003, 11–13.

vielen Rechte oder Schutz, entzog häufig Einkommen, setzte Konkurrenzverhältnisse frei ... Doch trug dieser Bruch mit alteuropäischen Strukturen wesentlich zu Bedingungen bei, unter denen sich langfristig Tendenzen durchsetzen konnten, die im Sinne des 19. Jahrhunderts Fortschritt bedeuteten. Wenn die feudale Herrschaft durch den modernen Staat, die Konfessions- und Ständegesellschaft durch die bürgerliche Nation, korporative Bindungen durch individuelle Freiheit, eine patrimoniale Ökonomie durch die kapitalistische Marktwirtschaft, traditionale Autoritäten durch den Anspruch auf Selbstbestimmung abgelöst wurden, war das ohne die Säkularisation, diesen dramatischen Schub in der neuzeitlichen Säkularisierung, nicht möglich.»[53]

Am positivsten waren – auf lange Frist gesehen – die Folgen für die Kirche. Die große Säkularisation im Jahr 1803 und in den folgenden Jahren hat die Kirche in Deutschland nicht zerstört. Sie hat jedoch die Christen – oft mit drastischen Mitteln – aus dem Schlaf der Sicherheit geweckt, hat sie daran erinnert, dass in den Klöstern, die man nun aufzuheben, umzuwidmen, zu verkaufen, teilweise zu zerstören begann, auch ein unentbehrlicher Teil ihrer ursprünglichen Sendung verwahrt lag. Die Kirche hat in der Säkularisation viele Reichtümer, viele Machtpositionen, viel politischen und kulturellen Einfluss verloren. Was sie nicht verlor, war die Kraft zur Erneuerung aus dem Geist der Kontemplation und der Passion. Diese Kraft hat der Reichsdeputationshauptschluss – blickt man auf die folgenden Jahrzehnte – sogar unwillentlich stärken und festigen helfen. Dies lehrt ein unvoreingenommener Blick auf die Regensburger Ereignisse vor zweihundert Jahren.

53 Werner K. Blessing, Verödung oder Fortschritt? Zu den gesellschaftlichen Folgen der Säkularisation, in: zur debatte 3/2003, 18–20.

Hitler und das Reich

> … ob mit dem Reich denn alles so ganz in
> Ordnung, ob das Reich überhaupt das
> Reich sei, um das von je die deutschen
> Hoffnungen und Wünsche kreisten wie
> die Raben um den alten Kyffhäuser.
>
> Karl Muth im Hochland, März 1933

I. Vorfragen: drei Reiche – ein Reich?

Das Wort Reich hat im Lauf der deutschen Geschichte sehr
verschiedene Bedeutungen angenommen. In der Realität tragen das alte Reich, das Bismarckreich und das Dritte Reich
zwar den gleichen Namen «Reich», die drei sind aber historisch höchst unterschiedliche Gebilde. In ihren politischen
Zielsetzungen, ihrem staatsrechtlichen Profil, auch in ihrer
konfessionellen Zusammensetzung unterscheiden sie sich deutlich. Der Begriff «Reich» ist nicht eindeutig. Daher weicht
man heute in Deutschland im sprachlichen Umgang dem sperrigen Wort gern aus. Berliner Straßenschilder, die auf den
«Deutschen Bundestag im Reichstag» hinweisen, fallen auf
und erregen bei Besuchern Erstaunen. Zum Vergleich: Die
Franzosen stört es nicht, dass die Nationalversammlung der
République française in einem Adelspalais der Monarchie,
dem Palais Bourbon, tagt. Anders die Deutschen: In ihren
Augen hat die nationalsozialistische Diktatur – das «Dritte
Reich» – die Reichsidee kontaminiert und im Grunde unmöglich gemacht, weshalb man den Worten «Reich» und «Reichs-
tag» heute tunlichst aus dem Weg geht.

Erstaunlich spät taucht im deutschen Staatsrecht der neutrale Begriff «Deutschland» auf. Im Grunde kommt er erst mit dem Grundgesetz der Bundesrepublik Deutschland (1949) zur Geltung.[1] Über Jahrhunderte kreisten in Deutschland öffentliches Recht und Politik um den Begriff des Reiches – dieser entfaltete noch im 20. Jahrhundert, in der Zeit der Weimarer Republik und des Nationalsozialismus, seine späte Wirkungen.[2] Selbst nach 1945 behielt das Wort Reich noch Gewicht. Das Bundesverfassungsgericht stellte in ständiger Rechtsprechung fest, dass das Deutsche Reich nicht untergegangen sei, dass die Bundesrepublik keinen Rechtsnachfolger darstelle, sondern vielmehr mit ihm als Völkerrechtssubjekt identisch sei.[3] In jüngster Zeit wurde der Reichsbegriff noch von einer anderen Seite aktuell: Mit unerwarteter Virulenz geistert das Wort durch die diffuse Vorstellungswelt der «Reichsbürger».[4]

---

1 «Deutsch» war zwar schon der «Deutsche Bund», der von 1815 bis 1866 dauerte und der erst in der Verfassung des Bismarckreichs vom 16. April 1871 durch den Titel «Deutsches Reich» ersetzt wurde. Auch das «Heilige Römische Reich» wurde seit dem Ende des 15. Jahrhunderts meist mit dem Zusatz «Deutscher Nation» zitiert; siehe Barbara Stollberg-Rilinger, Das Heilige Römische Reich Deutscher Nation. Vom Ende des Mittelalter bis 1806, München [4]2009, 12 f. Nirgends jedoch taucht in älteren Konstitutionen als zentraler Begriff der Name Deutschland auf.
2 Jean Frédéric Neurohr, Der Mythos vom Dritten Reich, Stuttgart 1957; Klaus Breuning, Die Vision des Reiches, München 1969; Jost Hermand, Der alte Traum vom neuen Reich, Frankfurt am Main 1988; Dieter Langewiesche, Reich, Nation, Föderation. Deutschland und Europa, München 2008; Heinz Hürten, Die Sehnsucht nach dem «Reich» in der Weimarer Republik, Weimar 2009; Elke Seefried, Das Reich zwischen Mythisierung und Heilserwartung. Katholische Deutungen des Heiligen Römischen Reiches und des Habsburgerreiches in Deutschland und Österreich 1919–1933/1938, in: Thomas Pittrof, Walter Schmitz (Hg.), Freie Anerkennung übrgeschichtlicher Bindungen. Katholische Geschichtswahrnehmung im deutschsprachigen Raum des 20. Jahrhunderts, Freiburg 2010, 107–130.
3 Antwort der Bundesregierung vom 30.06.2015 auf eine Kleine Anfrage der Fraktion Die Linke zum Potsdamer Abkommen von 1945 (18/5178).
4 Andreas Speit (Hg.), Reichsbürger. Die unterschätzte Gefahr, Berlin 2017; Tobias Ginsburg, Die Reise ins Reich, Berlin 2018; «18 000 Reichsbürger» (ZEIT online vom 28. April 2018): «Reichsbürger» sollen entwaffnet werden, Frankfurter Allgemeine vom 25. Juli 2018.

Nochmals: Die «drei Reiche» unterscheiden sich erheblich voneinander. Dennoch sind sie in der Rückschau immer wieder miteinander verknüpft worden – in nostalgischen Erinnerungen sowohl wie in ausdrücklicher politischer Zitation. Das begann schon bei der Proklamation des Zweiten Kaiserreichs im Jahr 1871. Dass ausgerechnet das neue, nicht mehr übernational verfasste, sondern nationalstaatlich geprägte Zweite Reich sich als Fortsetzung des Ersten, des «Heiligen Reiches», verstand, war ein historisches Paradox; nach dem definitiven Ende der Reichstradition 1806 und einer mehr als halbhundertjährigen Kaiser-Pause war eine solche Anknüpfung kaum zu erwarten. Doch König Wilhelm I. von Preußen – durch Bismarcks Staatskunst zu Kaiser Wilhelm I. geworden – bezog sich bei seiner Krönungsrede im Spiegelsaal von Versailles am 18. Januar 1871 ausdrücklich auf das alte Reich. Er bekundete, <u>«dass die deutschen Fürsten und freien Städte den Ruf an ihn gerichtet hätten, mit Herstellung des Deutschen Reichs die seit mehr denn sechzig Jahren ruhende deutsche Kaiserwürde zu erneuern und zu übernehmen ...»</u>[5] Alsbald wurde denn auch der neue Herrscher seines weißen Bartes wegen – in Anlehnung an den legendarisch im Kyffhäuser schlummernden Kaiser des Ersten Reiches Friedrich Barbarossa (Rotbart) – «Barbablanca» genannt.[6]

Das Zweite Reich eignete sich wichtige Symbole des Ersten Reiches an. Die neue Reichskrone, obwohl nur im Modell vorhanden, lehnte sich an die alte (ottonische) Reichskrone an; Kaiserburgen und Kaiserpfalzen wurden überall in Deutschland restauriert, ja rekonstruiert, von Aachen und

5 Zit. von Neil MacGregor, Deutschland. Erinnerungen einer Nation, München 2015, 421 (von ihm auch die Unterstreichung).
6 Elmar Wadle, Visionen vom «Reich», in: Joachim Rückert und Dietmar Willoweit (Hg.), Die Deutsche Rechtsgeschichte in der NS-Zeit, Tübingen 1995, 241–299 (242).

Goslar bis zur Hohkönigsburg im Elsass; die Dome von Speyer, Worms, Mainz wurden jetzt – erstmals – «Kaiserdome» genannt.[7] Die Zuneigung der katholischen Minderheit zum alten Reich dauerte fort; sie reichte – auf älteren Quellen beruhend[8] – bis in die Zeit nach dem Ersten Weltkrieg hinein, wie Elke Seefried nachgewiesen hat.[9] Daneben entwickelte sich eine spezifisch protestantische neue Reichsmystik – Protagonistinnen waren die Niedersächsin Ricarda Huch aus Braunschweig[10] und die – später zur katholischen Kirche konvertierte – Westfälin Gertrud von le Fort aus Minden.[11]

Demgegenüber stellt die Selbstbezeichnung der nationalsozialistischen Herrschaft als «Drittes Reich» – das Wort dominierte in der NS-Zeit von den Anfängen bis in die Kriegszeit hinein – einen eindeutigen Fall von Usurpation dar. Das Dritte Reich hatte mit dem Zweiten Reich nur die territoriale Gestalt gemeinsam (abzüglich der Einbußen durch den Versailler Vertrag). Mit dem Ersten Reich der Deutschen verband es so

7 Reinhart Staats, Die Reichskrone, Kiel 2006; Dethard von Winterfeld, Die Kaiserdome Speyer, Mainz, Worms und ihr romanisches Umland, Würzburg 1993.
8 Matthias Klug, Rückwendung zum Mittelalter? Geschichtsbilder und historische Argumentationen im politischen Katholizismus des Vormärz, Paderborn 1995.
9 Elke Seefried, Das Reich zwischen Mythisierung und Heilserwartung (Anm. 2).
10 Das Alte Reich spielt in Ricarda Huchs Werk bis in die späte Phase hinein eine dominierende Rolle; siehe u. a. Im alten Reich, 2 Bde. (1927, 1929) sowie: Römisches Reich deutscher Nation (Berlin 1934); Untergang des Römischen Reiches Deutscher Nation (abgeschlossen 1941, postum veröffentlicht Zürich 1949). Hierzu Jutta Bendt u. Karin Schmidgäll (Hg.), Ricarda Huch (Marbacher Kataloge 47), 1994; 300 ff., 366, 371 ff.
11 Gertrud von le Fort, in Hildesheim konfirmiert, sah in ihren Jugenderinnerungen «im alten Dom die Geister des ersten Reiches, das man das Heilige Römische nennt», an sich vorüberziehen (Hälfte des Lebens. Erinnerungen, München 1965, 37). Die Deutschen waren für sie schlechterdings das «Volk des Reiches»: «Vom Himmel hernieder / Stieg deiner Herrschaft Name» , heißt es in Anspielung auf das Reich Gottes in ihren «Hymnen an Deutschland», München 1932, 23.

gut wie nichts.[12] Zwar umschrieb das Wort «Reich» mittelbar eine in die Vergangenheit reichende Tradition. Stärker aber war das utopische, auf die Zukunft zielende Element. Mit dem «Dritten Reich» schienen die Nationalsozialisten den Blick auf ein kommendes, erst noch zu schaffendes Reich zu richten. Diese Wortwahl ließ auch nach der «Machtergreifung» Raum für eine revolutionäre Entwicklung, für das ersehnte Neue, Noch-nie-Dagewesene.

II. Hitlers Sprachgebrauch

Wie sah Hitler das Reich? Welche Rolle nahm es in seinem politischen Denken ein? Gingen seine Vorstellungen vom Reich mehr in die Vergangenheit, lehnten sie sich an die entschwundene Größe früherer deutscher Reiche an? Oder zielten sie stärker in die Zukunft, in die utopische Vorstellung eines «Dritten Reiches»? Hatte er überhaupt eine persönliche Beziehung zur Reichstradition? Oder galt für ihn der (von Goethe) Götz von Berlichingen in den Mund gelegte Satz: «... und das Reich geht mich nichts an»?[13]

12 Erst in der Zeit der Kriegsvorbereitungen und des Krieges tauchen Anspielungen auf das Erste Reich auf, bezeichnenderweise im militärischen Umfeld: So diente «Barbarossa» bekanntlich als Deckname für den Angriff auf die Sowjetunion (ein Vorläufer-Deckname der Wehrmacht hieß «Otto» – unter Anspielung auf die Ostkolonisation Kaiser Ottos I.).
13 Goethes Werke, Hamburger Ausgabe, Bd. IV, Götz von Berlichingen, München 1982, 73–175 (147). Dazu Wolfgang Burgdorf, «Das Reich geht mich nichts an.» Goethes Götz von Berlichingen, das Reich und die Reichspublizistik, in: Matthias Schnettger (Hg.), Imperium Romanum – Irregulare Corpus – Teutscher Reichsstaat. Das Alte Reich im Verständnis der Zeitgenossen und der Historiographie, Mainz 2002, 27–52.

In «Mein Kampf» lässt Hitler das Reich 1871 beginnen.[14] Das Bismarckreich wird von ihm «das alte Reich» genannt. Es hat keinen parlamentarisch-demokratischen Ursprung, verdankt seine Entstehung nicht «dem Gemogel parlamentarischer Fraktionen … dem Geschnatter einer parlamentarischen Redeschlacht» – für Hitlers kampf- und kriegsorientierte Sicht des Politischen ein Vorzug vor anderen Staaten. Das Reich erwächst aus einem militärischen Ursprung, aus einem Siegeslauf im Krieg. Den Bismarckstaat haben «die Regimenter der Front» geschaffen. Die Kaiserproklamation in Versailles vollzog sich «im Donner und Dröhnen der Pariser Einschließungsfront». Hitler identifiziert sich mit diesem Reich – zumindest mit seinem Ursprung und seinen Anfangsjahren – in Tönen des Stolzes und der Identifikation, wie sie sonst in seinem Buch an keiner Stelle vorkommen. Zwei typische Sätze: «Nach einem Siegeslauf ohnegleichen erwächst endlich als Lohn unsterblichen Heldentums den Söhnen und Enkeln ein Reich.» «Diese einzige Geburt und feurige Taufe allein schon umwoben das Reich mit dem Schimmer eines historischen Ruhmes, wie er nur den ältesten Staaten zuteil zu werden vermochte.»

In der Folge hebt Hitler «aus der Unzahl von gesunden Kraftquellen der Nation» drei Einrichtungen hervor, die er «mustergültig, ja zum Teil unerreicht» nennt: Es ist die Monarchie als Staatsform (ungeachtet der Schwächen einzelner Monarchen); es ist das «alte deutsche Heer», die «Hohe Schule der deutschen Nation», und es ist «der unvergleichliche Beamtenkörper des alten Reiches», der aus Deutschland «das bestorganisierte und bestverwaltete Land der Welt»

14 Hitler, Mein Kampf. Eine kritische Edition, hg. von Christian Hartmann u. a., Bd. I u. II, München-Berlin 2016 (im Folgenden zit.: MK), I, 237 f. (hier auch die folgenden Zitate dieses Abschnitts). Zu den literarischen Ursprüngen des entscheidenden 10. Kapitels siehe Othmar Plöckinger (Hg.), Quellen und Dokumente zur Geschichte von «Mein Kampf» 1924–1945, Stuttgart 2016, Dokumente 1–3 (23–39); zur Interpretation vgl. Barbara Zehnpfennig, Hitlers Mein Kampf, München 2000, 112 ff.

machte.[15] Hitler rühmt sogar die politische Unabhängigkeit des Beamtenkörpers und der Verwaltung gegenüber den einzelnen Regierungen – erstaunlich bei einem Mann, der, obgleich selbst Beamtensohn, bekanntlich nach eigenem Zeugnis nie Beamter werden wollte.[16]

Hitlers Lobsprüche auf das Bismarckreich sind freilich eingebettet in eine Geschichte, die von Niedergang und Zerstörung erzählt; sie folgen in dem argumentativ schwankenden Kapitel 10 «Ursachen des Zusammenbruchs» auf lange Tiraden, in denen der Verfasser die Verfallsspuren des Reiches schon im Deutschland der Vorkriegszeit entdecken will. Das reicht von der «Internationalisierung der Wirtschaft durch die Aktie» bis zur «Vergiftung des Volkskörpers» durch Prostitution und Syphilis und ballt sich nach ermüdenden Aufzählungen von Versäumnissen und Schäden und endlosen Polemiken gegen «Verräter», «Bolschewisten» und «Juden» in der zentralen «Sünde wider Blut und Rasse» zusammen, die Hitler in einer für ihn typischen Wendung als «die Erbsünde dieser Welt» bezeichnet.[17] Sein Fazit: «Der tiefste und letzte Grund des Unterganges des alten Reiches lag im Nichterkennen des Rasseproblems und seiner Bedeutung für die geschichtliche Entwicklung der Völker.»[18]

Erinnerungen an das (ältere) Römische Reich deutscher Nation – für einen gebürtigen Österreicher eigentlich naheliegend! – kommen in Hitlers Darlegungen zwar vereinzelt vor, sie bleiben aber flüchtig und beiläufig und verdichten sich nirgends zu einer zusammenhängenden Erzählung. Mit der katholischen Reichsrenaissance in Österreich und Deutschland hatte Hitler keine Berührung. Umgekehrt waren katholische Protagonisten der Erinnerung an das Reich wie Alois

---

15 MK I, 292–299.
16 MK I, 14, 16.
17 MK I, 238–264.
18 MK I, 299.

Dempf und Theodor Haecker frühe und entschiedene Gegner Hitlers.[19]

Nur an einer Stelle im zweiten Teil, im 14. Kapitel «Ostorientierung oder Ostpolitik», scheint der Verfasser zu einem systematischen Rückblick ansetzen zu wollen; dort zählt er neben dem – neuzeitlichen – Aufstieg Brandenburg-Preußens als bleibende Erfolge deutscher «Außenpolitik» im Mittelalter zweierlei Vorgänge auf: «die hauptsächlich von Bajuwaren betätigte Kolonisation der Ostmark» und «die Erwerbung und Durchdringung des Gebietes östlich der Elbe ...»[20] Doch der Hinweis auf die Eroberung und Besiedelung der bayerischen Ostmark (des späteren Österreichs) und der ostelbischen Gebiete in der Zeit Karls des Großen, Ludwigs des Frommen und Ottos I. bleibt in Hitlers Darlegungen seltsam isoliert. Die Vorgänge werden nicht vertieft, die Namen der Kaiser nirgendwo genannt. Noch weniger ist vom tragenden Hintergrund des auf die Deutschen übergegangenen Römischen Reiches die Rede. Wo er die Leitsätze seiner Bewegung formuliert, spricht Hitler vielmehr alternativ von einem «germanischen Staat deutscher Nation».[21]

Das jüngere Österreich gehört ohnehin, wie Hitler schon auf der ersten Seite von «Mein Kampf» betont, in ein gemeinsames Reich der Deutschen. Es hat kein Recht auf Selbständigkeit und Souveränität; denn es ist 1866 ein für allemal be-

---

19 Siehe die unter dem Pseudonym Michael Schäffler veröffentlichte Schrift Alois Dempfs «Die Glaubensnot der deutschen Katholiken» (Zürich 1934), wiederabgedruckt in: Vincent Berning, Hans Maier (Hg.), Alois Dempf 1891–1982. Philosoph, Kulturtheoretiker, Prophet gegen den Nationalsozialismus, Weißenhorn 1992, 196–242. Vor dem Abschluss eines Konkordats hat Dempf – in Rom! – eindringlich gewarnt. – Die engen Beziehungen Theodor Haeckers zur Weißen Rose und besonders zu Hans Scholl sind bekannt; siehe jüngst Jakob Knab, Ich schweige nicht. Hans Scholl und die Weiße Rose, Darmstadt 2018, passim.
20 MK II, 308.
21 MK I, 349 (so auch schon in früheren Texten Hitlers; siehe die kritische Edition Bd. I, Anm. 259).

siegt worden; «die deutsche Kaiserkrone wurde in Wahrheit auf dem Schlachtfelde von Königgrätz geholt ...»[22] Und das vorausgehende Habsburgerreich hatte nach seiner Meinung gerade dort versagt, wo es sich hätte bewähren müssen: im Kampf um die Vorherrschaft der Deutschen im östlichen Europa. Es war nie ein Nationalstaat, und es wurde im Lauf der neueren Geschichte immer mehr zu einer Ansammlung von Nationalitäten: Die «Slawisierung» wurde sein Schicksal. Österreich hätte nur durch eine «gemeinsame Faust» zusammengehalten werden können. Als Einziger – so Hitlers Meinung – hat Joseph II. als römischer Kaiser deutscher Nation dies versucht, indem er sich dem drohenden Abgleiten der Deutschen in die Minderheit entgegenstemmte. Aber seine Regierung dauerte zu kurz, die Fahrlässigkeit der Vorgänger war zu groß.[23] Im 19. Jahrhundert entschloss sich dann das Haus Habsburg endgültig, «Österreich zu einem slawischen Staate umzugestalten ...»[24], und damit war in Hitlers Sicht sein Schicksal besiegelt.

Es wird deutlich: Hitler legt an das Erste Reich, soweit es überhaupt in seinen Blick kommt, fremde Ellen an – die Ellen des Nationalstaats und der Nationalsprache. Zusätzlich bringt er Elemente des «Führertums», der «Rasse» und des «Blutes» ins Spiel. Damit verfehlt er freilich gänzlich die Eigenart dieses Körpers aus Haupt und Gliedern, der weder ein homogener Untertanenverband noch ein moderner Territorialstaat war – auch kein Gebilde mit einheitlicher Staatsbürgerschaft und Sprache und keine «Willensnation».[25] Vor

---

22 MK II, 156
23 MK I, 75.
24 MK I, 113
25 Vgl. Stollberg-Rilinger, Das Heilige Römische Reich (wie Anm. 1), 14 ff.; dies., Des Kaisers alte Kleider. Verfassungsgeschichte und Symbolsprache des Alten Reiches, München 2008, 299 ff.; Matthias Schnettger (Hg.), Imperium Romanum (wie Anm. 11), passim; Peter Claus Hartmann, Das Heilige Römische Reich deutscher Nation in der Neuzeit 1486–1806,

allem Glanz und Last des römischen und christlichen Erbes
dürften Hitler fremd und unzugänglich gewesen sein – die
Translatio des Imperiums von den Römern zu den Franken
und zu den Deutschen, der Umstand, dass es sich beim Ersten
Reich von Anfang an um ein übernationales Gebilde, eine
Dreiländer-Trias (Deutschland, Italien, Burgund) handelte.
Am fremdesten war ihm wohl das «Heilige Reich», wie es
sich seit den Stauferkaisern nannte – ein Imperium, das als
universales Gebilde der gleichfalls universalen Römischen
Kirche zugeordnet war.

III. Das Dritte Reich – vom «Führer» verboten?

Brauchten die Nationalsozialisten also ein anderes, neues, ein
«Drittes Reich»?

Das Wort «Drittes Reich» dürfte Hitler zuerst von seinem
Mentor Dietrich Eckart (1868–1923) gehört haben, der diesen Begriff aus dem von ihm übersetzten Drama «Kaiser und
Galiläer» (1873) von Henrik Ibsen kannte.[26] Bedeutsamer
und prägender könnte die Begegnung Hitlers mit dem Publizisten Arthur Moeller van den Bruck in Berlin im Jahr 1922
gewesen sein. Moeller van den Bruck (1876–1925) machte

Stuttgart 2005, 163 ff.; Bernd Schneidmüller/Stefan Weinfurter (Hg.), Hei-
lig – Römisch – Deutsch. Das Reich im mittelalterlichen Europa. Kollo-
quiumsband zur 29. Ausstellung des Europarates, Dresden 2006; Joachim
Whaley, Germany and the Roman Empire, Oxford 2012, dt. Das Heilige
Römische Reich und seine Territorien, Darmstadt 2014; vgl. Bd. 1, 49 ff.,
79 ff.
26 Dies ist die wohl zutreffende Vermutung von Claus-Ekkehard Bärsch,
Die politische Religion des Nationalsozialismus, München 1998, 50. – Der
Begriff «Drittes Reich» geisterte bereits in der zweiten Hälfte des 19. Jahrhunderts in Büchern und Aufsätzen verschiedener Autoren (Richard
Dehmel, Johannes Schlaf, Hermann Burte) herum – erstaunlicherweise findet er sich auch bei dem Mathematiker und Philosophen Gottlob Frege, wo
er freilich für das «sinnlich nicht Wahrnehmbare» steht; siehe http://de.aca-
demic.ru/dic.nsf/dewiki/353827.

den Begriff in der Weimarer Zeit durch sein Buch «Das dritte Reich» (Berlin 1923) in einer breiten Öffentlichkeit bekannt; postum wurde der Publizist zu einer zentralen Figur des Jungkonservatismus; sein Werk wurde während der Herrschaft des Nationalsozialismus vielfältig rezipiert.[27]

Es war vor allem Joseph Goebbels, der als einer der ersten enthusiastischen Leser Moeller van den Brucks Botschaft vom «dritten Reich» aufnahm und weiterverbreitete. In Tagebucheinträgen (seit 1925/26) schwärmte er von der «prophetischen Schau» des Publizisten (der früh durch Selbstmord geendet hatte), nannte sie «erschütternd wahr». «Ich lese mit glühenden Backen Moeller van den Brucks ‹Das dritte Reich›. Ein phänomenales Buch. Unsere tiefsten Sehnsüchte in kristallener Form gemeistert.»[28] Entscheidend war, dass Goebbels – wohl als Erster – den Moeller'schen Begriff des dritten Reiches auf die NS-Bewegung und die von ihr intendierte «Machtergreifung» in Deutschland übertrug. Einen Aufmarsch von 15 000 SA-Leuten in Weimar im Juli 1926 kommentierte er mit den Worten: «Das dritte Reich zieht auf. Die Brust geschwellt vor Glauben. Deutschland erwacht! … Ein ergreifendes Bild. 15 000 Menschen, ein Fahnenwald. Treuschwur an das dritte Reich!»[29] Eine Tagung in Nürnberg erklärt er zur

27 Volker Weiß, Moderne Antimoderne. Arthur Moeller van den Bruck und der Wandel des Konservatismus, Paderborn u. a. 2012, 24 ff., 264 ff. – Offenbar warb Hitler um die Unterstützung van den Brucks; dieser verhielt sich jedoch distanziert gegenüber dem «Trommler». Auf ihn trifft wohl zu, was Theodor Heuss später in seinem Buch «Hitlers Weg» (1932) schrieb: «Die nicht geringe Anzahl ausgezeichneter Publizisten, die heute in den Reihen der politischen Rechten stehen, vermeidet es, mit der NSDAP als solcher sich gleichzusetzen; sie fürchten für ihre Unabhängigkeit, für ihre innere Freiheit, wenn sie sich den Parteilosungen unterwerfen wollten» (zit. bei Plöckinger, Quellen und Dokumente – wie Anm. 12 –, 498). – Moellers Buch Das dritte Reich wurde Hitler 1924 anlässlich des ersten Jahrestages des gescheiterten Hitler-Putsches überreicht (Timothy W. Ryback, Hitlers Bücher, Köln 2010, 171).
28 Goebbels, Tagebucheintrag vom 2. Oktober 1928.
29 Tagebucheintrag vom 6. Juli 1926.

«Etappe zum 3. Reich».[30] Hitler wird von ihm als «Schöpfer des dritten Reiches» bezeichnet.[31] 1927 gibt Goebbels eine Broschüre mit eigenen politischen Essays unter dem Titel «Wege ins dritte Reich» heraus.[32]

Hitler übernahm jedoch den Begriff des «Dritten Reiches» nicht in seine Reden und Schriften. Das Wort «Reich» mit seiner christlich-universalen Grundierung war offensichtlich nicht nach seinem Geschmack. So findet sich denn auch die Vokabel «Drittes Reich» nirgendwo in «Mein Kampf». Selbst nach der «Machtergreifung» gebrauchte Hitler die inzwischen überall und allgemein verbreitete Kennzeichnung des NS-Staates persönlich nur ganz selten. Am besten belegt sind Zitate bei Reichsparteitagen – aber auch sie sind spärlich, man muss sie suchen. So äußerte sich Hitler beim Reichsparteitag 1933 wie folgt: «Das Wesen des kommenden Reiches wird daher nicht mehr bestimmt von den Interessen und Auffassungen der Bausteine des vergangenen, sondern durch die Interessen der Bausteine, die das heutige Dritte Reich geschaffen haben.»[33] Und die im nächsten Jahr in Nürnberg folgende Proklamation vom 5. September 1934 endet mit dem Satz: «Die Nachwelt soll dereinst von uns sagen: Niemals war die deutsche Nation stärker und nie ihre Zukunft gesicherter als in der Zeit, da das alte Heilszeichen der germanischen Völker in Deutschland neu verjüngt Symbol des Dritten Reiches wurde. Es lebe unser deutsches Volk, es lebe die Nationalsozialistische Partei und unser Reich!»[34]

Hitler gefiel es keineswegs, dass der NS-Staat nach 1933 in

30   Tagebucheintrag vom 22. August 1927.
31   Tagebucheintrag vom 23. Juli 1926.
32   Tagebucheinträge vom 25. und 28. Februar und vom 7. April 1927.
33   Proklamation des Führers zur Eröffnung des Parteikongresses 1933, in: Die Reden Hitlers am Reichsparteitag 1933, München 1934, 10–21 (20).
34   Proklamation des Führers, verlesen am 5.9.1934, in: Max Domarus, Reden und Proklamationen Bd. I (1932–1934), 4. Aufl. Leonberg 1988, 453 – auch hier die für Hitler typische Wendung ins «Germanische»!

Deutschland, aber auch darüber hinaus, vornehmlich unter dem Stichwort «Drittes Reich» wahrgenommen wurde, dass sich diese Bezeichnung gegenüber allen anderen durchsetzte und sich am Ende sogar international verbreitete. 1939 trat er der Verwendung dieses Begriffs ausdrücklich entgegen.[35] In einem von Martin Bormann unterzeichneten Rundschreiben vom 13. Juni 1939 heißt es: «Der Führer wünscht, dass die Bezeichnung und der Begriff ‹Drittes Reich› nicht mehr verwendet werden. Ich bitte, dies der Führerschaft Ihres Dienstbereiches in geeigneter Weise zur Kenntnis zu bringen.»[36] Die neue Sprachregelung fand in mehreren Presseanweisungen ihren Niederschlag – so am 22. Juni 1939, wo folgende Begründung gegeben wurde: «Um die Änderung innerer Verhältnisse innerhalb des Reiches propagandistisch zum Ausdruck zu bringen, ist vor und nach der Machtübernahme der Ausdruck ‹Drittes Reich› für das nationalsozialistische Reich geprägt und gebraucht worden. Der tiefgreifenden Entwicklung, die seitdem stattgefunden hat, wird diese historisch abgeleitete Bezeichnung nicht mehr gerecht. Es ergeht deshalb der Hinweis, den Ausdruck ‹Drittes Reichs (sic), der ja durch die Geschehnisse bereits durch die Bezeichnung ‹Großdeutsches Reich› ersetzt worden ist, im Rahmen der aktuellen Pressearbeit nicht mehr zu verwenden.»[37] Auch die Zeitschrift «Die Kunst im Dritten Reich», an deren Gedeihen Hitler persön-

35 Für die folgenden Nachweise danke ich Herrn Dr. Daniel Schlögl, dem Leiter der Bibliothek des Instituts für Zeitgeschichte München-Berlin.
36 Hier zitiert nach Reinhard Bollmus, Das Amt Rosenberg und seine Gegner. Studien zum Machtkampf im nationalsozialistischen Herrschaftssystem (Studien zur Zeitgeschichte 1); München 1970 (2. Aufl. 2006), 326, Fußnote 1, mit Aktenbelegen.
37 Hans Bohrmann und Gabriele Toepser-Ziegert (Hg.), NS-Presseanweisungen der Vorkriegszeit. Edition und Dokumentation, Bd. 7/II: 1939, bearb. von Karen Peter, München 2001, 608 f., Nr. 2047. Ähnlich ebenda 678 vom 10. Juli 1939, Nr. 2252: «Es wurde der Wunsch des Fuehrers wiederholt, den Begriff ‹Drittes Reich› nicht mehr zu verwenden. An seiner Stelle koennte gesagt werden ‹Großdeutsches Reich› oder ‹Nationalsozialistischer Staat›.»

lichen Anteil nahm, erschien vom September 1939 an mit seiner Zustimmung unter dem neuen Titel «Die Kunst im Deutschen Reich».[38]

Sucht man nach Hintergründen für Hitlers Aversion, so scheint ein Hauptmotiv gewesen zu sein, dass die Vokabel Drittes Reich kein Eigentum der «Bewegung» war, sondern «von außen» kam, dass sie einen literarischen, publizistischen Ursprung hatte. Das widersprach dem Beharren der NSDAP auf selbstgeprägten Begriffen und der Weigerung Hitlers, sich vorbehaltlos der allgemein verbreiteten «völkischen» Sprache zu bedienen.

Die Distanz zu rivalisierenden Bewegungen, mochten sie auch in vieler Hinsicht wahlverwandt sein, die Bewahrung der «Eigenheit» um jeden Preis war ein Kern der Strategie des «Führers»; man kann dies an seinem Bemühen um die «Benennungshoheit» in der Partei ablesen – und auch an dem Einspruch gegen andere Flaggen und Symbole als die selbstgeschaffenen nationalsozialistischen (vor allem das Hakenkreuz).[39] Es gelang Hitler bekanntermaßen auch, in Deutschland für seine Bewegung den Terminus «Nationalsozialisten» durchzusetzen, obwohl seine Anhänger in der internationalen politischen Szene lange Zeit hindurch (und in der kommunistischen Welt bis zuletzt!) als «Faschisten» wahrgenommen wurden und die NS-Bewegung bei vielen zeitgenössischen Betrachtern als eine Variante des italienischen Faschismus galt.[40]

Möglicherweise wirkte auch der Umstand mit, dass Gegner des NS-Staates mit dem Begriff eines «Vierten Reiches» spiel-

38 Aktennotiz für Reichsleiter Rosenberg vom 26. Juni 1939 (Eingang Nr. 8435 vom 27. Juni); Schreiben Bormanns an Rosenberg vom 10. Juli 1939 (Eingang Nr. 5656 vom 12. Juli).
39 MK II, 136–141 (sowohl Schwarz-Rot-Gold wie Schwarz-Weiß-Rot vorfielen der Ablehnung!).
40 Hans Maier, Deutungen totalitärer Herrschaft 1919–1989, VfZ 50 (2002), 349–366 (356).

ten – womit das «Tausendjährige Reich» in Gefahr geriet, historisiert und relativiert zu werden. Es sollte aber nur ein einziges, ewiges «Deutsches Reich» geben – nicht mehrere vergängliche, einander ablösende Reiche.[41]

Während z. B. Alfred Rosenberg Hitlers Bedenken gegen den Reichsbegriff teilte und das «Dritte Reich» allenfalls als Antithese zum Ersten Reich gelten ließ,[42] setzte sich Goebbels' Wochenzeitung «Das Reich» über das Verbot des Wortes Drittes Reich hinweg. Auch 1940 und 1941 kommt der Begriff dort noch vor.[43]

IV. 1933–1945:
Schillernde Gegenwart des «Reiches»

Trotz der Ablehnung des «Dritten Reichs» durch Hitler, Rosenberg und – notgedrungen – Goebbels blieb «das Reich» im NS-Staat umfassend präsent. In Urkunden, Zeugnissen, Redeweisen der Zeit kommt das Wort stetig vor, es ist fast allgegenwärtig. Das hängt sicher damit zusammen, dass der Staat auch in der Zeit von 1933–45 ein «Deutsches Reich» blieb – und dass Territorialität und Zentralität zu begrifflicher Ausdehnung des Reichsbegriffs drängten. Es schwingen

41 Lapidar heißt es in einer «Aktennotiz für Reichsleiter Bormann» vom 29. Juni 1939, in der die Umbenennung der Zeitschrift «Die Kunst im Dritten Reich» vorgeschlagen wird, bezüglich des neuen Titels: «Damit würde betont, dass es eben nur ein einziges Deutsches Reich gibt und die Kunst eben diesem dienen soll.»
42 Zwei charakteristische Zitate bei Elmar Wadle (wie Anm. 6), 245: «Deshalb ist für uns das Dritte Reich nicht die unmittelbare Fortsetzung des ersten Heiligen Römischen Reiches, sondern bedeutet den Sieg all jener Menschen und Gedanken, die gegen den Universalismus in all seinen Formen aufgetreten sind.» «… das Heilige Römische Reich ist für immer gefallen und emporgestiegen ist heute die Traumverwirklichung des heiligen deutschen Reiches germanischer Art.»
43 Cornelia Schmitz-Berning, Vokabular des Nationalsozialismus, Berlin 2/2007, Art. Drittes Reich, 156–160 (160).

aber sicher da und dort auch Erinnerungen an ältere Reichstraditionen mit, wenn sie auch vereinzelt bleiben und keine größere Bedeutung gewinnen. Auch der Volksmund meldet sich zu Wort. Vieles ist ambivalent. So bildet «das Reich» ein schillerndes Ambiente rings um die nationalsozialistische Herrschaft, sie kennzeichnend und hervorhebend, aber keineswegs mit ihr identisch. Aus dieser vielfältigen Gegenwart des Reiches seien im Folgenden beispielhaft einige Auszüge angeführt.

1. *Reichsämter, Reichspersonen.* Der NS-Staat machte sich den positiven Klang des Wortes «Reich» zu eigen. Die Liste der neu einsetzenden Verknüpfungen von Personen, Ämtern, Behörden, Institutionen, Verbänden mit «dem Reich» ist fast endlos – neben die Reichsregierung mit Reichskanzler und Reichsministern traten jetzt die Gliederungen der Parteihierarchie: Reichsführer, Reichsleiter, Reichsbeauftragte.[44] Es gab den Reichsbauernführer, den Reichsjugendführer, die Reichsfrauenführerin, die Reichsärztekammer, die Reichskammern für Filme und Theater, die Reichsmusikkammer, die Reichsschrifttumskammer und vieles Ähnliche mehr. Es gab Reichsparteitage, Reichsmusiktage, den Reichsbauerntag. Es gab aber auch die Reichsfluchtsteuer, die Reichskleiderkarte und das Reichsinstitut für Puppenspiele – und das ist nur ein Auszug aus den vielen Neubildungen dieser Zeit.

Der Volksmund übersteigerte sarkastisch die inflationäre Verbreitung des Wortes Reich: Der Reichsführer SS Heinrich

---

44 Organisationsbuch der NSDAP, hg. vom Reichsorganisationsleiter der NSDAP, München 4/1938 und 7/1943; vgl. Die tödliche Utopie. Bilder, Texte, Dokumente, Daten zum Dritten Reich, hg. von Volker Dahm, Albert A. Feiber, Hartmut Mehringer und Horst Möller, München-Berlin 6/2011, 259 ff., 798 f. Allgemein zum Thema: Frank-Lothar Kroll, Die Reichsidee im Nationalsozialismus, in: Franz Bosbach u. a. (Hg.), Imperium – Empire – Reich. Ein Konzept politischer Herrschaft im deutsch-britischen Vergleich, München 1999.

Himmler wurde in seiner bayerischen Heimat und bald in ganz Deutschland zum «Reichsheini», die Schauspielerin Kristina Söderbaum – eine Standardbesetzung in Frauenfilmen mit tragischem Ausgang – wurde zur «Reichswasserleiche», Reichsbischof Ludwig Müller hieß «der Reibi»; das Judenpogrom vom 1938 mutierte im Berliner Jargon zur «Reichskristallnacht», Harro Siegel, 1941 zum Leiter des Reichsinstituts für Puppenspiele ernannt, wurde zum «Reichspuppenspieler».[45]

2. *Wagner und Nürnberg.* Hitlers Welt- und Selbstverständnis wurde schon von Jugend an von den Opern Richard Wagners bestimmt, deren Aufführungen er in Linz und in Wien erlebte. Seine Begeisterung für den Bayreuther Meister kannte nach eigenem Zeugnis «keine Grenzen».[46] Nach «Rienzi», «Lohengrin», «Tristan»[47] spielten die «Meistersinger» mit ihrem Nürnberger Umfeld, mit der «Meistersingerwiese» als Symbol deutscher Wiedergeburt aus dem Geist der Kunst nach dem Untergang des alten Reiches für Hitler eine wichtige Rolle – eine Kontinuität, die sich lebenslang, bis in die Kriegsjahre hinein,[48] fortsetzte.

Ohne Zweifel hängt dies mit Hitlers Selbstverständnis als «Künstler» zusammen – einem Selbstverständnis, das frühe Impulse aus Wagners Leben und Werk erhielt.[49] Die Wagner-

---

45   1931 geboren und von der Nazi- und Kriegszeit noch gestreift, schöpft der Verfasser diese Daten aus eigener Erinnerung und aus den Erzählungen älterer Verwandter und Zeitgenossen. – Zum «Reichspuppenspieler» Siegel vgl. Ulrich Raulff, Kreis ohne Meister. Stefan Georges Nachleben, München 2009, 439 f. mit Anm. 28.
46   MK I, 14.
47   Ihn erlebte Hitler am 8. Mai 1906 in der Wiener Hofoper; Dirigent war Gustav Mahler (MK I, Anm. 73 zu 14).
48   Noch am 24. Januar 1942 erinnerte sich Hitler: «Wie habe ich nach der Jahrhundertwende jede Wagner-Aufführung genossen! Wir, die wir zu ihm standen, hießen Wagnerianer, die anderen hatten keinen Namen.» (MK I, ebenda).
49   Wolfram Pyta, Hitler. Der Künstler als Politiker und Feldherr. Eine Herrschaftsanalyse, München 2015; Hans Rudolf Vaget, «Wehvolles Erbe».

begeisterung strahlte auch auf die NS-Bewegung aus und wirkte mit an ihrer Selbstdarstellung in der Öffentlichkeit. Richard Wagner hatte in seinen «Meistersingern» Nürnberg als der «deutschen Stadt» schlechthin ein Denkmal gesetzt. Der wagnerbegeisterte Hitler entwickelte ein inniges Verhältnis zu Nürnberg wie zu Bayreuth. «Ohne Wackenroder und Wagner, ohne diese romantische Legende von Nürnberg als Herz des alten Reiches hätten Hitler und Streicher die Stadt nicht zum Herzen ihres Reiches erkoren.»[50] Hier vollzog sich eine Umwandlung: Die altfränkische Nostalgie des 19. Jahrhunderts (sprechender Ausdruck: die Gründung des «Germanischen Nationalmuseums» im Jahr 1853!) schlug um in die neue Realität des NS-Staates; aus politischen Träumen wurden militante Aufmärsche; der Reichsparteitag lehnte sich an die Meistersingerwiese an; Nürnberg avancierte zur «Stadt der Reichsparteitage».[51]

In diesen Zusammenhang gehört auch die Überführung der Reichskleinodien aus Wien nach Nürnberg im Jahr des «Anschlusses» 1938.

Die Reichsinsignien: Reichskrone, Reichsschwert, Reichsapfel, Reichskreuz und Heilige Lanze – seit 1423 in Nürnberg aufbewahrt – waren 1796 vor dem drohenden Einmarsch französischer Truppen nach Wien evakuiert worden, wo sie in der folgenden Zeit verblieben. Dort nahm sie Hitler in seiner Jugend als «Zauber», als «Unterpfand einer ewigen Gemeinschaft» wahr.[52] Die Initiative zur Rückführung nach Nürnberg ging jedoch nicht von ihm aus, sondern von dem ehrgei-

---

Richard Wagner in Deutschland. Hitler, Knappertsbusch, Mann, Frankfurt am Main 2017.
50 Reinhard Baumgart, Nürnberg ohne Goldzähne, in: Merian vom 6. Juni 1981, 13.
51 In der Dokumentation der ersten Reichsparteitage (1933/34) illustrieren zahlreiche Bilder die Nähe zu «Kaiser» und «Reich» – im Mittelpunkt steht die Nürnberger Kaiserburg.
52 MK I, 11.

zigen Nürnberger Oberbürgermeister Willy Liebel, der sich mit der Rückholung einen Lebenstraum erfüllte.[53] Bei jedem Reichsparteitag in Nürnberg machte er den Anspruch der alten Reichstadt auf die originalen Reichsinsignien geltend. Hitler zögerte zunächst, denn er hatte auch Rücksicht auf die österreichischen Parteigenossen (Seyß-Inquart!) zu nehmen. Doch nach der «Wiedervereinigung der Ostmark mit dem Reich» war er mit dem Vorschlag des Oberbürgermeisters einverstanden. Freilich wünschte er bei der Übergabe keinen Pomp, war auch beim Festakt in Nürnberg, der im kleinsten Kreis (Reichsleiter und Gauleiter) am 6. September 1938 stattfand, nicht anwesend. Erst Anfang November besichtigte Hitler in der alten Meistersingerkirche die zur Schau gestellten Reichskleinodien. Das von Liebel betriebene Reichsgesetz über die Kleinodien,[54] das den dauerhaften Verbleib in Nürnberg sichern sollte, kam jedoch nicht zustande; denn genau am 1. September 1939, als der Entwurf dem Reichskabinett zur Beschlussfassung vorlag, brach der Krieg aus, und der Umlauf wurde gestoppt. In Nürnberg wurde die Meistersingerkirche geschlossen, nachdem Zehntausende die Reichskleinodien besichtigt hatten; diese selbst wurden im Februar 1940 in bombensichere Bunker unter der Burg gebracht. Nach dem Krieg kehrten sie nach Wien zurück.

3. *Himmler und Heinrich I.* Eine groteske und zugleich makabre Form der Erneuerung von Reichstraditionen berühren wir mit Heinrich Himmlers Beziehung zu Heinrich I. und den daraus hergeleiteten praktisch-politischen Folgerungen.[55] Himm-

53 Ernst Kubin, Die Reichskleinodien. Ihr tausendjähriger Weg, Wien-München 1991. Dort die aktenmäßige Darstellung der Überführung von Wien nach Nürnberg: 15–41, 276–279.
54 Abdruck des Entwurfs bei Kubin (Anm. 50), 37.
55 Zum Folgenden: Bradley Smith, Agnes Peterson (Hg.), Heinrich Himmler. Geheimreden 1933 bis 1945 und andere Ansprachen, Berlin 1974; Richard Breitman, Heinrich Himmler. Der Architekt der «Endlösung»,

ler feierte 1936 in einer deutschlandweit im Rundfunk übertragenen Rede den 1000. Todestag Heinrichs I. und ließ ein Jahr später dessen Gebeine in der Stiftskirche von Quedlinburg ausgraben und in einem neuen Sarkophag erneut beisetzen. Himmler konnte an die Heroisierung des Königs im 19. Jahrhundert anknüpfen, die mit Friedrich Ludwig Jahn begonnen hatte. Durch Carl Loewes bekannte Ballade und durch Richard Wagners «Lohengrin» war «Heinrich der Vogler» zu einer populären Figur geworden, auch wenn es über den ersten deutschen König nur spärliche zeitgenössische Quellen gab und der Chronist Widukind von Corvey seine Sachsengeschichte mit biographischen Einzelheiten über Heinrich I. und Otto I. erst längere Zeit nach Heinrichs Tod geschrieben hatte.[56] Himmler verglich Hitler mit Heinrich I., was diesen jedoch unbeeindruckt ließ, da er keine Orientierung an Vorbildern des alten Reiches suchte.[57] Erstaunlich ist, dass die Einheit Dirlewanger im Zweiten Weltkrieg in ihrem Aufbau der von Widukind von Corvey geschilderten «Merseburger Schar» von Strafgefangenen folgte.[58]

4. Reichsvisionen in Kirche, Politik und Wissenschaft. Endlich sei ein Blick auf zeitgenössische «Reichs»bewegungen und -ideologien im Umfeld des «Dritten Reiches» geworfen.

München-Zürich 2000; Frank Helzel, Ein König, ein Reichsführer und der Wilde Osten. Heinrich I. (919–936) in der Selbstwahrnehmung der Deutschen, Bielefeld 2004; Peter Longerich, Heinrich Himmler. Biographie, München 2008.
56 «Aus den achtzehn Regierungsjahren Heinrichs I. sind 42 Urkunden bekannt … Das bedeutet den Tiefpunkt im Urkundenwesen des Reiches … Die erstaunlich wenigen Urkunden bilden kaum den kümmerlichen Rest eines einstmals reichen Bestandes, sie beweisen auch kein mangelndes Vertrauen des illiteraten Königs aus dem schriftfernen Sachsen in die Diplome … Die geringe Anzahl stellt in erster Linie einen Indikator für die Akzeptanz von Heinrichs Königtum dar, der, zumal seit 930, eine ansteigende Tendenz signalisiert» (Johannes Fried, Der Weg in die Geschichte. Die Ursprünge Deutschlands bis 1024, Berlin 1994, 475).
57 Longerich (Anm. 55), 282 u. 845 mit Anm. 81.
58 Hellmuth Auerbach, Die Einheit Dirlewanger, VfZ 10 (1962).

a. Der Schwerpunkt der sog. «Reichstheologie» Anfang der dreißiger Jahre lag im Westen – in der Benediktinerabtei Maria Laach, die unter Abt Ildefons Herwegen (1874–1946) zu einem Zentrum liturgischer Erneuerung, zugleich aber auch zu einem Ort rechtskatholischer Sammlung geworden war, sowie in Köln, wo Pfarrer Robert Grosche (1888–1967) im Frühjahr 1933 die Frage nach dem Verhältnis der katholischen Kirche zum Dritten Reich aufwarf – und sie zum Staunen vieler Katholiken positiv beantwortete.[59] Politische Bedeutung erhielten diese Strömungen durch den im April 1933 von Franz von Papen gegründeten «Bund katholischer Deutscher – Kreuz und Adler»; dieser Bund hielt vom 26.–28. April 1933 in Maria Laach eine «Führertagung» ab, an der u. a. Carl Schmitt teilnahm.[60] Weitere Tagungen, getragen vom Katholischen Akademikerverband, folgten. Grosche sah den gegenwärtigen Staat «auf dem Weg zum Reich», dieses war nach seiner Meinung zwar noch nicht da, wurde aber erwartet: «Das Reich schläft» – eine Anspielung auf den schlafenden Kaiser Rotbart.[61] Der Abschluss des Reichskonkordats schien die von Herwegen und Grosche erwartete Annäherung von Kirche und NS-Staat zu bestätigen. Doch die Euphorie dauerte nur kurze Zeit. Mit dem Mord an Papens engsten Mitarbeitern beendete der 30. Juni 1934, der sog. «Röhm-Putsch», die Sonderrolle des Reichsvizekanzlers, der sich in der Illusion gewiegt hatte, Hitler «engagiert» und ihn zugleich durch eine konservative Kabinettsmehrheit «eingerahmt» zu haben.[62] Damit wurden auch die Papen-Katholiken schutzlos,

59 Marcei Albert, Die Benediktinerabtei Maria Laach und der Nationalsozialismus, Paderborn 2004 (zur Reichstheologie: 44–56); Richard Goritzka, Der Seelsorger Robert Grosche (1888–1967). Dialogische Pastoral zwischen Erstem Weltkrieg und Zweitem Vatikanischen Konzil (= Studien zur Theologie und Praxis der Seelsorge 39), Würzburg 1999.
60 Albert (Anm. 56), 47.
61 Albert 49 mit Anm. 34.
62 Rainer Orth, «Der Amtssitz der Opposition»? Politik und Staats-

ihr politisches Programm irreal; im Herbst 1934 löste die Arbeitsgemeinschaft «Kreuz und Adler» sich auf.[63]

b. Wie Elmar Wadle 1995 herausgearbeitet hat, beflügelte der Reichsgedanke nach 1933 auch die Rechtswissenschaft und weite Teile der Geschichtswissenschaft in Deutschland. Das wohl bekannteste Beispiel im öffentlichen Recht ist Carl Schmitts «Großraumtheorie». Schmitt unternahm es, den Reichsbegriff ins Völkerrecht zu übertragen – danach hat jedes Reich «einen Großraum, in den seine politische Idee ausstrahlt und der fremden Interventionen nicht ausgesetzt sein darf».[64] Schmitts Konzeption hatte freilich mit den konkreten deutschen Reichen und ihrer Geschichte nichts zu tun.[65] Dagegen knüpfte Ernst Rudolf Huber in seinem «Verfassungsrecht des Großdeutschen Reiches» (1939) ausdrücklich an die Reichstradition an. Er sah in den Reichen die prädestinierten Ordner des mitteleuropäischen Raumes vom Mittelalter bis zur Neuzeit. Für Huber war das Reich «die konkrete politische Gestalt, in der das deutsche Volk zum Staat geworden ist. In der Ordnung des Reiches unterscheidet sich der Staat des deutschen Volkes von den politischen Formen, die andere Völker ihrer Staatlichkeit gegeben haben.»[66]

---

umbaupläne im Büro des Stellvertreters des Reichskanzlers in den Jahren 1933/1934, Köln-Weimar-Wien 2016, 486–518.

63 Nach dem Urteil von Waldemar Gurian hätte die «Arbeitsgemeinschaft katholischer Deutscher» in der katholischen Kirche gern die Rolle gespielt, welche die Deutschen Christen in der Evangelischen Kirche übernommen hatten (Waldemar Gurian, Der Kampf um die Kirche im Dritten Reich, Luzern 1936, 96).

64 Carl Schmitt, Völkerrechtliche Großraumordnung mit Interventionsverbot für raumfremde Mächte. Ein Beitrag zum Reichsbegriff im Völkerrecht, Berlin-Wien 1939, 69.

65 Zur Analyse: Lothar Gruchmann, Nationalsozialistische Großraumordnung. Die Konstruktion einer deutschen Monroe-Doktrin (= Schriftenreihe der Vierteljahrshefte für Zeitgeschichte IV), Stuttgart 1962; Wadle (wie Anm. 6), 249 f.

66 Ernst Rudolf Huber, Verfassungsrecht des Großdeutschen Reiches, 2/1939, 167; zit. bei Wadle, 247.

Auch in der Historiographie – und keineswegs nur im medi-
ävistischen Fach – spielte «das Reich» eine Rolle. Das gilt vor
allem für das 1935 als Parteieinrichtung gegründete «Reichsinstitut für Geschichte des neuen Deutschlands». Hier wurde
das Reich als europäische Ordnungsmacht betrachtet,[67] man
beklagte die territorialen Verluste seit dem Mittelalter[68] und
stellte das deutsche Volk als «Reichsvolk» und «Schöpfer des
Abendlandes» heraus.[69] Aber auch ein seriöser Forscher wie
Hermann Heimpel nannte 1933 in einer dem Freiburger Rek-
tor Martin Heidegger gewidmeten Rede das alte Reich «unser
Urbild»: der politische Wille, meinte er, nehme «vom Klang
des mittelalterlichen Reiches ... das auf, was der Gegenwart
Reich sein soll: Einheit, Herrschaft des Führers, reine Staatlichkeit nach innen, abendländische Sendung nach außen.»
Diese Meinung revidierte der Historiker später in mehreren
vorsichtigen Schritten, indem er den Bezug zum Volk als entscheidende Größe hervorhob und das Reich als «letzte Form
des Volkes», als «das wahre Sein des Menschen im Staat» und
schließlich sogar als «Anruf Gottes» definierte.[70]

V. Zusammenfassung

Hitler konnte sich als Verkünder des «germanischen Staates
deutscher Nation» mit dem alten Reich nicht identifizieren.
«Von der Realität des mittelalterlichen Imperiums, in dem an-
tik-christliche wie germanisch-fränkisch-deutsche Traditionen
eine neue Einheit bildeten und das als Beschirmer der abend-

---

67 Carl Richard Ganzer, Das Reich als europäische Ordnungsmacht,
Hamburg 1941 – die Broschüre war der Bestseller des Reichsinstituts.
68 Christoph Steding, Das Reich und die Krankheit der europäischen Kultur, Hamburg 1938.
69 Wilhelm Schüßler, Vom Reich und der Reichsidee in der deutschen
Geschichte, Leipzig 1942.
70 Die Zitate bei Wadle im Abschnitt über Hermann Heimpel (257–259).

ländischen Christenheit missionarisch und völkerübergreifend agierte», sind seine Vorstellungen «weit entfernt».[71] Auch mit dem Bismarckreich identifizierte sich «der Führer» nur partiell. Und dem neuen, in die Zukunft weisenden Entwurf eines «dritten Reiches» erteilte er sogar eine ausdrückliche Absage.

Dennoch kam selbst Hitler an den auch während der NS-Zeit fortwirkenden Reichstraditionen – und an dem damit verbundenen Reichsvokabular – nicht ganz vorbei. Doch diese Traditionen verloren unter seiner Herrschaft ihre zentrale initiierende Kraft. «Kreuz und Adler» (Papen) stürzte mit der Entmachtung des Reichsvizekanzlers 1934 in die Bedeutungslosigkeit ab; die «Reichstheologie» blieb das Idiom einer kleinen Sektierergruppe im deutschen Katholizismus – wie auch auf evangelischer Seite der «Reichsbischof» die auf ihn gesetzten unitaristischen Erwartungen nicht erfüllen konnte und rasch de facto seine Macht verlor. Übrig blieben von den faktischen (nicht nur propagandistischen!) Bezugnahmen der Nationalsozialisten auf das alte Reich im Grunde nur zwei symbolische Orte und Vorgänge von Bedeutung: das Nürnberg der Kaiserburg, der Reichsparteitage und der Reichskleinodien – und die makabre Verbindung Himmlers mit dem zum Ostkolonisator stilisierten Sachsenkönig Heinrich I.

Das Reich ist nach 1945 aus der deutschen Verfassungsgeschichte verschwunden. Es hat den Platz für «Deutschland» frei gemacht.[72] Das schafft Raum für einen unbefangenen Blick auf die reale, nicht überhöhte Gestalt des Ersten Reiches und für die Bewertung der Reichstradition überhaupt – ein

71 So Wadle 257 (hier bezogen auf das Buch von Paul Ritterbusch, Das Reich und Europa, 2, Leipzig 1941).
72 Damit verschwand auch alles, was im Namen Reich über den «normalen Staat» hinauszuweisen schien. Ein «Heiliges Reich» wird es nach dem Pseudoreich des NS-Staates nicht mehr geben – auch nicht in der säkularisierten Gestalt, die ihm moderne «Heilbringer» verleihen wollen. Die Zeit «politischer Religionen» sollte endgültig vorbei sein.

Anreiz für Erinnerungskultur und politische Bildung.[73] Diese Tradition sollte man weder nationalstaatlich abwerten noch im Hinblick auf verwandte Züge der Europäischen Union als föderales Vorbild verklären. Man sollte sie nüchtern aus ihrer Zeit verstehen. Gemessen an vielen anderen Staatengebilden, alten und neuen, macht «das Reich» in der historischen Bilanz keine schlechte Figur.

Daher kann man die von Karl Muth 1933 verklausuliert gestellte Zweifelsfrage, ob das Dritte Reich denn nun das Reich sei, nach dem die Deutschen suchten und sich sehnten,[74] getrost verneinen. Das ist die gute Nachricht; die schlechte: dass sich diese Einsicht erst nach einer säkularen Katastrophe, nach der exzessiven Zerstörung und Selbstzerstörung, die vom Dritten Reich ausging, in der deutschen Öffentlichkeit endgültig durchzusetzen vermochte.

73 Dazu frühzeitig und wegweisend Eugen Kogon, Das dritte Reich und die preußisch-deutsche Geschichte, in: Frankfurter Hefte, Juni 1946, 44–57, und Karl Buchheim, Die Bundesrepublik und das Alte Reich, in: Hochland Jg. 61 (1969), 299–318. – Aus den achtziger Jahren vgl. Wilhelm Bleek/Hanns Maull (Hg.), Ein ganz normaler Staat? Perspektiven nach 40 Jahren Bundesrepublik, München 1989, mit zahlreichen in- und ausländischen Beiträgen. Aktuelle Perspektiven in dem Vortrag von Christine Hohmann-Dennhardt «Vom Staat und den Werten, auf die sein Recht baut» in der Johann-Wolfgang-Goethe-Universität Frankfurt am Main am 11. Februar 2006, den mir die Autorin freundlicherweise zugänglich machte.
74 Siehe das Motto im Eingang dieses Aufsatzes, entnommen dem Artikel von Karl Muth «Das Reich als Idee und Wirklichkeit – einst und jetzt», in: Hochland, Jg. 30 (1932/33), 481–492 (481). – Beziehungsreich wird dieser Artikel eingeleitet mit der Abbildung der Aquarellskizze Alfred Rethels «Das tote Haupt Kaiser Karls» aus dem Dresdner Kupferstichkabinett.

Das «Dritte Reich» im Visier seiner Gegner

Der Nationalsozialismus – man kann es nicht oft genug betonen – war eine revolutionäre Bewegung von elementarer Wucht. Zu Ende der Zwanzigerjahre brach er sich Bahn auf vielen Wegen: in der Politik, im Pressewesen, in den Jugendorganisationen, in Wirtschaft und Sport, in Schulen und Universitäten. Nach 1933 wurde er übermächtig und schließlich alleinherrschend, so dass keine öffentlich agierende Gegenbewegung gegen ihn eine Chance hatte. Im Grund gab es nur drei Haltungen dem NS-Staat gegenüber: Mittun, Dagegensein – oder Beiseitestehen. Wer sich der Bewegung anschloss und mittat, der gab seine Selbstbestimmung auf, er wurde bedingungslos abhängig von der politischen Macht, die auf vielen Kanälen in das Alltagsleben, in Gesellschaft und Familie, hineingriff. Wer sich ihr entgegenzustellen versuchte, der lief Gefahr für Leib und Leben. Wer sich ihr entziehen und eigenständig bleiben wollte, der erfuhr bald seine Ohnmacht: Er stieß auf den Anspruch einer alle Lebensbereiche umfassenden und durchdringenden Politisierung, die ein Ausweichen nahezu unmöglich machte.

1

Wie wurde die neue Gewalt, der Nationalsozialismus, in den Anfängen von der Außenwelt wahrgenommen? Viele Beobachter sahen in ihm zunächst eine nach Norden verpflanzte Variante des italienischen Faschismus. Für sie waren die nationalsozialistischen Braunhemden nichts anderes als eine neue Form der faschistischen Schwarzhemden, die Hakenkreuzfahnen eine Neuauflage der faschistischen Standarten, das Hakenkreuz selbst ein Amtssymbol, ähnlich dem italienischen Liktorenbündel. Es ist bemerkenswert: Selbst einer so stürmischen und gewalttätigen Bewegung wie dem Nationalsozialismus gelang es nicht, die eigene Selbstbezeichnung («National-Sozialismus») international verbindlich durchzusetzen. Ganz selbstverständlich wurde dem Nationalsozialismus, als er 1933 in Deutschland die Macht übernahm, das Attribut «faschistisch» angeheftet.[1]

Das hatte verschiedene Gründe. Einmal war der Faschismus schon seit den Zwanzigerjahren in der Welt, der Nationalsozialismus dagegen war (zumindest in seiner den Staat beherrschenden Form) ein neues Phänomen. Die NS-Bewegung war außerdem als Ideologie noch kaum greifbar. Ihre Programmatik, ihre Intellektualität war gering entwickelt; die NS-Propagandisten konnten mit dem Formulierungsehrgeiz Mussolinis, Gentiles und anderer und ihrer «Dottrina del fascismo» kaum wetteifern. Hinzu kam ein weiterer Umstand: Der Kommunismus als wesentlicher Antipode des Faschismus entwickelte von Anfang an eine ausgeprägte Sprachallergie gegenüber dem als Konkurrent auftretenden «anderen» Sozialismus. Für die kommunistische Welt sollte der Nationalsozialismus bis zu seinem Ende ein «faschistisches Regime» bleiben, gegen das man antifaschistische Ideen aufbot – und im Notfall einen «antifaschistischen Schutzwall» baute.

So wurde der Nationalsozialismus bei vielen als ein neues Glied des «Faschismus» wahrgenommen – und dementsprechend in seiner Gefährlichkeit zunächst unterschätzt und ver-

---

1 Jens Petersen urteilt: «Der Schatten Hitlers vergrößerte die Statur des Duce. Im Windschatten des deutschen politischen und militärischen Wiederaufstiegs eroberte Mussolini sein Imperium in Abessinien.» Jens Petersen, Die Geschichte des Totalitarismusbegriffs in Italien, in: Hans Maier (Hg.), Totalitarismus und Politische Religionen. Konzepte des Diktaturvergleichs, Paderborn 1996, 15–35 (31).

harmlost. Die Unterschiede wurden kaum gesehen – übersehen wurde vor allem, dass sich das neue Regime in Deutschland selbst alle Rückzugsmöglichkeiten abgeschnitten hatte, während in Italien im Faschismus lange Zeit nicht nur die überlieferte monarchische Einhegung bestehen blieb, sondern auch eine beschränkte Bewegungsfreiheit für Kirche, Wirtschaft, Wissenschaft existierte. In Deutschland dagegen war «die Bewegung» von Anfang an stärker als die staatlichen Institutionen, sie fegte alle rechtsstaatlichen, parteistaatlichen, zivilgesellschaftlichen Hemmungen und Widerstände hinweg. Es galt der Satz «Die Partei befiehlt dem Staat». Oder, um es in den Begriffen Ernst Fraenkels zu sagen: Der neue «Maßnahmestaat» ließ vom überlieferten Rechtsstaat nur spärliche, jederzeit abrufbare Reste übrig.[2]

Spiegelverkehrt dazu wurden ausgerechnet im faschistischen Italien – wo das Mussolini-Regime außer in seinen letzten Lebensjahren nie den totalitären Schmelzgrad erreichte – Idee und Theorie des Totalitarismus entwickelt. Schon 1923 stellte Giovanni Amendola dem «sistema maggioritario» und dem «sistema minoritario» das «sistema totalitario» als etwas gänzlich Neues, Gefährliches gegenüber (er sprach von der «Krankheit der modernen Welt»). Der Begriff setzte sich bei der italienischen Opposition auf breiter Front durch. Er wurde von Anfang an auch auf kommunistische Regime – vorab das der Sowjetunion – bezogen. Unter anderen übernahm ihn auch Luigi Sturzo, der Führer der katholischen Popolari, seit 1924 im Exil in London – was für die internationale Diskussion von Bedeutung war.[3]

In Deutschland beschäftigte sich Ende der Zwanzigerjahre der Staatsrechtslehrer Hermann Heller mit dem Phänomen.

2 Ernst Fraenkel, The Dual State. A Contribution to the Theory of Dictatorship, New York 1941 (dt.: Der Doppelstaat. Recht und Justiz im «Dritten Reich», Frankfurt am Main 1974).
3 Petersen (wie Anm. 1), 19–29.

Seine Analyse beschränkte sich anfangs auf den italienischen Faschismus, nahm aber später auch den Nationalsozialismus in den Blick. Heller sah in beiden Regimen eine gänzlich neue Form der Diktatur, zentriert um eine schrankenlos gewordene, nicht mehr durch rechtliche Balancen und gesellschaftliche Kräfte beschränkte Gewalt. Heller war auch einer der ersten, der das Phänomen historisch einzuordnen versuchte, der ihm eine universalhistorische Dimension zuschrieb. In seinem Buch «Europa und der Fascismus» (1929) findet sich der Satz: «Der Staat kann nur totalitär werden, wenn er wieder Staat und Kirche in einem wird, welche Rückkehr zur Antike aber nur möglich ist durch eine radikale Absage an das Christentum.»[4] Hier sind alle Elemente späterer Deutungen von Faschismus und Nationalsozialismus vereinigt: die Wendung gegen das Christentum, die Auflösung des (christlichen) Dualismus von Staat und Kirche, endlich die Rückwendung zur antiken Ungeschiedenheit von Religion und Politik – also das, was später Eric Voegelin die «Redivinisation» der totalitären Systeme nennen sollte.

2

«Totalitarismus» war, wie bekannt, nicht der einzige im 20. Jahrhundert neu auftauchende Begriff, mit dem zeitgenössische Beobachter die despotischen Regime der Zeit zu kennzeichnen und ihre Eigenart herauszustellen versuchten. Ihm trat seit in den Dreißigerjahren der Begriff der «politischen Religionen» an die Seite. Er setzte bei den «religiösen», sprich ritualistischen, kultähnlichen Elementen an, die sich in den totalitären Regimen finden, bei der Apotheose der Führer, dem Herrscherkult, der Allgegenwart der Macht in der Öffentlich-

---

4 Hermann Heller, Europa und der Fascismus, Berlin 1929, 58.

keit, dem Anspruch auf Dauer («tausendjähriges Reich»), den Massenaufmärschen, Riesenbauten, Lichtdomen, den Hitler-Bildern (und später Stalinbildern) auf Wänden, Straßen, Altären. «Politische Religion» – diese Formel umschreibt das neue Amalgam von Politik und Religion, das in modernen Gewaltregimen ganz offen an den Tag tritt.

Dass religionsähnliche Phänomene im Nationalsozialismus vielfältig auftauchen, ist offenkundig und bedarf kaum besonderer Nachweise. München mit seinem «Marsch des 9. November», mit seinem ewigen Feuer an der Feldherrnhalle, aber auch das Nürnberg der Reichsparteitage, das Berlin der Sporthallen-Kundgebungen bieten viele Beispiele und Belege für einen quasi-religiösen, einen mit religiösen Formen zumindest spielenden und experimentierenden öffentlichen Kult.

In unserem Zusammenhang interessiert besonders das Ritual des 9. November – das Gedenken an den Marsch Hitlers und seiner Anhänger in München 1923, der an der Feldherrnhalle von einer Gewehrsalve der Bayerischen Landespolizei gestoppt wurde. Drei Polizisten und 14 Putschisten wurden dabei getötet; zwei weitere kamen beim Versuch der Besetzung des Wehrbereichskommandos an der Ecke Schönfeldstraße/Ludwigstraße – heutiges Bayerisches Hauptstaatsarchiv – ums Leben. «Den Tod dieser 16 machte Hitler zum Mysterium. Er stilisierte den 9. November zum weihevollsten Tag und die Feldherrnhalle zum heiligsten Ort des braunen Kults ... An keinem anderen Feiertag traten die Züge einer ‹politischen Religion› so deutlich hervor: Der 9. November wurde zum Angelpunkt einer Auferstehungs- und Erlösungsdramaturgie, deren Stoff die deutsche Geschichte war» (Hans Günter Hockerts).[5]

5 Hans Günter Hockerts, Mythos, Kult und Feste. München im nationalsozialistischen ‹Feierjahr›, in: München – «Hauptstadt der Bewegung», Münchner Stadtmuseum, 1993, 331–341 (332).

Seit dem November 1933 wartete an der zur Residenz gewandten Seite der Feldherrnhalle ein Mahnmal mit den Namen der Toten auf die vorübergehenden Besucher. Die schwere Bronzetafel wurde von einem Doppelposten der SS bewacht. Von den Passanten wurde erwartet, dass sie beim Vorübergehen den Arm zum Hitlergruß erhoben. Diejenigen, die das nicht wollten, pflegten durch die hinter der Feldherrnhalle verlaufende Viscardigasse zu gehen – eine kleine Straße, die in der NS-Zeit den Namen «Drückeberger-Gässchen» erhielt.[6]

In der folgenden Zeit entwickelte sich rings um den 9. November eine regelrechte politische Liturgie: die von Feuerpylonen erhellte Ludwigstraße, durch die Hitler um Mitternacht fuhr, die mit blutrotem Tuch ausgeschlagene Feldherrnhalle mit den in Sarkophagen aufgebahrten Toten, der Zug der «Alten Kämpfer» hinter der Blutfahne, das Totengedenken mit Aufruf der Namen der Gefallenene, die Kranzniederlegung am Mahnmal, der zum «Altar» ausgestalteten Feldherrnhalle.

Im 20. Jahrhundert taucht der Begriff «politische Religion» – nach verwandten Umschreibungen bei Franz Werfel (1932)[7] und einer (zu Lebzeiten des Autors unveröffentlichten) Studie von Paul Schütz (1935)[8] – zuerst bei Lucie Varga (1937)[9]

---

6 Eine plastische Schilderung bei Hermann Lenz, Neue Zeit, Frankfurt am Main 1979, 15 ff.

7 In Vorträgen, die er 1932 in Deutschland hielt, nannte Werfel Kommunismus und Nationalsozialismus «radikale Glaubensarten», «Ersatz-Religionen oder ... Religions-Ersatz», «antireligiöse, jedoch religionssurogierende Glaubensarten»: Franz Werfel, Zwischen oben und unten, Stockholm 1946, 84 f., 98. – Neben den Erzählungen und Essays von Kafka, Broch, Musil sind die Essays von Werfel die erste genauere Beschreibung der kollektiven politischen Befindlichkeiten in dieser Zeit.

8 Paul Schütz, Die politische Religion. Eine Untersuchung über den Ursprung des Verfalls in der Geschichte (1935), hg. und eingel. von Rainer Hering, Hamburg 2009.

9 Die zuerst in der Zeitschrift «Annales» veröffentlichten Beiträge von Lucie Varga wurden deutsch neu herausgegeben von P. Schöttler: Lucie Varga, Zeitenwende. Mentalitätshistorische Studien 1934–1939, Frankfurt am Main 1991.

und Eric Voegelin (1938)[10] auf. Verwendungen des Begriffs in früheren Jahrhunderten – wie sie vereinzelt vorkommen – haben keine Schule gemacht.[11] Raymond Aron sprach 1939 von «religion politique», später von «religion séculière».[12]

In Eric Voegelins «Politischen Religionen» werden – wohl erstmals – Kommunismus, Faschismus, Nationalsozialismus in ihrer Gemeinsamkeit erkannt und in einen systematischen Zusammenhang gebracht. Sie sind für ihn Produkte von Säkularisierungsvorgängen in den typischen «verspäteten Nationen» Kontinentaleuropas – Nationen, die nicht mehr, wie die angelsächsischen, in christlichen Traditionen stehen, sondern ihren politischen Zusammenhalt aus massenwirksamen Ideologien der Klasse oder Rasse, der Ökonomie oder des Blutes zu gewinnen suchen. Das Bemühen um eine quasi-religiöse Dimension politischer Ordnung – in wie pervertierten Formen auch immer – verbindet die modernen Gewaltregime mit Modellen einer politisch-religiösen Einheitskultur, die Voegelin geschichtlich bis zum alten Griechenland und zum alten Ägypten zurückverfolgt. Die modernen Diktaturen gründen nach seiner These in einer innerweltlichen Religiosität, die das Kollektiv der Rasse, der Klasse oder des Staates zum «Realissimum» erhebt und damit «divinisiert» Das Göttliche wird in «Teilinhalten der «Welt» gesucht und gefunden; es ist eng verbunden mit einem je-eigenen «Mythos der Erlösung».[13]

Während Voegelins Position in einer christlichen Anthropo-

10 Eric (Erich) Voegelin, Die politischen Religionen, Wien 1938; neu hg. von Peter J. Opitz, München 2007.
11 Hans Otto Seitschek, Frühe Verwendungen des Begriffs ‹Politische Religion›: Campanella, Clasen, Wieland, in: Hans Maier (Hg.), Totalitarismus und Politische Religionen, Bd. III: Deutungsgeschichte und Theorie, Paderborn 2003, 109–120.
12 Raymond Aron, L'Ère des Tyrannies d'Elie Halévy, in: Revue de Métaphysique et de Morale (1939), 283–307; ders., L'avenir des religions séculières (1933).
13 Eric Voegelin, Die politischen Religionen (wie Anm. 10), Neuausgabe 2007, 49 ff.

logie wurzelt, die in späteren Werken weiterentwickelt und systematisiert wird, steht Raymond Arons Konzept in der Tradition liberaler Totalitarismuskritik. Aron verwendet den Religionsbegriff, anders als Voegelin, vorwiegend in religions-kritischer, aufklärerischer Absicht: Totalitäre Systeme sind «religiös» insofern, als sie die moderne (und christliche!) Scheidung der zwei Gewalten Religion und Politik rückgängig zu machen streben. Ähnlich wie Religion in früheren Gesell-schaften universell verbreitet war, werden heute Ideologien in modernen «totalitären» Gesellschaften «omnipräsent». Auch politisches Handeln ist nun nicht mehr vom rechtsstaatlichen Gesetz bestimmt, es wird gerechtfertigt durch Berufung auf «absolute Werte».[14]

Dass moderne politische Bewegungen mit Hilfe religiöser Kategorien beschrieben und analysiert werden können, ist (auch) ein Ergebnis der religionsphilosophischen und -phä-nomenologischen Forschung seit dem Ersten Weltkrieg – summarisch erinnere ich an die Arbeiten von Rudolf Otto, Heinrich Scholz, Gerardus van der Leeuw, Romano Guardini, Mircea Eliade, Friedrich Heiler und Roger Caillois. Hier tritt ein neuer umfassender Religionsbegriff hervor, der die indivi-dualistischen Engführungen des 19. Jahrhunderts überwindet: Religion gewinnt hier mit der sozialen Dimension auch die Züge des Numinosen, Faszinierend-Erschreckenden, Provo-zierenden zurück, die in einer Betrachtung der Religion «in-nerhalb der Grenzen der bloßen Vernunft» (Immanuel Kant) verloren gegangen waren. Das Schauervolle und Unheimliche, das Tremendum et Fascinosum – diese Züge werden von den

---

14   Raymond Aron, L'Ère des Tyrannies (wie Anm. 12); ders., L'homme contre les tyrans, New York 1944. Zur Arons Totalitarismuskritik: David Bosshart, Politische Intellektualität und totalitäre Erfahrung. Hauptströ-mungen der französischen Totalitarismuskritik, Berlin 1992, 103–126; Hans Otto Seitschek, Die Deutung des Totalitarismus als Religion, in: Hans Maier (Hg.), Totalitarismus (wie Anm. 11), 129–177; über Aron: 150–162.

modernen Religionsphilosophen als Momente religiöser Erfahrung neu entdeckt.

In der Tat operieren totalitäre Bewegungen in ihren Worten und Handlungen mit Elementen, die auch in religiösen Zusammenhängen vorkommen. Zum einen ist hier der Schrecken zu nennen. Raymond Aron wie auch Hannah Arendt sehen die totalitäre Herrschaft wesentlich durch das Moment des Terrors bestimmt. «Das eiserne Band des Terrors konstituiert den totalitären politischen Körper und macht ihn zu einem unvergleichlichen Instrument, die Bewegung des Natur- oder des Geschichtsprozesses zu beschleunigen.»[15] Der Terror ersetzt den «Zaun des Gesetzes» durch ein eisernes Band, das die Menschen so zwingend hält, dass jede freie, unvorhersehbare Handlung ausgeschlossen ist. «Terror in diesem Sinne ist gleichsam das ‹Gesetz›, das nicht mehr übertreten werden kann.»[16] Diese Stabilisierung durch Terror soll der Befreiung der sich bewegenden Geschichte oder Natur dienen. Raymond Aron deutet den polizeilichen wie den ideologischen Terror der totalitären Bewegungen als Folge davon, dass jede Tätigkeit zur Staatstätigkeit geworden und von der Staatsideologie bestimmt ist; so werde eine Verfehlung im wirtschaftlichen oder beruflichen Bereich gleichzeitig zu einer ideologischen Verfehlung.[17]

Ein totalitäres System versucht seinen Einfluss auch in der Privatsphäre des Menschen geltend zu machen. Es darf keine noch so kleine Nische geben, in der die politische Ideologie nicht in irgendeiner Weise präsent ist. Auch Religionen neigen dazu, den Menschen detaillierte Vorschriften zu machen, ihnen für jede mögliche Situation Handlungsanweisungen zu geben, sie durch Initiationen, Symbole und Rituale aneinander zu

---

15 Hannah Arendt, Elemente und Ursprünge totaler Herrschaft, München 1955, 714.
16 Arendt, Elemente 711.
17 Bosshart (wie Anm. 14), 117 ff.

ketten. Das nationalsozialistische Ritual der «Blutfahne» etwa ist nach Hannah Arendt «das Erlebnis einer mysteriösen Handlung, das offenbar als solches Menschen besser und sicherer aneinanderkettet als das nüchterne Bewusstsein, ein Geheimnis miteinander zu teilen».[18]

Hannah Arendt wie Eric Voegelin haben verdeutlicht, dass die totalitären Bewegungen mit Fiktionen arbeiten. Sie orientieren sich nicht an der Realität, sondern an einer selbsterfundenen Scheinordnung. Totalitäre Führer zeichnet nach Arendt die unbeirrbare Sicherheit aus, «mit der sie sich aus bestehenden Ideologien die Elemente heraussuchen, die sich für die Etablierung einer den Tatsachen entgegengesetzten, ganz und gar fiktiven Welt eignen».[19] Gewiss haben solche eingebildeten Welten nur eine begrenzte Dauer; vor der Wirklichkeit muss das Kartenhaus der Lüge nach einiger Zeit zusammenbrechen. Eric Voegelin hat das in späterer Zeit so ausgedrückt: «Die Seinsverfassung bleibt was sie ist, jenseits der Machtbegierden des Denkers; sie wird nicht dadurch verändert, dass ein Denker ein Programm zu ihrer Änderung entwirft und sich einbildet, er könnte das Programm verwirklichen. Das Ergebnis ist also nicht Herrschaft über das Sein, sondern eine Phantasiebefriedigung.»

Eine weitere Parallele zwischen Religionen und totalitären Bewegungen stellt die Verheißung des Heils und die Gestalt des Heilbringers dar. Romano Guardini hat diesen Zusammenhang 1946 in seiner Schrift «Der Heilbringer» herausgearbeitet. Die Weise, wie der Nationalsozialismus von Blut, Rasse und Erde spricht, enthüllt, dass eine religiöse Dimension im Spiel ist. «Geheimnis des Blutes», «ewiges Blut», «heiliges Blut» – Vokabeln dieser Art finden sich auf Schritt und Tritt. Der Mythos braucht einen Verkünder und Verkörperer.

18 Arendt, Elemente 594.
19 Arendt, Elemente 572.

Er wird gefunden in Adolf Hitler. Der «Meldegänger Gottes», wie er zu Beginn der «Bewegung» genannt wird, ist fähig, zu allem, was sich Menschen vornehmen, Kraft zu geben. Die Verehrung, ja Anbetung des «Führers» äußert sich im persönlichsten, im familiären Bereich. Wo vorher im Haus der Herrgottswinkel mit dem Bild des Gekreuzigten gewesen war, soll jetzt der «Gotteswinkel» eingerichtet werden; in ihm erscheint zusammen mit dem Hakenkreuz das Bild Hitlers. Ein Bild, das im «Dritten Reich verbreitet war: In einer den «Deutschen Christen» überlassenen Kapelle steht das Bild des «Führers» auf dem Altar selbst. Der Gruß «Heil Hitler!» kann nach Guardini zum einen so gedeutet werden, dass Hitler Heil gewünscht wird, zum andern aber auch so, dass Hitlers Heil über den, dem man gerade begegnet, kommen möge.[20]

Die Präsenz Hitlers im Alltag ist ein nicht zu unterschätzender Zug des Nationalsozialismus – ich denke hier vor allem an den «Hitlergruß» im täglichen Umgang der Menschen, in Schulen und Behörden wie auch – nicht zu vergessen – im offiziellen und privaten Briefverkehr. Kraft dieser Prägung war das NS-Regime trotz seiner kurzen Lebensdauer sogar anderen Despotien des 20. Jahrhunderts an Tiefenwirkung überlegen. Die geballte Faust und der – unter Auguren selbst belächelte – sozialistische Bruderkuss haben im Kommunismus niemals eine ähnliche Rolle gespielt wie der Hitlergruß im Nationalsozialismus; und der italienische Faschismus war zwar der Erfinder des Grußes mit dem ausgestreckten Arm als Alternative zum angeblich «bürgerlichen» Händedruck, doch in Italien wurde dieser Gruß im Unterschied zu Deutschland nie zu einem Alltagsritual.

20 Romano Guardini, Der Heilbringer in Mythos, Offenbarung und Politik, Stuttgart 1946, passim.

3

Ich komme zum Hauptpunkt: Wie haben die Nazigegner, die Männer und Frauen des Widerstands, auf diese quasi-religiösen Provokationen reagiert? In welchem Licht sahen sie die Figuren des «Dritten Reiches», Hitler und die führenden NS-Funktionäre, welche Züge des Regimes fielen ihnen besonders auf, was trat für sie in den Vordergrund? Welche Rolle spielte die tradierte – oder neu gewonnene – christliche Orientierung in ihrer Wahrnehmung des Nationalsozialismus?

Vorab will ich die Judenfeindschaft nennen. Sie war nicht nur der Punkt, an dem das Regime die herkömmlichen Züge einer Diktatur sprengte und eine Praxis des Rechtsentzugs, der Verfolgung und Vernichtung gegenüber den eigenen Mitbürgern in Gang setzte; sie erinnerte die Christen auch daran, dass sie – historisch aus dem Judentum hervorgegangen, in ihrem Ursprung eine «Kirche aus Juden und Heiden» – einer Auseinandersetzung mit dem NS-Staat unmöglich ausweichen konnten. NS-Plakate gegen die Juden – schon vor 1933! – sollen Gertrud von le Fort den Anstoß zu ihrem Roman «Der Papst aus dem Ghetto» (1930) gegeben haben – der wohl eindrucksvollsten Vergegenwärtigung des Verhältnisses von Katholiken und Juden in der deutschen Literatur der Dreißigerjahre.[21] Erik Peterson warnte im Sommer 1932 bei den Salzburger Hochschulwochen vor der damals schon um sich greifenden rassistischen Judenfeindschaft und betonte: «Keine Macht der Welt wird das Judentum ausrotten können.»[22]

---

21   Gertrud von le Fort, Der Papst aus dem Ghetto, jetzt in: le Fort, Erzählende Schriften, Zweiter Band, München-Wiesbaden 1956, 5–281; Nicholas J. Meyerhofer, Gertrud von le Fort, Berlin 1993, 48 f.; Hans Maier, Protestanten, Katholiken, Juden im Werk Gertrud von le Forts, in: Literatur in Bayern, Juni 2006, 2–11.
22   Erik Peterson, Die Kirche aus Juden und Heiden (1933), jetzt in: Peterson, Ausgewählte Schriften, Band 1: Theologische Traktate. Mit einer

Bekanntlich war auch die kirchenrechtliche Einführung des
«Arierparagraphen» in der Altpreußischen Union 1933 für
Martin Niemöller und Dietrich Bonhoeffer der Grund, für die
evangelische Kirche den status confessionis zu erklären und
zur Sammlung von Gleichgesinnten im «Pfarrernotbund» auf-
zurufen. Carl Goerdelers Rücktritt als Leipziger Oberbürgermeister 1936 war eine Reaktion auf den in seiner Abwesenheit
erfolgten Abriss des Denkmals Felix Mendelssohn Bartholdys
vor dem Neuen Gewandhaus. Endlich darf daran erinnert
werden, dass das von Alexander Schmorell entworfene zweite
Flugblatt der «Weißen Rose» (Juni/Juli 1942) den damals
schon erkennbaren Massenmord an den Juden in den Mittelpunkt stellte: «Hier sehen wir das fürchterlichste Verbrechen
an der Würde des Menschen, ein Verbrechen, dem sich kein
ähnliches in der ganzen Menschengeschichte an die Seite
stellen kann.»[23] Wenig später folgten die Brüder Claus und
Berthold Stauffenberg in internen Äußerungen – ihnen öffneten
die Judenmorde spätestens Mitte 1942 die Augen für die Natur
Hitlers, so dass sie den festen Entschluss fassten, ihn zu beseitigen.[24]

Ein zweiter Anstoß – eng mit dem ersten zusammenhängend – war die Erfahrung gänzlicher Rechtlosigkeit angesichts
der dynamisch sich erweiternden, unbegrenzt sich ausbreiten-
den Macht der Nationalsozialisten. Diese Macht bekamen
beide Kirchen zu spüren: die evangelische trotz der Versuche
deutschchristlicher und reichskirchlicher «Einhegungen» und
Versöhnungsversuche, die katholische trotz der früh einge-
gangenen, jedoch rasch brüchig werdenden völkerrechtlichen

Einleitung von Barbara Nichtweiß, Würzburg 1994, 141–174 (das Zitat 155).
23   Zur Interpretation Hans Günter Hockerts, Die Flugblätter der Weißen
Rose, in: Katharina Weigand und Jörg Zedler (Hg.), Ein Museum der bayerischen Geschichte, München 2015, 475–490 (479).
24   Wolfgang Graf Vitzthum, Berthold Schenk Graf von Stauffenberg, in:
Joachim Mehlhausen (Hg.), Zeugen des Widerstands, Tübingen 1996, 1–41.

Defension mit Hilfe des Reichskonkordats. Widerstand gegen die «Dämonie der Macht» – die viele bald als «das Böse schlechthin» empfanden – ging von christlichen Einzelnen aus, es gab nicht einen Widerstand der Kirchen – so mutig viele Bischöfe und Kirchenführer für ihre Sache eintraten und so vielfältig sie denen Deckung boten, die weiter gehen wollten.

Christlicher Widerstand im «Dritten Reich» entzündete sich meist an konkreten Vorfällen. Die Hitlerjugend legte ein Geländespiel auf die Zeit, in der ein Gottesdienst stattfand. Parteistellen befahlen die Beflaggung kirchlicher Gebäude zur Schlageterfeier. Die Verbreitung von Hirtenbriefen wurde verboten. Kreuze sollten aus den Schulen geholt werden. Gingen solche Vorstöße nicht glatt über die Bühne, wurden sie umgangen, sabotiert, konterkariert, so haben wir bereits eine einfache Form des passiven Widerstands vor uns. Widerstand dieser Art war weitverbreitet. Liest man die Berichte des Sicherheitsdienstes und der Gestapo über die Kirchen, so hat man den Eindruck, dass das Regime ihn wahrnahm und sogar fürchtete.[25] Im Bereich der katholischen Kirche sind nach der bekannten Statistik von Hehls ein Drittel aller Geistlichen mit dem Regime in Konflikt gekommen – das reichte von Verwarnungen und Strafen bis zu Prozessen, Gefängnis- und KZ-Haft.[26] Auch im Bereich der Bekennenden Kirche war die Zahl der Konflikte hoch. Im Kirchenkampf setzte der NS-Staat alle Mittel der Zermürbung ein. Und im Umfeld der Kirchen betätigten sich halblegal oder im Untergrund

25   Heinz Boberach (Hg.), Berichte des SD und der Gestapo über Kirchen und Kirchenvolk in Deutschland 1934–1944; ders., Chancen eines Umsturzes im Spiegel der Berichte des Sicherheitsdienstes, in: Jürgen Schmädecke und Peter Steinbach (Hg.), Der Widerstand gegen den Nationalsozialismus, 1985, 813 ff.
26   Ulrich von Hehl, Priester unter Hitlers Terror. Eine biographische und statistische Erhebung, 4. Aufl., 2 Bände, Paderborn 1998, bringt ausführliche tabellarische Darstellungen darüber, wie die einzelnen Vergehen bestraft wurden, welche Strafen von welcher Instanz verhängt wurden, wie sich die Maßnahmen auf die Jahre verteilen usw.

eine Reihe von Vereinigungen: Jugendgruppen, Wissenschaftler, christliche Gewerkschaftler, Politiker.

Entscheidend für den christlich motivierten Widerstand war das Jahr 1938. Es war ein epochaler Wendepunkt. Auf der einen Seite der «Anschluss» Österreichs im März – und damit verbunden eine breite, tief ins bürgerliche Lager hineinreichende Zustimmung zu Hitlers Politik (auch erklärte Nazigegner wie meine historischen Lehrer Gerhard Ritter und Gerd Tellenbach haben später bekannt, dass sie an Hitler immer zweifelten, dass jedoch ihr Zweifel 1938 ins Wanken geraten sei). Auf der anderen Seite der 9. November des gleichen Jahres, die Reichspogromnacht – als die Synagogen brannten, Juden verfolgt und getötet wurden, ohne dass man die Mörder zur Rechenschaft zog, und als deutlich fühlbar eine systematische Verfolgung, ja eine mögliche Vernichtung der Juden im Reich sich vorbereitete. Das führte gerade im Kreis konservativer Kräfte zu einem Umschwung. Jetzt traten, zweifelnd, ablehnend und gegnerisch, Personen in den Vordergrund, die christlich orientiert waren oder bei denen christliche Orientierungen im Lauf der Ereignisse deutlicher hervortraten. Sowohl die «Freiburger Kreise» wie auch der «Kreisauer Kreis» sowie die Gruppen, deren Zusammenwirken später zum 20. Juli führte, haben sich 1938 gebildet oder haben zumindest entscheidende Anstöße von diesem Jahr der Krise und des Umschwungs empfangen.

Am sichtbarsten ist der Zusammenhang bei dem «Freiburger Kreis» um die Nationalökonomen Walter Eucken, Adolf Lampe und Constantin von Dietze, den Juristen Franz Böhm und den Historiker Gerhard Ritter.[27] Eine in Umrissen schon vorhandene, auf Seminargemeinschaften beruhende inneruniversitäre Opposition erweiterte sich nach der Pogromnacht

---

27 Zum Folgenden: Hans Maier (Hg.), Die Freiburger Kreise. Akademischer Widerstand und Soziale Marktwirtschaft, Paderborn u. a. 2014.

auf außeruniversitäre Personen und Gruppen. Vor allem evangelische Geistliche und ihre Frauen wurden einbezogen. Erstmals wurden auch Katholiken zu den Treffen eingeladen. Der Name «Freiburger Konzil», der darauf anspielte – zunächst scherzhaft gebraucht –, machte die Runde. Die Fragen nach Recht, Staat, Wirtschaft wurden jetzt in einen größeren, einen politisch-existentiellen Zusammenhang gestellt. Es ging nicht mehr um Wissenschaft allein, es ging um die Möglichkeit christlichen Lebens in der Diktatur schlechthin.

Die erste kurze Freiburger Denkschrift, die in diesem Kreis entstand, ein etwa zwanzigseitiges Exposé mit dem Titel «Kirche und Welt», unmittelbar nach dem Novemberpogrom entworfen, diente zunächst der Selbstverständigung der Gruppe.[28] In der zweiten, größeren Denkschrift aus dem Jahr 1943 – sie war von Dietrich Bonhoeffer im Auftrag der vorläufigen Leitung der Bekennenden Kirche in Freiburg bestellt worden – ging es um die Positionsbestimmung der Christen in der Gegenwart schlechthin. Der Text,[29] maßgeblich von Gerhard Ritter formuliert, entwickelt «Grundzüge einer politischen Gemeinschaftsordnung nach christlichem Verständnis». Günter Brakelmann sieht in dieser Denkschrift «das umfangreichste und bedeutendste Dokument christlichen Widerstandsdenkens aus der NS-Zeit».[30] Die dort proklamierte Abkehr von der Willkürherrschaft, die Forderung nach der Rückkehr zum Rechtsstaat, nach «gesetzlich gesicherte(r) Freiheit der Gewissen» ist eingebettet in eine umfassende wissenschaftliche Bera-

28 Die Originale von Denkschrift 1 und 2 im Nachlass Gerhard Ritter (Bundesarchiv). Der Text der Denkschrift 1 ist ediert von Reinhard Hauf, in: Klaus Schwabe und Rolf Reichardt (Hg.), Gerhard Ritter. Ein politischer Historiker in seinen Briefen, Boppard 1984, 635–654. – Zur Interpretation: Günter Brakelmann, Christen im Widerstand: Die Freiburger Denkschriften, in: Maier, Die Freiburger Kreise (wie Anm. 27), 41–55.
29 Ediert von Hauf, aaO (wie Anm. 28), 655–729; es folgen 5 Anhänge 729–774.
30 Brakelmann (wie Anm. 28), 48.

tung politisch-wirtschaftlicher wie kirchlich-theologischer Art, welche die «Freiburger» Goerdeler wie Bonhoeffer angedeihen ließen. Es war die spezifische Form eines akademischen Widerstands im Dritten Reich – weit entfernt von konkreten Aktionen oder gar Attentatsplänen, aber als geistige Grundlage für den Widerstand nicht zu unterschätzen.

Bekannter als der Freiburger Kreis ist der Kreisauer Kreis um Graf Helmuth James von Moltke, den Urgroßneffen des Feldmarschalls. Ihm gehörten nicht nur junge ostelbische Adelige an, sondern auch Sozialisten wie Mierendorff, Haubach, Reichwein und Julius Leber. Das religiöse Element verband die beiden Flügel. Es wurde auf katholischer Seite repräsentiert durch die Münchner Jesuiten Alfred Delp, Lothar König und den Provinzial Augustin Rösch, auf evangelischer Seite durch Eugen Gerstenmaier und Harald Poelchau.[31]

Der Kreisauer Kreis konzentrierte sich in seinen Beratungen ganz auf die Zeit nach Hitler; er hielt Distanz zu Verschwörertätigkeit und Umsturzplänen. Sein Dossier ist neben den Freiburger Denkschriften der zweite umfangreiche Entwurf einer Nachkriegsordnung aus christlichem Geist.

Moltke war der Ansicht, dass das Unheil erst seine volle Bahn durchlaufen müsse – vorzeitige Aktionen könnten zu einer neuen Dolchstoßlegende führen. Für den Wiederaufbau sah man im Kreisauer Kreis zwei Grundvoraussetzungen: eine freiheitlich gesonnene Arbeiterschaft und eine Erneuerung des Christentums.[32] «Rechristianisierung» war in den Erziehungsplänen des Kreisauer Kreises ein wichtiges Stichwort – es wurde dann auch zu einem der Hauptvorwürfe beim Prozess

---

31 Die Gesamtheit der Kreisauer Schriften wurde erstmals 1987 von Roman Bleistein herausgegeben (Dossier: Kreisauer Kreis. Dokumente aus dem Widerstand gegen den Nationalsozialismus, Frankfurt am Main 1987). Das bei den Münchner Jesuiten aufbewahrte Dossier ist das einzig erhaltene, das Kreisauer Exemplar ging 1945 bei der Flucht Freya von Moltkes verloren.
32 Dossier 119 ff., 124 ff., 167 ff., 187 ff.

gegen Moltke und Delp vor dem Volksgerichtshof. «Nur in einem», sagte Freisler, «sind das Christentum und wir gleich: Wir fordern den ganzen Menschen.»[33]

Moltke war, wie andere Mitglieder des Kreises, erst unter dem Eindruck des Nationalsozialismus zu einer entschiedenen christlichen Haltung gelangt. Vor dem Krieg sei er der Meinung gewesen, schrieb er im April 1942 von Stockholm aus seinem englischen Freund Lionel Curtis, «dass der Glaube an Gott nicht wesentlich sei ... Heute weiß ich, dass ich unrecht hatte, ganz und gar unrecht. Sie wissen, dass ich die Nazis vom ersten Tag an bekämpft habe, aber der Grad der Gefährdung und Opferbereitschaft, der heute von uns verlangt wird und vielleicht morgen von uns verlangt werden wird, setzt mehr als gute ethische Prinzipien voraus ...»[34] Ähnliche Äußerungen sind auch von anderen Mitgliedern der Kreisauer Kreises bekannt. Ein Mitglied, Theodor Haubach, trat der Evangelischen Kirche bei, andere wandten sich in der Haft oder unter dem Eindruck der Verfolgung dem Christentum zu.

Dietrich Bonhoeffer soll bereits im Jahr 1940 gegenüber dem Bischof von Chichester George Kennedy Allen Bell geäußert haben, Hitler sei der Antichrist und müsse eliminiert werden. Das Zitat[35] ist freilich umstritten. Das vierte Flugblatt der Weißen Rose, von Hans Scholl formuliert, bezeichnet

33 Diese Äußerung ist überliefert in dem Brief Helmuth von Moltkes an Freya vom 11. Januar 1945 in: Helmuth James von Moltke, Briefe an Freya 1939–1945, hg. von Beate Ruhm von Oppen, München 1988, 607–612 (608).
34 Zit. von Beate Ruhm von Oppen in ihrer Einleitung zur Ausgabe der Briefe Moltkes (wie Anm. 33), 52.
35 Bischof Bell berichtet über das Gespräch mit Bonhoeffer: «We know of the despair which seized all those who were engaged in subversive activities in July and August 1940. We know of a meeting held at that time where it was proposed that further action should be postponed so as to avoid giving Hitler the character of a martyr if he should be killed. Bonhoeffer's rejoinder was decisive: ‹If we claim to be Christians, there is no room for expediency. Hitler is the Anti-Christ. Therefore we must go on with our work and eliminate him whether he be successfull or not» (zit. bei Eberhard Bethge, Dietrich Bonhoeffer. Eine Biographie, 3. Aufl., München 1967, 811).

Hitler als «Boten des Antichrist», sieht ihn als Ausgeburt des absolut Bösen.[36] Die drei Brüder Stauffenberg waren mit Stefan George eng verbunden und zitierten bei verschiedenen Gelegenheiten seine Gedichte (eine besondere Rolle spielt «Der Widerchrist»). Claus von Stauffenberg organisierte im Dezember 1933 die Totenwache für den im italienischen Minusio verstorbenen Dichter.[37] Joseph Roth hatte schon 1934 einen Essay «Der Antichrist», Reinhold Schneider 1938 ein Sonett «Der Antichrist» geschrieben.

Man wird nicht sagen können, dass für die, die aus christlichem Geist dem Nationalsozialismus widerstanden, Hitler «der Antichrist» schlechthin gewesen wäre. Das Wort taucht nur vereinzelt auf; auch die letzten Flugblätter der Weißen Rose greifen es nicht mehr auf. Das Wort war ambivalent: Rosenberg und Goebbels hatten es bekanntlich pervertiert und auf die Juden angewandt. – Umfassend verbreitet unter den Widerständlern war freilich das, was ich ein «eschatologisches Zeitgefühl» nennen möchte. Man fühlte sich, je mehr die Vernichtungsaktionen gegen Geisteskranke, Juden, Regimegegner fortschritten und der Krieg in seine zerstörerische Endphase eintrat, den «letzten Dingen» nahe. Das verleiht dem christlichen Widerstand im «Dritten Reich» Bedeutung nicht nur für die politische Geschichte der Zeit, sondern auch für ein neues Verständnis des Christentums.

36 Dazu bemerkt Hans Günter Hockerts (wie Anm. 23): «Es spricht viel dafür, dass Hans Scholl solche apokalyptischen Bilder nicht bloß als Stilmittel der Dramatisierung benutzte. Aus einem protestantischen Elternhaus stammend, hatte er sich vor allem in der Begegnung mit den katholischen Religionsintellektuellen Carl Muth und Theodor Haecker zu einem Homo religiosus gewandelt. Das vierte Flugblatt lässt die theologische Spur seines Mentors Haecker deutlich erkennen» (481).
37 Bernhard Zeller u. a.: Stefan George 1868–1968. Der Dichter und sein Kreis. Eine Ausstellung des Deutschen Literaturarchivs im Schiller-Nationalmuseum Marbach a. N., 7. Aufl, 1968, 322–328; Ulrich Raulff, Kreis ohne Meister. Stefan Georges Nachleben, München 2009, 34, Wolfgang Graf Vitzthum (wie Anm. 24), 4, 32.

4

Widerstand in einem totalitären Staat war kein gebahnter Weg.[38] Wer sich auf ihn einließ, machte sich auf eine ungewisse und gefährliche Reise. Er musste nicht nur kirchliche Traditionen überdenken, die jahrhundertelang gegolten hatten – Römer 13, die Zwei-Reiche-Lehre –, er fand in der theologischen Überlieferung auch wenig Wegweisung für den Extremfall eines (notwendigen) Kampfes gegen den Staat. Es zeigte sich, dass man in Deutschland allzu lange im gläubigen Vertrauen auf eine gute Obrigkeit gelebt hatte; man war nicht gerüstet für den Fall der Perversion gerechter Herrschaft – den Unrechtsstaat, die Tyrannis, das «Tier aus der Tiefe». Es gab in Deutschland, wie Dietrich Bonhoeffer beklagte, zwar viel Tapferkeit, aber fast nirgends Civilcourage, viel Dienst am Ganzen, aber wenig freie Verantwortung und freies Glaubenswagnis.[39] Das begrenzte nicht nur den Widerstand, den die Kirchen als Institutionen leisten konnten, es erschwerte auch den eigenverantwortlichen Widerstand christlicher Einzelner.

Das Zeitalter des staatsrechtlichen Positivismus hatte die Überreste der alten Tyrannis- und Widerstandslehren aus den Lehrbüchern und dem akademischen Unterricht getilgt. Be-

---

38 Zum Folgenden Hans Maier, Das Recht auf Widerstand, in: Peter Steinbach und Johannes Tuchel (Hg.), Widerstand gegen den Nationalsozialismus, Berlin 1994, 33–42; Klemens von Klemperer, Naturrecht und der deutsche Widerstand gegen den Nationalsozialismus (ebd. 43–53).
39 Der Gedanke ist entwickelt in einer selbstkritischen «Rechenschaft», die Bonhoeffer zu Weihnachten 1942 seinen Mitverschworenen Hans v. Dohnanyi, Hans Oster und Eberhard Bethge überreichte. (Abdruck in: Dietrich Bonhoeffer, Widerstand und Ergebung, Neuausgabe 1970, 11–27). Darin die Sätze: «Wir sind stumme Zeugen böser Taten gewesen, wir sind mit vielen Wassern gewaschen, wir haben die Künste der Verstellung und der mehrdeutigen Rede gelernt, wir sind durch Erfahrung misstrauisch gegen die Menschen geworden und mussten ihnen die Wahrheit und das freie Wort oft schuldig bleiben, wir sind durch unerträgliche Konflikte mürbe oder vielleicht sogar zynisch geworden – sind wir noch brauchbar?» (aaO, 27).

rühmt-berüchtigt und immer wieder zitiert ist Georg Jellineks herablassende Kennzeichnung der Despotie in seiner «Allgemeinen Staatslehre» (1900): «ein reiner Schultypus, dem kein realer Staat auf die Dauer völlig entspricht» (667). Dem entsprach auf kirchlicher Seite eine Entwicklung, in deren Verlauf in der liberalen Theologie der kritische christliche Blick auf den selbstbezogenen Staat weitgehend verloren ging. Der Staat wurde nicht mehr «zur Schau gestellt», der Bann religiös-politischer Immanenz nicht mehr durchbrochen. Eine neue Symbiose von Kaiser, Reich und Gottesverehrung war in der willhelminischen Zeit entstanden. So erklärte Ernst Troeltsch 1911 – halb zustimmend, halb resignierend – das «eschatologische Büro der Theologie» für «geschlossen».[40]

Man versteht also, dass die zum Widerstand Entschlossenen den Ungeheuerlichkeiten des NS-Staates ohne rechte philosophische, juristische – und theologische – Auskunft gegenüberstanden. Das zwang sie, unmittelbar an die Traditionen der Hochscholastik und der Reformation anzuknüpfen. Es kam im Widerstand zu einer Renaissance rechtsphilosophischen und theologischen Denkens. Längst vergessene Begriffe tauchten erneut auf: Tyrannis, Dämonie, Apokalypse, Arkandisziplin. Das Wort Tyrann war bei den Verschwörern des 20. Juli ein geläufiges Wort. Es wurde in den meisten Fällen in ähnlichem Sinn gebraucht wie bei Augustinus, Luther oder Calvin, nämlich um die innere Verderbtheit, die perversitas eines Menschen zu kennzeichnen. Dieses Tyrannenbild hatte zahlreiche Schattierungen und war durchaus nicht einheitlich; es konnte das Gegenbild einer verfassungsmäßigen Ordnung bezeichnen[41] oder – als Spitze neuzeitlicher Entwicklungen –

40 Ernst Troeltsch, Glaubenslehre, nach Heidelberger Vorlesungen aus den Jahren 1911 und 1912 hg. von Gertrud von le Fort, 1925, 36.
41 Hier liegt ein – aus persönlichem Erleben erwachsener – Ursprung der modernen Totalitarismustheorien bei Waldemar Gurian, Ernst Fraenkel, Carl Joachim Friedrich, Gerhard Ritter und anderen.

die von moralischen Bindungen freigesetzte «Dämonie der Macht»;[42] es konnte ein eschatologischer Zug hineinspielen, vor allem wenn man den lutherischen Begriff der *anomia* auf die konkrete staatliche Situation anwandte.

Im Kreis der katholischen Theologen, die dem Widerstand nahestanden, neigte man dazu, in Ergänzung thomistischer Ansätze ein Recht der kollektiven Notwehr zu entwickeln – wie es als Prinzip bereits der alten Lehre vom «gerechten Krieg» zugrundelag. Bei Thomas von Aquin war jedes gewaltsame Vorgehen gegen den Tyrannen streng an die *publica auctoritas*, die öffentliche Ermächtigung, gebunden, wofern es sich nicht einfach um einen Usurpator handelte, der durch jedermanns Hand fallen durfte. Eine Weiterentwicklung dieses Gedankens musste in Rechnung stellen, dass die Möglichkeiten eines modernen Tyrannen, zum Angreifer auf ein Volk zu werden, durch die Mittel der Technik und der Massensuggestion ins Ungeheure gewachsen waren. Auch konnte die Ermächtigung zum Handeln in einem modernen, mit totalitären Mitteln ausgerüsteten Staat nur stillschweigend von der besseren Mehrheit des Volkes gegeben werden. Verfügte doch das Regime über genügend Möglichkeiten, öffentliche Zeichen des Widerstands zu unterdrücken – so dass selbst der Akt des Martyriums, ins Unsichtbare verbannt, seine ausstrahlende und aufrüttelnde Kraft verlor.

Eine Verpflichtung zum Widerstand ergab sich für beide Konfessionen auch aus der Tatsache, dass der Nationalsozialismus die Kirchen verfolgte. In der Tat scheint hier besonders für evangelische Kreise ein Ansatz zur Opposition gelegen zu haben. Es war ja das Kriterium des Tyrannen bei Calvin, dass er den Gehorsam gegen Gott zu hindern versuchte. Mit zuneh-

---

42 So das vielgelesene Buch von Gerhard Ritter, dessen Titel auf ein Referat im «Freiburger Konzil» zurückging; hierzu Christine Blumenberg-Lampe, Das wirtschaftspolitische Programm der «Freiburger Kreise», Berlin 1973, 19.

mender Deutlichkeit zeigte sich aber auch, dass der Staat selbst einem Zustand der Gesetzlosigkeit zutrieb, dass er aus einem Rechtsstaat zu einem Unrechtsstaat wurde. In der Vermischung geistlicher mit weltlichen Ansprüchen lag für viele evangelische Christen das Widergöttliche des NS-Regimes: Der religiöse Widerstand erwachte, als der Staat selbst zu einem pseudoreligiösen Gebilde wurde.

Das Christentum hatte der griechischen Verherrlichung des Tyrannenmordes den Gedanken der Duldung entgegengesetzt. Das paulinische Wort «Jedermann sei untertan der Obrigkeit!» wurde bekräftigt durch den Hinweis, dass jede Gewalt von Gott sei, Widerstand daher Auflehnung gegen Gott bedeute. Freilich war dieser Satz bereits im alten Christentum nicht unumstritten. Und wenige Jahrhunderte später hat der Zusammenprall geistlicher und weltlicher Gewalten im Investiturstreit die überlieferte Dulder- und Märtyrerphilosophie gegenüber neuen, zum Teil sehr radikalen Widerstandstheorien zurücktreten lassen. Thomas von Aquin unterschied, um der Schwierigkeit Herr zu werden, zwischen göttlicher Einsetzung und bloßer Zulassung des Herrschers durch Gott: Widerstand gegen unrechte Gewalt war damit möglich; doch von einer generellen Erlaubnis zum Widerstand – und gar zum Tyrannenmord – konnte noch keine Rede sein. Aus der göttlichen Duldung des zum Tyrannen entarteten Herrschers ergibt sich in der Tradition, dass der Widerstand sich in gesetzmäßigen Formen halten muss; erst wenn diese erschöpft sind, kommen andere Mittel in Betracht. Ein solches Vorgehen in Einzelschritten ist aber in einem totalitären Staat moderner Prägung nur schwer möglich. Der Widerstand käme auf diese Weise kaum zum Ziel.

Immerhin haben zahlreiche Repräsentanten des christlichen Widerstands für sich den Vorbehalt gemacht, dass Widerstand von Christen sich nur in defensiven Formen äußern dürfe. Vor allem der Kreisauer Kreis hat sich lange – wenn auch nie ausschließlich – in solchen Gedankengängen bewegt. «Wir haben nur gedacht», äußerte Graf Moltke nach dem Todesurteil, einen deutlichen Trennungsstrich ziehend zwischen sich und der zu aktivem Handeln entschlossenen Gruppe der Widerstandskämpfer, «… wir sind aus jeder praktischen Handlung heraus, wir werden gehenkt, weil wir zusammen gedacht haben.»[43] Zwar hat der Kreisauer Kreis, wie wir heute wissen, die Anwendung von Gewalt nicht prinzipiell ausgeschlossen.[44] Der größere Nachdruck wurde aber – in Freiburg wie in Kreisau – auf die geistige Überwindung des Nationalsozialismus gelegt. Das Wirken beider Kreise zielte in erster Linie auf die Wiederherstellung des zerstörten Menschenbildes.

Der politische Widerstand unter äußersten Bedingungen war für die Christen unter den Widerstandskämpfern letztlich kein juristisches, kein staatsrechtliches Problem – es war ein religiöses Problem. Das gilt vor allem für die Männer und Frauen des 20. Juli 1944. Mag eine genaue Analyse der Planungen und Absichten der Verschwörer noch so viel an politischen Motiven und militärischen Möglichkeiten zutage fördern – die Tatsache bleibt bestehen, dass das Attentat auf Hitler gerade in einem Augenblick geschah, in dem die Aussichten auf eine schnelle Beendigung des Krieges und ein Entgegenkommen der Alliierten gegenüber der deutschen Opposition praktisch auf Null gesunken waren. Der Tat kam daher in hohem Maße Zeichen- und Symbolcharakter zu.[45] Es sollte sichtbar werden, dass nicht alle Deutschen Hitler besinnungs-

43 Brief an Freya vom 10. Januar 1945 (wie Anm. 33), 602 f.
44 Hierzu Peter Hoffmann, Widerstand, Staatsstreich, Attentat. Der Kampf der Opposition gegen Hitler, 4. Aufl. 1985, 457 f.
45 Das heißt nicht, dass die Militärgeschichte des Widerstands bedeutungslos wäre und vernachlässigt werden dürfte. Wegen des faktischen Scheiterns des Attentats ist sie freilich bisher in der Forschung eher unterbelichtet geblieben – worauf Winfried Heinemann zu Recht hinweist. Vgl. seinen Vortrag «Militärische Motive für den Umsturzversuch vom 20. Juli 1944» (Gedenkstätte Deutscher Widerstand 2015).

los folgten, dass es eine beträchtliche Opposition, ein «anderes Deutschland» gab. Dabei lag die persönliche Tragik der Verschwörer darin, dass sie von beiden Seiten missverstanden wurden: von den Alliierten, die sie für Reaktionäre hielten,[46] wie von den Nationalisten in Deutschland, die in ihnen Verräter sahen.

Was verband christliche Einzelne im Widerstand miteinander? Was verband den evangelischen Konsistorialrat Gerstenmaier mit dem katholischen Bauern und Kriegsdienstverweigerer Franz Jägerstätter, den Gutsherrn von Moltke mit dem Sozialisten Haubach, den Prediger Rupert Mayer mit dem Historiker Gerhard Ritter, Sophie Scholl mit Alexander Schmorell? Es war letzten Endes etwas sehr Allgemeines, Menschliches (bei durchaus verschiedenen politischen Motiven): gemeinsamer Abscheu vor den Verbrechen des Regimes, gemeinsames Erschrecken über die vielen, die ihm blind und ergeben folgten – und das Bewusstsein einer hier und heute wahrzunehmenden persönlichen Verantwortung. Die christlichen Einzelnen waren dabei ihren Kirchen an Mut und Entschlossenheit weit voraus. Sie appellierten an eine gemeinsame ökumenische – und politische! – Tat. Das blieb zunächst vergeblich; sinnlos war es nicht. Denn es gab Anlass zur Überprüfung des altüberlieferten Denkens bezüglich Staat, Kirche, öffentlicher Ordnung in der Nachkriegszeit – ein Prozess, der noch nicht abgeschlossen ist.

46 Hans Rothfels, Die deutsche Opposition gegen Hitler, 2 Aufl 1951, 156 ff.

Die Deutschen unter dem Grundgesetz

Vor 50 Jahren, am 23. Mai 1949, wurde in Bonn das Grundgesetz verkündet. Es war als Provisorium und «Transitorium» (Theodor Heuss) gedacht – ausdrücklich vermied man das Wort Verfassung. Dem staatlichen Leben sollte «für eine Übergangszeit eine neue Ordnung» gegeben werden – so formulierte es die alte, 1990 neu gefasste Präambel. Aber nichts ist so dauerhaft wie das Provisorische: Inzwischen hat das Grundgesetz – und mit ihm die Bundesrepublik Deutschland – bereits das stattliche Alter von 50 Jahren erreicht, mehr als das Dreifache der Jahre, die der Weimarer Republik gegönnt waren. Die Zweite Republik ist glücklicher, so scheint es, als die Erste. Sie lebt zwar nicht auf großem, aber auf solidem Fuß. Sie erfreut sich breiter Zustimmung in der Öffentlichkeit. Das Grundgesetz ist in fünfzig Jahren aus einem Provisorium zur Verfassung aller Deutschen geworden. Die Bürger – wenigstens in ihrer ganz überwiegenden Mehrzahl – fühlen sich in ihr gut aufgehoben. Sie respektieren die Verfassung, sind sogar stolz auf sie. «Verfassungspatriotismus» nannte Dolf Sternberger das 1982 in einer Rede bei der 25-Jahr-Feier der Akademie für politische Bildung Tutzing, und er erinnerte an einen alten Satz von La Bruyère, der auch heute unverändert wahr ist: «Es gibt kein Vaterland in der Despotie.»

I. Geschlagen und befreit:
Die Deutschen nach 1945

Die meisten der heute lebenden Deutschen sind nach 1949 geboren. So erinnern sich immer weniger Menschen aus eigener Erfahrung an die Kriegs- und Nachkriegszeit – an die Jahre also, die dem Staatsakt von 1949 in Bonn vorausgingen. Es war eine Zeit der Improvisationen, der Überlebenskünste – der lähmenden Erstarrung im Großen und der flinken Beweglichkeit im Kleinen. Auf der einen Seite die alltägliche Misere: Ruinen, Gedränge in zertrümmerten Häusern und Städten, Beschränkung aufs Nächste, Sorge ums Überleben, um die fällige Tagesration; eine Gesellschaft ohne Zukunftsaussichten, versteint in unbeweglichen Schicksalskategorien (Flüchtling, Heimkehrer, Ausgebombter, Wohnungssuchender usw.). Auf der anderen Seite große weltpolitische Bewegung ringsherum: die Gründung der Vereinten Nationen, das Gericht der Sieger in Nürnberg, die angekündigte Verwandlung aller Machtpolitik in Moral, der verheißene Ewige Friede – aber auch der Katzenjammer des zerbröckelnden Kriegsbündnisses der Alliierten, versandende Konferenzen, beginnender Kalter Krieg.

Deutschland war 1945 durch die bedingungslose Kapitulation aus der Reihe der handelnden Mächte ausgeschieden. Der Kontrollrat der Alliierten hatte die Regierungsgewalt übernommen. Das Land war Objekt der Weltpolitik. Sein Schicksal stand zur Disposition. Deutschland war klein geworden, ein Land, in das Millionen von Flüchtlingen, von Nahrungs- und Arbeitsuchenden drängten; eine Gesellschaft der Geschlagenen, ein Land ohne Zukunftsaussichten – so schien es.

Doch die Deutschen hatten 1945 nicht nur den Krieg verloren, sie waren nicht nur in eine Katastrophe ohnegleichen gestürzt, die ihre Weiterexistenz als Volk und Staat in Frage stellte. Sie waren zugleich *befreit* worden: befreit von einem

Regime, das sie aus eigener Kraft nicht abzuschütteln in der Lage waren, befreit durch Völker, die ihre Kriegsgegner waren und deren Sieg der bittere, aber notwendige Preis für das Ende der eigenen Unterdrückung war. Das ist eine Einsicht, die heute, nach mehr als fünfzig Jahren, wohl von der überwältigenden Mehrheit des deutschen Volkes geteilt wird. Nach 1945 war sie noch keineswegs Allgemeingut. Es bedurfte einiger Zeit, bis die Mehrheit der Deutschen die Chancen zu erkennen begann, die sich in der Nachkriegszeit eröffneten. Nachwirkungen der nationalsozialistischen Zeit reichten noch ins erste Nachkriegsjahrzehnt hinein. Noch im Mai 1955, zehn Jahre nach Kriegsende, meinten 48 % der Westdeutschen nach einer Umfrage des Instituts für Demoskopie Allensbach, «ohne den Krieg» wäre Hitler einer der größten deutschen Staatsmänner gewesen. Dass diese Zahl zwanzig Jahre später auf 38 % zurückgegangen war und dass die Gegenmeinung, das Dritte Reich sei «in jedem Fall eine schlechte Sache» gewesen, stetig wuchs und im Dezember 1992 in der alten Bundesrepublik 64 %, in den neuen Bundesländern sogar 69 % Zustimmung fand, eine Zweidrittelmehrheit also in ganz Deutschland – das zeigt zweierlei: dass die Abkehr vom Nationalsozialismus im Lauf der langen Nachkriegsgeschichte allmählich definitiv und unumkehrbar wurde, aber auch, dass dieser Vorgang langsam vor sich ging und viel Zeit in Anspruch nahm.

Er wäre wohl noch weniger rasch in Gang gekommen, hätte sich nicht nach Kriegsende die weltpolitische Szenerie verändert. Schon am 12. Mai 1945 hatte Churchill in einem Telegramm an den amerikanischen Präsidenten Truman von einem «Eisernen Vorhang» gesprochen, der vor der Front der sowjetischen Truppen niedergegangen sei. Die Wendung verbreitete sich rasch und gab einem ganzen Zeitalter den Namen. Der Kalte Krieg zwischen den östlichen und westlichen Alliierten gewann in den folgenden Jahren eine unerwartete

Schärfe. Ganz Europa, vor allem aber Deutschland, war betroffen. 1948 wurde die Tschechoslowakei durch einen Staatsstreich kommunistisch, in Deutschland stellte der Alliierte Kontrollrat seine Tätigkeit ein, die Russen begannen Berlin zu blockieren. Das war die Zeit, in der man nicht nur in Deutschland, sondern in Westeuropa die bange Frage stellte, wann und wo die sowjetische Expansion denn enden werde.

Angesichts der kritischen Situation drängten die Westalliierten auf Stabilisierung zumindest in den Westzonen des besetzten Deutschlands. Dort hatten sich – nach Vertreibung und Flucht von Millionen – rund 80 % der früheren Bevölkerung des Deutschen Reiches gesammelt – ein Präjudiz für den Schwerpunkt der künftigen politischen Ordnung. So entstand auf alliierter wie auf deutscher Seite der Plan, die handlungsfähigen Teile dessen, was von Deutschland übrig geblieben war, zu einem neuen Staatsgebilde zu verbinden. Die Wirtschaftseinheit der Bi- und Trizone sollte in eine politische Einheit transformiert werden; die Deutschen sollten Zug um Zug ihre Souveränität zurückerhalten; aus den «Eingeborenen von Trizonesien», wie sie der Volkswitz mit einiger Selbstironie nannte, sollten Staatsbürger werden – das neue Staatsvolk der Bundesrepublik Deutschland.

Was folgte, erscheint uns im Rückblick als eine Konsequenz aus den neuen weltpolitischen Polbildungen: die Gründung der Bundesrepublik Deutschland und die Gründung der DDR. Die staatliche Einheit zerbrach unter dem Druck der neuen Gegebenheiten: In seinem östlichen Teil wurde Deutschland unter russischer Hegemonie straff in das System des Ostblocks eingegliedert, im Westen entstand unter der schrittweise sich lockernden Aufsicht der USA, Großbritanniens, Frankreichs ein politisches Gebilde von wachsender Eigenständigkeit. Hier konnten die geschlagenen Deutschen ihre Chance als Befreite nutzen; hier konnten sie die neu gewonnene Freiheit stabilisieren und ausbauen; hier konnten sie Anschluss gewinnen an die europäischen – und an die eigenen – Traditionen des Rechts, der Solidarität, der Demokratie. So gewann ihr Beispiel in kurzer Zeit Anziehungskraft auch für diejenigen Landsleute, die an der Ausarbeitung des Grundgesetzes nicht hatten mitwirken können. Die Geschichte der alten Bundesrepublik ist die Geschichte einer erfolgreichen politischen Stellvertretung über viele Jahre hin – von 1949 bis zum Jahr 1990, in dem sich die getrennten Wege der Nachkriegspolitik wieder zu einem gemeinsamen Weg vereinigten.

Das alles war, im Inneren wie im Äußeren, kein selbstverständlicher Prozess. Ohne die Hilfe der einstigen Gegner hätten sich die neuen Möglichkeiten im Westen kaum eröffnet. Der Wandel des Klimas nach 1945, der in so deutlichem Kontrast steht zu der Verhärtung und Feindschaft nach 1918, hatte seinen Grund gewiss auch in den geschilderten weltpolitischen Veränderungen und Handlungszwängen. Gegenüber der Herausforderung des sowjetischen Imperialismus musste sich der Westen auf seine freiheitlichen Traditionen besinnen. Das geschlagene Deutschland war in den Prozess europäischer und westlicher Reorganisation einzubeziehen. Es durfte kein machtpolitisches Vakuum im Herzen Europas entstehen. Aber die entscheidenden Anstöße gingen doch, wie meist in der Geschichte, von Einzelnen aus: in Europa von einer Reihe von Politikern, die nach 1948 die Zusammenarbeit durch neue und ungewöhnliche Initiativen intensivierten: Schuman, De Gasperi, Adenauer, Spaak, Monnet. In einer Zeit der Not, des Zerfalls der Solidarität, der nationalen Egoismen erreichten sie durch entschlossene Kooperation, dass das geteilte Europa zumindest im Westen ein Stück seiner Handlungsfähigkeit zurückgewann. Das erforderte nicht nur Weitblick und Zähigkeit – es erforderte angesichts der allgemeinen politischen Unsicherheit auch Mut und visionäre Kraft.

II. Akzente des politischen Neubeginns

Der neue Anfang in den Jahren 1948/49 war nicht einfach. Im Parlamentarischen Rat prallten die Gegensätze gelegentlich heftig aufeinander. Die Hauptschwierigkeit für die Verfassungsgründer lag im offenkundigen Mangel an Modellen und an Vorbildern. Wo sollte, wo konnte man anknüpfen? Am wenigsten natürlich beim unmittelbar vorangegangenen Dritten Reich. Aber gewiss auch nicht einfach bei der Weimarer Republik. Denn hatte nicht die Schwäche Weimars den Präsidialstaat und später den Führerstaat förmlich angezogen? Musste man nicht die Zweite Republik gegen ein ähnliches Schicksal des Machtverfalls und der Selbstzerstörung schützen? Auch die Vorgänge in Ost- und Mitteleuropa, welche die Verfassungsberatungen begleiteten, waren eine bedrückende Lektion. Sie bestätigten, was im Jahr 1945 nur eine Minderheit der westlichen Politiker gesehen hatte: dass die Geschichte der Unfreiheit mit Hitlers Tod keineswegs zu Ende war.

Aus dem Fehlschlag der Ersten Republik zog die Zweite Republik ihre Lehren. Von Anfang an versuchten die Autoren des Grundgesetzes den neuen demokratischen Staat vom Stigma des Dritten Reiches, aber auch von den Schwächen Weimars zu befreien. Neue Akzente wurden gesetzt: im Verständnis des *Rechtsstaats* (1), in der Formulierung eines demokratischen *Minimalkonsenses* (2), im Bekenntnis zum *parlamentarischen Regierungssystem* (3), in der *Stärkung der Exekutive* (4). Damit knüpfte das Grundgesetz zugleich an ältere Traditionen deutscher Geschichte an: an die Tradition des imperium limitatum, des *gelinden Regiments*, der durch Rechtsbindung gedämpften Staatsgewalt; an den *Föderalismus* als die den Deutschen geläufige regionale Form der Gewaltenteilung; an *wohlfahrts- und sozialstaatliche Überlieferungen* und nicht zuletzt an die initiierende und gestaltende Rolle von *Regierung und Verwaltung*.

(1) Nach der Nazi-Tyrannei, dem Unrechtsstaat schlechthin, entschloss man sich, Staat und Recht aufs Engste zu verbinden, den Staat selbst auf das Recht zu gründen, wie es der süddeutsche Konstitutionalismus – *Rotteck* – mehr als hundert Jahre zuvor in programmatischer Radikalität gefordert hatte. Der Staat sollte zum Treuhänder seiner Bürger werden – zu ihrem Rechtsbeistand, ihrem «Rechtsanwalt». Das bedeutete nicht nur, dass die Grundrechte in der Verfassung neue Bedeutung und konkrete Geltung erhielten und daß die rechtsprechende Gewalt auf allen Ebenen gestärkt wurde – es bedeutete vor allem, dass der Rechtsschutz im öffentlichen Recht erweitert wurde wie nie zuvor in der deutschen Verfassungsgeschichte.

Der Staat – früher eine gebietende Übermacht – wurde zum normalen Gegenüber, er wurde durchsichtig. Arkansphären und hoheitliche, den Gerichten unzugängliche Zonen verschwanden – ganz und ungeteilt wurde mit Art. 19 Abs. 4 Grundgesetz der Rechtsweg gegenüber Staatseingriffen eröffnet. Das hieß nichts anderes, als dass nunmehr – mit deutscher Grundsätzlichkeit – staatliche Gewalt sich rechtlich vor den Bürgern auszuweisen hatte. Die Bundesrepublik Deutschland wurde mit innerer Konsequenz zum Rechtsstaat, Rechtswegestaat, Justizstaat. *Das Recht wurde zur politischen Substanz des Gemeinwesens.*

Es ist von heute her gesehen nicht erstaunlich, dass dieses kühne Programm nicht bis zum letzten Rest verwirklicht werden konnte, dass manches davon später abgedämpft, begradigt, zurückgeholt werden musste. Erstaunlich ist vielmehr, *wie viel* sich bewährt und gehalten hat, wie viel inzwischen ganz selbstverständlich in den politischen Konsens eingegangen ist. Dies gilt vor allem für die Ausgestaltung der *Grundrechte*. Hier hat man mit Recht von einer kopernikanischen Wende gesprochen. Fragte man früher zuerst nach den Grenzen der Grundrechte, so fragte man nun nach ihrem Inhalt: Die Grundrechte begannen das Grundgesetz zu regieren, sein

Verständnis zu steuern – nicht umgekehrt. Theorie und Rechtsprechung dehnten die faktische Geltung der Grundrechte nach allen Seiten so weit aus, wie es unter den Bedingungen unserer enger zusammenrückenden Gesellschaft überhaupt nur denkbar und möglich war. Die formalen Sicherungen der Freiheit wurden verstärkt. Um der Freiheit willen wurde der Freiheitsspielraum des Einzelnen bewusst weit gezogen, was bedeutete, daß man auch die Möglichkeit des Missbrauchs in Kauf nahm. Vor allem die Rechtsprechung der obersten Bundesgerichte über Menschenwürde, Persönlichkeitsentfaltung, Meinungsfreiheit und Eigentum war bemüht, den Bürgern einen unantastbaren Bereich menschlicher Freiheit zu sichern, welcher der Einwirkung des Staates entzogen war.

Den neuen Rang des Rechts gegenüber der Politik hat vor allem die Verfassungsgerichtsbarkeit offenbar gemacht. Sie ist in den Jahren der Geltung des Grundgesetzes immer stärker in die Rolle des «Hüters der Verfassung» hineingewachsen. So hat das Bundesverfassungsgericht nicht nur den Vorrang des Grundgesetzes in der Rechtsordnung befestigt und die Bedeutung der Grundrechte für die Gesetzgebung herausgearbeitet, es hat auch streitige politische Grundsatzfragen einer Lösung zugeführt und so die Verfassung weiterentwickelt. Schiedsrichterlich den politischen Prozess begleitend, bringt das Bundesverfassungsgericht schon durch seine Existenz die Souveränität des Rechts gegenüber der Politik zum Ausdruck.

Diese Dominanz des Rechts im politischen Prozess bringt freilich auch Probleme mit sich. Sie treten heute deutlicher hervor als im Jahr 1949. Wohl hat sich das Bundesverfassungsgericht in seiner Judikatur zurückgehalten und nach Kräften den Eindruck vermieden, es wolle Dinge entscheiden, die ihrer Natur nach ins Parlament gehören. Aber allein seine Existenz als rechtliche Schranke der Politik führte dazu, dass die Politik manches den Richtern «auf die lange Bank» schob. In der Weimarer Republik sprach man in politischen Krisen von der «Legalitätsreserve» des Reichspräsidenten. Im Bonner Regierungssystem könnte man von einer «Streitentscheidungs-reserve» des Bundesverfassungsgerichts sprechen. Das muss nicht, es kann aber zu einer Dämpfung der gesetzgeberischen Entschlusskraft, zu einem Ritardando im Streitaustrag führen. Statt rationale Gründe und Gegengründe zu bemühen, schwenken die Kontrahenten dann das Fähnlein der Verfassungswidrigkeit oder -konformität. Hinter dem pragmatischen politischen Alltag tut sich eine Szene der Rechtstheorie auf mit sehr deutschen Grundsätzlichkeiten und Verabsolutierungen.

Das muss man wohl in Kauf nehmen, wenn man den Staat so entschieden «unter das Recht» stellt, wie es das Grundgesetz getan hat. Gab es doch nach 1945 viele Gründe, dem Recht mehr zu trauen als der Politik. Wen wundert es, dass unter solchen Bedingungen die Zahl der Richter wuchs und das Recht sich in alle Lebensbereiche hinein ausdehnte – bis hin zum deutschen Unikum der gerichtlichen Nachprüfbarkeit von Schulnoten? Von der Wohltat der Rechtssicherheit bis zur Plage der Verrechtlichung war es dann oft nur ein kleiner Schritt. Und so stand neben Genugtuung über die neue Qualität des Rechts im Bonner Grundgesetz von Anfang an die Klage über die Nebenfolgen dieser erfreulichen Entwicklung: die Schwerfälligkeit der Justiz, die Dauer der Verfahren, die fehlende Bürgernähe der Entscheidungen, die mangelnde Verständlichkeit der Gesetzessprache.

(2) War die deutlichere Ausprägung des Rechtsstaats eine Antwort auf den NS-Staat, so zielte das Bemühen, den Wertkonsens zu festigen, den «nichtkontroversen Sektor der Verfassung» (Ernst Fraenkel) stark zu machen, auf die Schwächen der Weimarer Demokratie. Diese war bekanntlich wehrlos gewesen gegenüber ihren mächtigen Feinden auf der Rechten und auf der Linken. Sie verfügte über keine Schutzmechanismen gegen Selbstzerstörung. Geschützt war nur das formale

Prinzip der Volkssouveränität. Kam das souveräne Volk zu dem Ergebnis, die Demokratie gehöre besser abgeschafft, so war dagegen nach damaligem Verfassungsverständnis kein Kraut gewachsen. Und so konnte auch die Machtergreifung einer totalitären Partei äußerlich nach Spielregeln demokratischer Legalität vor sich gehen.

Von solch prinzipiellem Relativismus nahm man im Grundgesetz entschlossen Abschied. An die Stelle eines positivistischen und formalistischen Demokratieverständnisses trat die *freiheitliche demokratische Grundordnung* – ein Minimalkonsens, geeignet, die Kämpfe und Konflikte einer pluralistischen Gesellschaft wirksam zu unterfangen. Dies war die Geburtsstunde der «wehrhaften» oder – wie andere sagten – der «wertebestimmten» Demokratie. Die freiheitliche demokratische Grundordnung wurde später vom Bundesverfassungsgericht in genaueren Bestimmungen konkretisiert als rechtsstaatliche Herrschaft auf der Grundlage der Selbstbestimmung des Volkes, nach dem Willen der jeweiligen Mehrheit, nach den Prinzipien der Freiheit und Gleichheit.

Die totalitäre Bedrohung war in den fünfziger Jahren, als das Bundesverfassungsgericht seine Urteile gegen die SRP und die KPD sprach, noch in frischer Erinnerung. Sie ist inzwischen – so scheint es wenigstens – in eine größere Ferne gerückt. Freilich, Gefahren solcher Art können auch in äußerlich ruhigen Zeiten plötzlich wieder aktuell werden. Der «antitotalitäre Konsens» (Jürgen Habermas) ist daher heute und in künftigen Jahren so notwendig wie damals. Zu betonen ist, dass dieser Ordnungs-, Verfahrens- und Wertekonsens niemanden überfordern und schon gar nicht den legitimen politischen Streit unzulässig eingrenzen will. Er gründet nicht in einer vorgegebenen Homogenität von Staat und Bürgern. Vielmehr will er – auf der Basis fundamentaler Gemeinsamkeiten – Streitaustrag in geordneten Formen möglich machen. Konsens und Konflikt stehen ja in einer Demokratie nicht in einem Gegensatz, sondern in einem Ergänzungsverhältnis. Das eine ist nicht ohne das andere denkbar. Es kann gefährlich sein, den politischen Streit dann auf die Spitze zu treiben, wenn man nicht über das Widerlager eines tragfähigen Fundamentalkonsenses verfügt. Aber nicht minder gefährlich kann es sein, den Austrag von Konflikten durch Homogenitätsforderungen zur Unzeit zu erschweren. Auch Streit, der nicht ausgetragen wird, kann ein Gemeinwesen belasten. Wahrheiten, die nicht mehr ausgesprochen werden, werden rasch giftig.

(3) Ein weiterer Reformakzent im Bonner Grundgesetz war die Entscheidung für die *repräsentative Demokratie*, den «echten» Parlamentarismus und den Parteienstaat. In allen drei Bereichen hat Bonn Weimarer Vorbehalte getilgt und Weimarer Rückzugsmöglichkeiten – etwa in die Präsidialdemokratie – abgeschnitten. Die repräsentative Demokratie erscheint im Grundgesetz in reiner Form, ohne plebiszitäre Beimischungen und Vorbehalte; dem Parlament werden nicht nur Öffentlichkeit und Diskussion als Aufgaben zugemutet, sondern auch Dezision, Verantwortung für die Regierung und ihre Stabilität – und die Parteien werden ausdrücklich in die verfassungsmäßige Ordnung einbezogen.

Wie in anderen Ländern ist auch bei uns in den letzten Jahrzehnten das Parlament näher an die Regierung herangerückt. Es ist – den Prinzipien der Gewaltenteilung alten Stils zum Trotz – Teil des *government* geworden. Das gilt in doppelter Beziehung. Einmal steht das Parlament schon in seiner Funktion als Kreation- und Kontrollorgan der Exekutive in engerer Verbindung mit dem politischen Prozess als früher. Zum anderen werden aber auch seine Gesetzgebungsfunktionen vielfältig in die Zeitplanungen, in das Parteien- und Koalitionskalkül einer Regierung hineinverspannt. Als Sog zur Exekutive hin wirkt diese Entwicklung bis in die Personalstruktur der parlamentarischen Institutionen hinein, wobei sich nachdau-

ernde Prioritäten der Staatsverwaltung aus vorkonstitutionel-
len Zeiten mit modernen Tendenzen des «état actif» (Bertrand
de Jouvenel) und mit der Schubwirkung von Sozialstaat und
Technisierung mischen.

Blickt man von heute her auf die Entwicklung von Parteiensystem und Parlament im Deutschland der Nachkriegszeit zurück, so zeigen sich charakteristische neue Mischungen. Manches erscheint undeutlicher als in den sechziger und siebziger
Jahren. So hat sich die Konzentration und Stabilisierung des
Parteiensystems nicht fortgesetzt, es ist kein Zweiparteiensys-
tem entstanden wie in Großbritannien oder den USA – wohl
auch wegen der strukturellen Unzulänglichkeiten des deutschen Wahlrechts. In der Entwicklung des Parlamentarismus
liegen heute Tendenzen zur Gouvernementalisierung (nach
britischem Vorbild) mit solchen zur Stärkung der parlamentarischen Autonomie im Widerstreit. Fundamentalalternativen
zum parlamentarischen Regierungssystem – Rätedemokratie,
Technokratie, Kybernetik – werden zwar einstweilen nur
von Minderheiten vertreten; doch zeigen öffentliche Diskus-
sionen über Parteienprivileg, Mehrheitsprinzip, Gewaltfrage,
dass manche Gemeinsamkeit in den Fundamenten heute nicht
mehr so einfach vorausgesetzt werden kann wie 1949 oder
noch 1969.

(4) Von den Neuanfängen des Jahres 1949 scheint daher nur
die Stärkung der *Exekutive* fast unbeschädigt die letzten Jahrzehnte überdauert zu haben. Hier ist der Unterschied zur Weimarer Demokratie mit ihren vergleichsweise schwachen und
kurzlebigen Regierungen wohl am deutlichsten. Die «politische Gewalt» im Bonner System ist unabhängiger geworden.
Für den Durchschnittsbürger ist heute zweifellos die Regierung – wenn nicht gar der Bundeskanzler – der wichtigste
Bezugspunkt im Staat; der Bundestag wirkt manchmal – vor
allem in den elektronischen Medien – eher wie ein Chor von

Begleitstimmen. Wiederum liegen, wie beim parlamentarischen Regierungssystem, die britischen Parallelen klar zutage. Sowohl das Konstruktive Misstrauensvotum wie auch das Premierminister-System kommen aus dem England des 19. Jahrhunderts.

Mustert man die «Kanzlerdemokratie», so treten auch hier – in 50 Jahren und unter sieben Kanzlern – Unterschiede der Form und des politischen Stils hervor. Regierte der patriarchalische Erzzivilist *Adenauer* sein Kabinett und seinen Staat mit straffer Hand und dürrem Wort, so führten *Erhard* und *Kiesinger* ihre Kabinette am längeren Zügel; zugleich wandten sie sich immer wieder mit appellativer Rhetorik an die Öffentlichkeit. Unter *Kiesinger* wurde das Amt des Kanzlers manchmal – koalitionsbedingt – zu einem «wandelnden Vermittlungsausschuss»; die Mühsal der Koordination überwucherte gelegentlich die Leitungsfunktion. Rhetorisch fordernd und appellativ war auch der Regierungsstil des ersten sozialdemokratischen Bundeskanzlers *Willy Brandt*; in seiner Amtszeit verselbständigte sich – ähnlich wie bei *Kiesinger* – der Apparat des Kanzleramtes unter einem eigenen Minister. *Helmut Schmidt*, aktenkundig und detailfreudig, holte diese Verselbständigung wieder ein, zog die Kabinettszügel straffer an und wandte sich oft mit pointierter Nüchternheit – *Adenauer* nicht unähnlich – an die Öffentlichkeit. *Helmut Kohls* Regierungsstil kombinierte Elemente seiner Vorgänger: *Adenauers* Generalistenart und demoskopische Neugier; *Kiesingers* und *Brandts* Gesprächigkeit, *Schmidts* Gedächtnis – neu war die Einbettung der zentralen Regierungsarbeit in Gruppendynamik: Politik nicht als Rechenaufgabe, sondern als Geländespiel. – Zu welchen Mustern sich die noch in Bewegung befindlichen Elemente gegenwärtigen Regierens in Zukunft ordnen werden – dies festzustellen, muss künftigen Beobachtern vorbehalten bleiben, die aus größerem Abstand urteilen können.

Im Formwandel der Exekutive werden die Wandlungen der

Zeit am deutlichsten sichtbar. In den Anfängen der Republik waren, nach Krieg und beispielloser Zerstörung, die Erwartungen bescheidener, die Chancen für Gehör und Gehorsam größer. Die Wiedererhebung des Landes aus der größten Katastrophe seiner neueren Geschichte, die Bewältigung der Kriegsfolgelasten, das Zusammenwachsen der Alt- und Neubürger, die sozialen und wirtschaftlichen Probleme – dies alles forderte – und erlaubte – einen strafferen Führungsstil. Heute würde sich eine Gestalt wie *Adenauer* unter den Westdeutschen schwerer tun als 1949: Seine Emotionslosigkeit würde leicht als mangelnde Sensibilität empfunden, seine Kühle als Unbetroffenheit, seine Ironie als Zynismus. Es regiert sich eben leichter im Klima kleiner persönlicher Hoffnungen als in einer Stimmung allgemeiner Ansprüche – des trotzigen Beharrens auf dem, «was mir zusteht».

III. «Abschied von der Größe»

Hier ist daran zu erinnern, dass die geschilderten Entwicklungen – zum Rechtswegestaat, zur wehrhaften Demokratie, zur Parteiendemokratie und Kanzlerdemokratie – sich nicht allein in der politischen Zentrale, im «Treibhaus Bonn», angebahnt haben; sie waren von Anfang an eingebettet in ein breiteres politisches Umfeld, in das Geflecht von Bund, Ländern und Gemeinden. Das bringt eine weitere Dimension des Grundgesetzes in den Blick: die bundesstaatliche Ordnung, den Föderalismus.

Deutschland war stets ein Reich, ein Bundesstaat oder Staatenbund, kurzum ein föderalistisches Gebilde. Zentralistische Perioden sind untypisch für unsere Geschichte. Andere Nationen erkennen und spiegeln sich in ihren Hauptstädten. In der deutschen Geschichte fehlt ein ähnliches, die politischen und kulturellen Kräfte sammelndes Zentrum, die Adressen der deutschen Hauptstädte wechseln durch die Geschichte hindurch – allein in neuerer Zeit lösen sich fünf Hauptstädte ab: Wien und Frankfurt, Berlin und Bonn und wieder Berlin. Die Zentralgewalt war in Deutschland fast immer schwächer als in anderen Staaten: Neben der Hauptstadt standen andere Zentren, und keine Stadt repräsentierte auf längere Zeit das ganze Deutschland – nicht politisch und schon gar nicht kulturell. Der Reichtum der Kultur in Deutschland zehrt bis heute vom landesherrlichen Mäzenatentum. Abseits der großen Städte stößt man noch heute auf viele kleine Residenzen mit eigenem Gesicht – auf Theater, Konzertsäle, Archive, Bibliotheken, Kunstsammlungen hohen Ranges. Wolfenbüttel, Meißen, Hildburghausen, Weimar, Rothenburg haben sich stets neben Frankfurt, Köln, Berlin, München, Hamburg behauptet. Region war in Deutschland nie Provinz.

Nach 1949 hat das Parteiensystem dazu beigetragen, die föderalistische Ordnung zu stabilisieren. Bund, Länder und Gemeinden wurden zu gewichtigen, einander ergänzenden Rekrutierungs- und Aktionsfeldern der Parteien. Bis heute herrscht ein reger Austausch des politischen Personals hinüber und herüber: Ein Bundeskanzler (oder ein Kanzlerkandidat) kann ohne Weiteres aus der Landespolitik kommen, ein erfolgreicher Kommunalpolitiker in die Landes- oder Bundespolitik wechseln – und umgekehrt Die Wahlen auf den drei Gebietsebenen sind ein anstrengender, aber nützlicher Dauertest, der das politische System zwingt, sich dem Bürger gegenüber personell und programmatisch zu exponieren. Für den Zusammenhalt von Bund, Ländern und Gemeinden ist die durch wenige, landesweit überschaubare Kräfte verbürgte Homogenität ein zusätzlicher Faktor der Stabilisierung.

Gewiss, die föderalistische Struktur hat sich verändert in den 50 Jahren der Geltung des Grundgesetzes. Seit den sechziger Jahren hat man eine Zunahme unitarischer Tendenzen festgestellt, ausgelöst durch die wachsende Mobilität der Bevölkerung und das allmähliche Verblassen alter sozialer und landschaftlicher Zugehörigkeiten. Die Vereinheitlichung der Lebensformen, die Standardisierung von Produktion und Konsum, die Effizienz und Schnelligkeit moderner Kommunikationsmittel, die gleichmäßigen Ansprüche an Bildungsservice und sozialstaatliches «Netz», kurz die Uniformität moderner Gesellschaften – das alles war dem Föderalismus, seinem Aufbau in Schichten und Gliederungen, seinem komplizierten Geäst und Geflecht nicht günstig. So hat man denn in der Bundesrepublik Deutschland seit den sechziger Jahren den Föderalismus kooperativ «geöffnet»: Eine Reihe von Gemeinschaftsaufgaben zwischen Bund und Ländern wurde neu geschaffen, die Zuständigkeiten des Zentralstaats wurden verstärkt. Dies gilt selbst für den empfindlichen Bereich der Bildungspolitik – besonders für die Hochschulpolitik.

Manche erwarteten damals, dass mit diesen Maßnahmen ein Prozess allmählichen Übergangs von Länderkompetenzen an den Bund beginnen werde. In der Tat haben sich die Gewichte in den siebziger Jahren zugunsten der Zentrale verschoben: Der Bund versuchte gelegentlich gegenüber den Ländern die Rolle des großen Bruders zu spielen. Doch ist inzwischen ein deutlicher Rückschlag eingetreten. Von einem unitarischen Föderalismus spricht man heute nur mehr in sehr gedämpftem Ton. Die vor Jahren prophezeite Stärkung der Zentralgewalt – erhofft von den einen, gefürchtet von den anderen – ist nicht eingetreten. Der Föderalismus hat sich in seiner überlieferten Form behauptet, ja, er wurde noch gestärkt durch die 1992 im Hinblick auf den europäischen Integrationsprozess vorgenommenen Verfassungsänderungen.

Das fällt zusammen mit einem Wandel der Mentalitäten. Nach Jahren einer fast rauschhaft erlebten Mobilität macht sich heute ein stärkeres Verlangen nach Befestigung, Überschaubarkeit, stabilen Zuordnungen geltend. Das Pathos des Wiederaufbaus ist vielerorts von einem Pathos der Bewahrung abgelöst worden. Denkmalpflege und Umweltschutz haben Konjunktur. Dorffeste, Stadtvierteltraditionen werden wiederentdeckt. Die «kleine Schule» ist Trumpf. Gewiss, vieles an dieser Bewegung ist Nostalgie, Angst vor dem Tempo, mit dem die industrielle Welt ihre Ressourcen aufzehrt, Sehnsucht nach einer weniger beschleunigten, weniger lärmenden, weniger konkurrenzerfüllten Welt. Aber die Auswirkungen auf das politische System sind sichtbar: Das Kleine, Überschaubare, Kontrollierbare in der Nähe ist wieder gefragt. Man misstraut großen Ankündigungen aus der Ferne. Dies alles verschafft der föderativen Ordnung neuen Auftrieb, ja eine neue Legitimation.

Die doppelt – nämlich rechtsstaatlich und föderalistisch – gezähmte Bonner Demokratie ist eingeschworenen Anhängern kontinentaler Staatsüberlieferungen immer als ein unfertiger Staat erschienen. So hat General de Gaulle im Gespräch mit Adenauer Zweifel daran geäußert, ob ein so ausgeprägt föderalistischer Staat – noch dazu mit ausgebauter Verfassungsgerichtsbarkeit – überhaupt noch ein Staat im klassischen Sinne sei. Unverkennbar ist der Staat des Grundgesetzes ein bescheideneres Gebilde als die Weimarer Republik. Die Tendenz zur Beschränkung, Zähmung, Minimalisierung der Staatsmacht ist nicht zu übersehen. «Erlösung von der Größe» hat Fritz Stern das genannt, von «Verschweizerung» sprach Alfred Grosser, von «Machtvergessenheit» Hans-Peter Schwarz. Und in der Tat: Nie waren die Deutschen so bereit, Rücksicht zu nehmen, blindes Auftrumpfen zu vermeiden, sich an Regeln des politischen Spiels zu binden, wie in der Bonner Demokratie. Dieser Staat war kein ungestümer Täter mehr, nicht mehr der sprichwörtliche Elefant im Porzellanladen – er bewegte sich anmutig nach Rechtsfiguren. Nach draußen entwickelte er eine Diskretion, die keineswegs gespielt und vorgeschützt war. Vor weltpolitischen Engagements hielt er sich vorsichtig zurück. Auch im Inneren beachtete er

Bescheidenheitsrituale: Das Prinzip der Bürgernähe verlangte, dass der Staat behutsam auftrat und keinen Anspruch machte auf den Nimbus des Besonderen und Hervorgehobenen. Und das war – nach den Exzessen des Auftrumpfen und der Selbstüberschätzung im Dritten Reich – so übel nicht.

Der verminderte Zuschnitt der politischen Gewalt hat jedenfalls den wirtschaftlichen Erfolg der Bonner Republik nicht gehindert. Ganz im Gegenteil: Der Verzicht auf übermäßigen politischen Ehrgeiz kam der Entfaltung wirtschaftlicher Aktivität, dem Gedeihen von Handel und Wandel zugute. Im Rahmen einer Staatlichkeit mit niederem Profil konnten sich die alten bürgerlichen Tugenden des Fleißes, der genossenschaftlichen Kooperation, des Managements und der Organisation entfalten. Früh waren Lebensmittelkarten und Zwangswirtschaft gefallen, ein freier Markt hatte sich entwickelt, die aus der Kriegszeit ererbten Notstände lösten sich auf. Die große Umverteilung zwischen Heimatvertriebenen und Ansässigen, der Lastenausgleich, wurde möglich. Ludwig Erhard – bis heute der einzige wirkliche Systemveränderer in unserer Nachkriegsgeschichte – brachte die versteinerten gesellschaftlichen Verhältnisse zum Tanzen. Aus den besitzlosen «Normalverbrauchern» wurde ein Volk, das wachsenden Wohlstand errang, ein Volk von Reisenden und Autobesitzern. Wohneigentum und Hausbesitz entwickelten sich; das Wort «Wirtschaftswunder» machte die Runde. Es fand Eingang auch in andere Sprachen. Dabei übernahm Deutschland in seiner Wirtschaftspolitik nie die reine Lehre des Liberalismus: Die Freisetzung wirtschaftlicher Energien wurde wirksam ergänzt durch Elemente der Ordnung, der sozialen Balance – ein System, für das sich verschiedene Namen einbürgerten: «Ordo-Liberalismus», «soziale Marktwirtschaft», «rheinischer Kapitalismus».

IV. Das vereinigte Deutschland
und die europäische Zukunft

Im Lauf seiner 50-jährigen Geschichte musste sich das Grundgesetz in unterschiedlichen Situationen bewähren. Es musste auf technische Veränderungen reagieren, von der Luftfahrt bis zu den elektronischen Medien, es musste politische Lücken schließen, von der Landesverteidigung bis zur Regelung des Notstands, es musste sich öffentlich diskutierten neuen Fragen stellen: dem Umweltschutz, den Problemen der Behinderten, der Durchsetzung der Gleichberechtigung, dem Verbot von Diskriminierungen, den innerstaatlichen Wirkungen der europäischen Integration u. a. m. Zum eindrucksvollsten Test auf die Anpassungsfähigkeit und Integrationskraft des Grundgesetzes wurde die *Wiedervereinigung.* Die größte Veränderung in der deutschen Geschichte nach 1949 ging so vor sich, dass diejenigen, denen 1949 «mitzuwirken versagt war», 40 Jahre später in Gestalt der «neuen Länder» die Ordnung des Grundgesetzes übernahmen – womit der alte Artikel 23 im doppelten Sinn des Wortes «aufgehoben» war und im Vertragsschluss (des Einigungsvertrages) «sterben» konnte. Damit gingen die Provisorien und «Transitorien» der Nachkriegszeit endgültig zu Ende, während das Grundgesetz – nunmehr zur Ordnung des *ganzen* Deutschland geworden – weiterbestand: ein Rechtskontinuum, das die alte und die neue Bundesrepublik eindrucksvoll miteinander verklammerte.

Die alte Frage «Was ist des Deutschen Vaterland?», die jahrzehntelange Debatte über deutsche Geschichte, deutsche Identität verstummte damit freilich nicht auf einen Schlag. Die Wiedervereinigung hat sie im Gegenteil noch einmal in aller Heftigkeit aufflammen lassen. Aber die Ereignisse von 1989/90 schufen doch eine neue Lage. Deutschland verfügte nun über feste Grenzen, völkerrechtliche Souveränität und einen Platz in einer europäischen Ordnung. Es erhielt in diesem Jahrhundert seine «zweite Chance» (Fritz Stern). Den ostwestlichen Dualismus, der Deutschland vierzig Jahre lang in zwei politischen Gestalten existieren ließ, gibt es nicht mehr (1). Sodann finden sich die Deutschen nach 1990 in einem «Europa der Vaterländer» wieder (im Osten nicht minder als im Westen, Süden und Norden!) – sie müssen also ihr Nationalinteresse ebenso definieren, wie dies die Franzosen, die Italiener, die Polen, die Ungarn und andere Völker tun, damit das verbindende europäische Interesse umrissen werden kann (2). Und endlich erwarten die europäischen Nachbarn von den Deutschen so etwas wie eine berechenbare Normalität – sie erwarten, dass die Deutschen verlässliche Traditionen und Verhaltensmuster entwickeln und dass sie mit sich selbst im Reinen sind (3).

(1) Es war nach 1945 nicht immer leicht, ein Deutscher zu sein. Vor der Weltöffentlichkeit standen die Deutschen, stand die deutsche Geschichte am Pranger – und nicht nur die unmittelbare, sondern auch die weiter zurückliegende Vergangenheit. So haben vor allem in der alten Bundesrepublik viele Deutsche in bester Absicht ihre humanistischen Traditionen, ihren europäischen und weltbürgerlichen Part betont. Das führte freilich manchmal zu seltsamen Absatzbewegungen von der deutschen Nation und ihrer so belasteten und belastenden Geschichte. Einen grotesken Fall erzählt Andrzej Szczypiorski: «Ich war bei netten Leuten in Baden-Baden zu Gast. Eines Tages sagte mein Gastgeber zu mir: ‹Wissen Sie, wir Badener sind eigentlich keine Deutschen. Blicken Sie von der Terrasse aus nach Westen. Dort, wo Sie diese Wiesen und Weinberge sehen, ist schon Frankreich. Wir haben lateinische Gemüter, lieben Wein, schöne Frauen, Liebeslieder.› … Einige Tage später war ich in Hamburg. Und dort hat mir ein netter Mann in einer Tweedjacke, die Pfeife im Mund, gesagt: ‹Wissen Sie, wir Hamburger sind eigentlich keine Deutschen. Wir

haben eine hanseatische Tradition, skandinavische Sitten. Wir halten uns nicht für die Deutschen.›

Ich erzählte ihm dann von meinem Gespräch in Baden-Baden und fragte: ‹Wenn es wirklich wahr ist, daß weder die Badener noch die Hamburger Deutsche sind, sagen Sie mir bitte, wo die Deutschen leben.›

Er entgegnete mir sehr ruhig: ‹Fahren Sie in die DDR. Dort leben die Deutschen.›» (Reden über Deutschland, München 1990, 94 f.)

Nun, solche Szenen sind nach der Vereinigung nicht mehr so leicht vorstellbar. Die Neigung zum politischen Mimikry hat abgenommen. Politische Schutzfarben für Deutsche sollten heute nicht mehr nötig sein, obwohl die Liebe zu Deutschland und den Deutschen in den letzten Jahren gewiss nicht größer geworden ist – bei anderen Völkern nicht und nicht einmal bei uns selbst. Aber ein wenig Realismus hat sich doch ausgebreitet. Die Deutschen sind eher bereit, einander so zu nehmen, wie sie sind – und auch Deutschlands Nachbarn erwarten keine neuen spektakulären Wandlungen (die ja auch ihre Risiken hätten). So ist nach 1990 ein Stück Normalisierung erreicht worden: Der Kalte Krieg ist zu Ende, die Deutschen können ihre bipolaren Unterstände verlassen – sie stehen freilich jetzt genauso im Freien, in Sonne und Regen, wie andere Völker auch.

(2) Die Deutschen leben inmitten von Nationen und Nationalstaaten. Kein Nachbar in den vier Himmelsrichtungen, der nicht auch Deutschland als Nation, als Nationalstaat sieht. Die Weigerung, Deutschland so zu verstehen, muss gerade auf unsere mittel-, ost- und südosteuropäischen Nachbarn verwirrend und irritierend wirken; denn sie haben sich ja gegenüber dem sowjetischen Imperialismus gerade kraft ihrer nationalen Identität behauptet. Was hatten unterdrückte Völker von den Polen bis zu den Ukrainern, von den Ungarn bis zu den Albanern, von den Esten bis zu den Tschechen und Slowaken der

östlichen Hegemonialmacht anderes entgegenzusetzen als ihre eigene Geschichte? Worte wie Heimat, Vaterland, Nation, Patriotismus haben daher in diesen Ländern bis heute einen guten Klang. Keines dieser Völker kann sich die Zukunft ohne Nationalstaat vorstellen. Begegnet ihnen im Westen ein Deutschland, das nicht Nationalstaat sein will, so wird es leicht als potentielle Hegemonialmacht identifiziert: als ein auf Expansion angelegtes Gebilde, das sich – bewusst oder unbewusst – der Selbstbeschränkung eines Nationalstaats mit klar definierten Interessen entziehen will.

Das schließt nicht aus, dass die Deutschen, aus ihrer jüngsten Geschichte, aus ihren europäischen und atlantischen Erfahrungen heraus, ein offenes Konzept des Nationalstaats vertreten, mit Minderheitenschutz und Minderheitenrechten, mit einer föderalistischen Staatsorganisation, die das Eigenleben der Regionen stärkt, mit der Bereitschaft zur internationalen Zusammenarbeit und zur übernationalen Integration. Das entspricht der Entwicklung, die sich in West-, Süd- und Nordeuropa seit 1951 vollzogen hat. Hier sind alte nationale Rivalitäten zurückgedrängt und abgebaut worden durch das Programm europäischer Kooperation und Integration. Dadurch ist vor allem der alte Konflikt zwischen Deutschland und Frankreich entschärft und das französisch-deutsche Verhältnis zu einer Antriebskraft für Europa gemacht worden.

Die Konzepte von Nationalstaat und übernationaler Integration lassen sich über eine weite historische Strecke hin verbinden, wie die Entwicklung vom Schuman-Plan zu den Verträgen von Maastricht und Amsterdam zeigt. In der «nachholenden Integration» des europäischen Ostens dürfte der Nationalstaat jedenfalls noch längere Zeit eine Rolle spielen, obwohl seine Öffnung im eben beschriebenen Sinn schon heute beginnen kann – und auch beginnen sollte. Das Ziel muss, in West- wie Osteuropa, dasselbe sein: eine Ordnung, in der Konflikte durch Zusammenarbeit entschärft werden, gemeinsame Interessen zwischen den Völkern entstehen, Kriege undenkbar werden.

(3) Am schwierigsten wird es sein, der künftigen deutschen Geschichte so etwas wie Normalität zurückzugeben und nach den Exzessen der NS-Despotie Raum für einen schlichten Patriotismus, ein bescheidenes Nationalgefühl zu schaffen. Wer das versucht (und ich halte es gerade im Interesse unserer Nachbarn für notwendig), der muss sich mit der Tatsache auseinandersetzen, dass Hitler und sein Regime nicht nur gekennzeichnet waren durch Extremismus und Maßlosigkeit und unsagbare Verbrechen. Eine der bösesten Hinterlassenschaften des Nationalsozialismus ist der *Missbrauch und die ihm folgende Diskreditierung des Normalen.* Hitler errang ja seine Erfolge nicht allein mit Drohungen und Terror, er beutete auch Gefühle aus, Opfersinn, Anhänglichkeit der Massen, Begeisterung der Jugend. Auch die Vaterlandsliebe ist im Dritten Reich schauerlich missbraucht worden, daran ist kein Zweifel. So war alle Art von Patriotismus unter den Deutschen nach dem Krieg gründlich verpönt und verrufen – und eilfertig verbrannten viele, was sie vorher angebetet hatten. Heute ist, wie Umfragen bis in die jüngste Zeit hinein zeigen, nur eine Minderheit der Deutschen auf ihre Heimat stolz, nicht wenige stehen der wiedervereinigten Nation skeptisch oder ablehnend gegenüber, und bei internationalen Schülertreffen erkennt man die jungen Deutschen oft daran, dass sie die Einzigen sind, die ihre Nationalhymne nicht singen können.

Doch das undifferenzierte Wüten gegen alles, was das Dritte Reich einmal missbraucht hat, kann am Ende Hitlers böse Hinterlassenschaft nicht wirklich überwinden. Gegen solch einseitige Therapie, die ohne Unterscheidung und Differenzierung verfährt, bauen sich nur Resistentien auf: Gleichgültigkeit, Verstocktheit, Trotz. Wer mit dem von Hitler Missbrauchten auch das Normale, Alltägliche verwirft, das allen alten Demokratien eigen ist, der unterliegt einem Fehlschluss, (über den gerade Hitler grimmige Genugtuung empfinden müsste – er, der seinem Volk im Führerbunker 1945 bekanntlich den Untergang gewünscht hat). Falsche Antithesen zu Hitler könnten daher leicht zu Hitlers späten Siegen werden.

Dies gilt besonders für den Umgang mit Nation und Vaterland. Wer meint, die mögliche Wiederkehr des Nationalsozialismus am besten dadurch zu verhindern, dass er «Nie wieder Deutschland!» ruft, der unterliegt einer ebenso naiven wie gefährlichen Illusion. Wer Nation und Patriotismus tabuisieren will, der bewirkt höchstens, dass beides in die Hände von Extremisten fällt. Tabuisierungen und Sprechverbote sind im Allgemeinen – von sehr wenigen Ausnahmen abgesehen – keine vernünftige Politik. Ein aufgeklärter Patriotismus wird vielmehr den Dialog suchen, und er wird alles daran setzen, die von der Nazi-Tyrannei missbrauchten Loyalitäten der Bürger für den alltäglichen Politik-Gebrauch zurückzufordern – für die bürgerliche Normalität, ohne die keine Demokratie existieren und gedeihen kann.

Das heißt nicht, daß wir unser Land mit blindem Stolz bewundern und es lieben fast um jeden Preis. Zurückhaltung, Skepsis, Selbstkritik sind angebracht nach all dem, was in den Nazijahren im deutschen Namen geschah. Aber es gibt auch die Chance eines neuen Anfangs. Man kann Lehren aus der Geschichte ziehen. Das Grundgesetz ist eine solche Lehre. Es hat sich in 50 Jahren als Charta unserer neu gewonnenen Freiheit bewährt. Indem es die Macht des Staates begrenzte und die Rechte des Bürgers sichern half, indem es das Nicht-Strittige, den Wertkonsens, hervorhob und damit dem politisch-parlamentarischen Kampf einen festen Rahmen gab, hat es der Demokratie in Deutschland eine neue Chance eröffnet. Mit ihm verbindet sich die Hoffnung, dass auch aus einer scheinbar aussichtslosen Situation, aus einer verworrenen und belasteten Geschichte Wege in die Zukunft führen.

Vom Zusammenleben der Religionen
in Deutschland

Leben der Religionen – das heißt im 21. Jahrhundert zunächst und vor allem: *Zusammenleben der Religionen*. In der kleiner gewordenen Welt leben die Religionen nicht mehr – wie vielfach in früherer Zeit – in geschlossenen Kulturräumen, ohne große Berührungen miteinander, ohne intensive wechselseitige Kontakte ihrer Mitglieder. An vielen Stellen der Erde, vor allem in den großen Städten Amerikas, Europas, Asiens, Afrikas, siedeln sie heute *nebeneinander*, ja *ineinander*. Daraus ergeben sich Probleme, Reibungen, Konflikte – und die Notwendigkeit des ständigen Ausgleichs. Eine multireligiöse Gesellschaft ist keineswegs einfacher zu steuern als eine multikulturelle, eher ist sie noch um einige Grade konfliktträchtiger – denken wir nur an die Religionskonflikte in der gegenwärtigen Welt in Irland, Bosnien, Nigeria, Sri Lanka und an vielen anderen Orten.

I. Alte und neue Religionen in Deutschland

Jahrhundertelang, seit dem Reformationszeitalter, schien religiöses Zusammenleben in Deutschland ausschließlich ein Problem *zwischen den Konfessionen* zu sein. Die Katholiken, die Lutheraner, später die Calvinisten ordneten in Religionsfrieden, Verträgen, Absprachen, Gewohnheiten verschiedener Art unter dem Dach des Reiches ihre wechselseitigen freundfeindlichen Beziehungen – provisorisch und vorläufig, über lange Zeit noch immer in der Hoffnung auf spätere «Vergleichung» «streitiger» oder «spaltiger» Religion. Es war ein Provisorium, das schließlich dauerhafte Formen annahm. Nachdem die Konfessionen in Deutschland einander weder bekehren noch verdrängen noch vernichten konnten, mussten sie Frieden halten, Religionsfrieden – und so wurde der Religionsfrieden mit seinen Wirkungen und Folgen zum ältesten und stabilsten Bestandteil unserer Verfassungstradition.

Der moderne Verfassungsstaat formte die alte korporative Parität der Konfessionen in ein System der Religionsneutralität des Staates gegenüber den Kirchen um – jedoch so, dass die traditionelle gemeinsame Sorge von Kirche und Staat um die Bürger und die öffentliche Ordnung in weiten Teilen erhalten blieb. Dabei half die Aufklärung mit, die in Deutschland zwar kirchenkritisch, aber nicht religionsfeindlich war. Ein offen religionsfeindliches Programm, gar ein voltairianisches «écrasez l'infâme» wären im Munde Lessings oder Kants undenkbar gewesen. In Deutschland ging der Kirchenbürger nicht, wie im revolutionären Frankreich, im Staatsbürger unter – im Gegenteil: Der eine formte den anderen mit. Daher hat sich in Deutschland auch nie ein Trennungssystem laizistischen Zuschnitts durchgesetzt. Das Nebeneinander (und der Wettbewerb!) der Konfessionen hielten das öffentliche Leben über Jahrhunderte in Verbindung mit gemeinchristlichen Normen und Verhaltensweisen – und das ist spürbar bis in die Gegenwart hinein.

Heute stehen jedoch die christlichen Kirchen nicht mehr, wie früher, prototypisch, ja fast ausschließlich für «die Religion» in Deutschland, sie haben an öffentlichem Einfluss verloren, werden von Erosion und Glaubensschwund bedroht. Und vor allem: Sie haben Konkurrenz bekommen. Neben ihnen wächst in raschem Tempo die «Konfession der Konfessionslosen», und es ist nur eine Frage der Zeit, wann sie Katholiken und Protestanten an Zahl überflügeln wird (in Ostdeutschland ist das längst der Fall). Und neben die christlichen Konfessionen ist ein Spektrum alter und neuer Religionen getreten, das vom Judentum bis zum Islam, von den «klassischen» östlichen Religionen bis zu Neuschöpfungen in einer sich verbreiternden religiösen «Szene», von Splittergruppen am Rande überlieferter Bekenntnisse bis zu den «virtuellen Kirchen» im Internet reicht.

Entsteht hier ein neuer «Markt der Religionen», der die alte bi- oder trilaterale Staat-Kirche-Landschaft ablöst? So sehen es heute viele. Ich weiß freilich nicht, ob man hier von einem *Markt* reden kann – ein Markt setzt ja Spielregeln voraus, und die gegenwärtige religiöse Signatur trägt eher das Kennzeichen einer gewissen Regellosigkeit. Aber zweifellos sind marktförmige Elemente im religiösen Spektrum im Vordringen: Selektive Formen der Aneignung breiten sich aus, und manchmal zeigt sich auch bei den christlichen Kirchen ein regelrechtes Bastel- und Patchwork-Christentum. Bei nicht wenigen Christen ist das Abwählen und Auswählen an die Stelle einfacher Übernahme und Weitergabe der Glaubenstradition getreten.

Jeder Amerikabesucher kennt die große, oft kaum mehr überschaubare Zahl der «Churches» in den Telefonbüchern, den Zeitungsanzeigen, der dortigen Rundfunk- und Fernsehwerbung. Man hat oft Mühe, die großen Kirchen unter den vielen kleinen überhaupt noch zu finden. Europäer haben über die flugsandartige Verteilung des Religiösen und den Mangel an kirchlich zentrierenden Strukturen in den USA immer wieder die Nase gerümpft – die Reihe der Kritiker reicht von Tocqueville und Max Weber bis zu Tillich und Bonhoeffer. Doch inzwischen dürfte den Europäern der Hochmut vergangen sein, denn britische, niederländische, schweizerische Telefonbücher sehen inzwischen, was die Kirchen angeht, kaum anders aus als amerikanische, und es dürfte nur eine Frage der Zeit sein, bis auch in Deutschland, Frankreich, Italien, Spanien ähnliche Verhältnisse herrschen. In einem Arbeitstext «Wahrnehmungen der christlichen Landschaft in Freiburg und Anregungen zum ökumenischen Gespräch» (1999) werden allein in dieser mittleren Grossstadt mit 170 000 Einwohnern 21 Freikirchen, 16 Gruppen der Pfingstbewegung, 8 Endzeitgemeinden und 54 weitere Gruppen, darunter auch nebenbiblische (von den Mormonen bis zu Unity, Gralsbewegung, Fiat Lux, Universelles Leben, Theosophie und Anthroposophie) aufgeführt. Aber auch bei Katholiken und Orthodoxen gibt es viele Gruppen und Untergruppen – von einem charismatischen Erfahrungschristentum bis zu den fest geschlossenen Reihen der katholischen Traditionalisten. Sogar Wanderbischöfe und Presbyteri vagantes treten auf. Und Freiburg ist gewiss nur ein Beispiel für viele. Wer die Augen aufmacht, entdeckt heute neben den «offiziellen» christlichen Kirchen viele Formen von Eigenwuchs – mit fließenden Übergängen von umfassend christlichen zu teilchristlichen, von hierarchielosen zu straff hierarchisierten Strukturen.

Aus wenigen Religions-Nachbarn sind viele geworden. Quantitativ, qualitativ und psychologisch stehen wir damit vor einer neuen Situation. In der gesamtdeutschen religionsstatistischen Bilanz nehmen die beiden großen christlichen Kirchen zwar immer noch den ersten Platz ein, beide, die Katholische Kirche mit 26 466 00 und die Evangelische Kirche mit 26 211 00, umfassen rund zwei Drittel der Gesamtbevölkerung; dazu kommen 13 verschiedene Orthodoxe Kirchen (rund 1 200 000) und Christliche Freikirchen (rund 400 000). Doch die Züge der inneren Pluralisierung, der Abwanderung, der selektiven Aneignung der Überlieferung sind nicht zu übersehen. Die Verlustquoten der «alten Kirchen» sind nach wie vor hoch, vor allem bei der Jugend – wenn auch in den letzten Jahren, vor allem auf katholischer Seite, eine leichte Stabilisierung eingetreten ist. Karl Gabriel spricht daher mit gutem Grund – speziell auf Westdeutschland bezogen – von «Volkskirchen im Übergang» (in Ostdeutschland, wo den Kirchen nur 28 % der Bevölkerung angehören, kann von Volkskirchen ohnehin kaum mehr die Rede sein).

Demgegenüber haben die anderen Religionsgemeinschaften in den letzten Jahren in Gesamtdeutschland deutlich zugenommen und nehmen weiter zu. An der Spitze stehen die Muslime mit über 3 500 000, die Buddhisten mit rund 100 000 und die jüdischen Gemeinden mit gleichfalls ungefähr 100 000 (die letzten wachsen übrigens zur Zeit durch Zuwanderung aus den Ländern der ehemaligen Sowjetunion am schnellsten!). Hinzukommt eine schwer überblickbare religiöse Szene außerhalb der christlichen Groß- und Freikirchen, die auf rund 800 000 Mitglieder geschätzt wird. Von der – kaum organisierten – Millionenzahl derjenigen, die den Kirchen den Rücken gekehrt haben oder die von Anfang an keiner Religionsgemeinschaft angehörten, sprach ich schon.

Es ist gewiss kein unabänderliches Schicksal, dass die «alten Kirchen» schrumpfen, während die neuen, meist lockerer strukturierten Religionsgemeinschaften Auftrieb haben und an Mitgliedern wie an Einfluss zunehmen. Ohnehin tanzt West- und Nordeuropa, wie oft bemerkt, bezüglich der globalen Entwicklung aus der Reihe; denn weltweit ist an die Stelle der Säkularisierung längst das getreten, was in heute vielgelesenen Büchern als «Rückkehr der Religionen», «Wiederkunft des Heiligen», «Wiederkehr der Götter» bezeichnet wird. In der heutigen Religionssoziologie ist denn auch kaum mehr vom «Absterben der Religion», vom Rückzug religiöser Traditionen ins Private, Subjektive, Subkulturelle die Rede. «Deprivatisierung» heißt das neue Schlagwort; und wenn jüngst eine Tagung herausfordernd proklamierte: «Religion ist keine Privatsache!», so liegt sie mit dieser These durchaus im Trend.

Dass sich die Religions-Nachbarn vervielfachen, dass sie unterschiedlicher und unberechenbarer werden, dass eine Fülle neuer Beziehungen entsteht, aber auch neue Auseinandersetzungen sich abzeichnen – das alles lässt die bisherige übersichtliche Religions-Kartographie komplexer und schwieriger werden. Vieles ändert sich, vieles muss neu bedacht werden, von der Gemeindestruktur bis zu den Gotteshäusern, von den religiösen Vollzügen bis zur Finanzierung des Gemeindelebens, vom «Eintritt» in eine Religion bis zu den diversen Regeln, die Tod und Begräbnis betreffen (in jüngster Zeit ein wachsendes Konfliktfeld!). Nicht zu reden vom Dienst- und Arbeitsrecht und seiner Anpassung an die neue Religionsvielfalt bis zur Militär-, Polizei- und Anstaltsseelsorge – und nicht zu vergessen die mannigfache und durchaus unterschiedlich strukturierte Tätigkeit der Religionsgemeinschaften im Bildungswesen, im Gesundheits- und Sozialbereich.

Damit bin ich beim zweiten Punkt. Wie sehen die Berührungen zwischen den Religionen aus? Haben sie sich vermehrt? Sind sie heute konfliktgeladener als früher? Mehr Nachbarn – bedeutet das auch mehr Probleme, mehr Streit?

II. Von Kirchen zu «Religionen»: Berührungen, Probleme, Konflikte

Um etwas Selbstverständliches vorauszuschicken: Nicht alle Berührungen zwischen den «neuen Nachbarn» sind natürlich streitbefangen, ganz im Gegenteil. Im Zusammenleben der Religionen in der Bundesrepublik Deutschland dürften vielmehr das friedliche Miteinander (auch die respektvolle Neutralität, der sorgfältig gewahrte Abstand) die Regel sein. Glücklicherweise sind Religionskämpfe oder gar Religionskriege, wie wir sie in Irland zwischen Katholiken und Protestanten oder in den Ländern des einstigen Jugoslawien zwischen Orthodoxen, Katholiken und Muslimen erlebt haben und erleben, mit blutigen Konfrontationen, bürgerkriegsähnlichen Straßenschlachten, dem Niederbrennen von Kirchen und Moscheen, bei uns kaum denkbar. Wenn ich also im Folgenden von Problemen und Konflikten spreche, so bedeutet das im Kontext unserer Verfassungsordnung auch, dass diese Konflikte lösbar sind, lösbar mit Mitteln des Rechts – dass es also keiner Gewalt bedarf, um einen Streit zu beenden oder zu entscheiden.

Gleichwohl gibt es zweifellos auch in Deutschland Reibungen und Konfrontationen – das engräumige Zusammenleben heutiger Menschen vor allem in den Städten lässt sie schneller sichtbar werden als früher. Es beginnt schon im religiösen Zentralbereich, mit dem *Beten*. Umfragen zeigen, dass Christen, wenn sie beten, dies überwiegend «im stillen Kämmerlein» tun, natürlich auch in den Kirchen – aber sehr viel seltener in der Öffentlichkeit. Bei den älteren und den jüngeren Religions-Nachbarn des Christentums – bei Juden und Muslimen also – ist es umgekehrt: Hier ist das Gebet in weit höherem Maße etwas Öffentliches, Gemeinschaftliches. Das rituelle, festgelegte Pflichtgebet hat Vorrang vor dem freien Gebet. Es gibt Gebetszeiten mit festem Gebetsbestand, Gebetsutensilien, vorgeschriebenen Gebetsrichtungen und Körperhaltungen. Das Gebet ist eine Liturgie des Alltags, es skandiert den Tageslauf gläubiger Juden und Muslime, und das weit nachdrücklicher als bei Christen (soweit diese nicht Ordensleute oder Geistliche sind – da ist es ähnlich!). Das öffentliche Gebet ist zentraler, auffälliger – im Zweifel auch lauter und fordernder. Und so haben wir rund um den islamischen Muezzin ein erstes aktuelles Streitfeld: Die Mahnung «Gott ist größer», fünfmal am Tag vom Minarett gesungen, stößt, vor allem wenn sie durch Lautsprecher verstärkt wird, in deutschen Städten auf das Immissionsschutzrecht.

Bisher hält sich dieser Konflikt in Grenzen: Gebetsrufe innerhalb der Moscheen sind kein Problem – und bezüglich des Gebetsrufs im Freien sind die Muslime in Deutschland bisher zurückhaltend mit Anträgen, aus dem verständlichen Wunsch heraus, das Zusammenleben der Religionen nicht mit überhöhten Forderungen zu belasten. In der Tat kann man zweifeln, ob ein solcher Gebetsruf in einer überwiegend nicht-muslimischen Umgebung seine Funktion überhaupt erfüllen kann. Freilich, auf diesem Feld, wo es um Hörbares, um Unüberhörbares geht, gibt es inzwischen auch eine Diskussion über die Glocken christlicher Kirchen.

Dann die Gotteshäuser, die Synagogen und Moscheen. Synagogen sind ein Teil des baulich-religiösen europäischen Erbes – in den Städten meist am Rand gelegen, bescheidener ausgestattet als christliche Kirchen und Kathedralen, oft gefährdet, in glücklichen Fällen aber auch beständig, wie die ehrwürdigen Gebäude in Wilna, Budapest, Amsterdam, Kopenhagen mit ihrer langen Geschichte zeigen (eine Vergegenwärtigung der europäischen Synagogentradition bietet das Nahum-Goldman-Museum des jüdischen Exils in Tel Aviv). Im Zeichen von Aufklärung, Emanzipation und rechtlicher Gleichstellung der Juden entstanden im Deutschland des 19. Jahrhunderts auch große, repräsentative Synagogengebäude – zu später Stunde etwa die Synagoge in Augsburg, erbaut im Ersten Weltkrieg, Denkmal eines weitgehend assimilierten, national und patriotisch fühlenden Judentums. Der Synagogensturm von 1938, Vorspiel und Auftakt der Shoa, zog den Schlussstrich unter diese Periode, in der Hoffnungen und Ängste sich die Waage hielten – Hoffnungen auf eine völlige Eingliederung, ein Aufgehen der Juden in der deutschen Gesellschaft und Ängste vor dem Verlust jüdischer Identität. Nur wenige Synagogen entgingen den Flammen. Der Neuaufbau jüdischer Gemeinden nach dem Zweiten Weltkrieg war daher von Anfang an begleitet vom Neubau von Synagogen und Gemeindehäusern. Er vollzog sich unter breiter Anteilnahme der Öffentlichkeit; jede Neueröffnung war ein wichtiges kommunales und politisches Ereignis. Dass Synagogen in Deutschland nach wie vor gegen Anschläge geschützt werden müssen, gegen Nazis und Skinheads, aber auch gegen extremistische Muslime – das zeigt freilich, dass die Geister des Hasses noch nicht gebannt sind.

Anders als die Neuerrichtung von Synagogen wirft der Neubau von Moscheen in Deutschland Probleme auf – so sehr, dass man die manchmal schwierigen Beziehungen von Muslimen, Christen, Nicht-Gläubigen in Deutschland am Streit um Moscheebauten in den Städten bildhaft ablesen kann. Die kommunale Öffentlichkeit ist gespalten: Die überwiegende Zahl der Stadtverwaltungen unterstützt den Bau von Moscheen, aber es gibt auch Abwehrreaktionen, Einsprüche von Stadtplanern, Bürgerinitiativen, die auf Verhinderung zielen. Einige wollen die Moschee überhaupt nicht, andere wollen sie möglichst unsichtbar, andere dagegen akzeptieren, dass sie zur religiösen Kultur, zum Stadtbild gehört. Oft kommen Moscheevereine als Bauherren durch kluges Abwägen und geduldiges Verhandeln zum Ziel. Dabei spielen die Kommunalpolitik, die örtliche Presse, aber auch die christlichen Kirchen und ihr Verhältnis zu den Muslimen eine wichtige Rolle.

Seit dem 11. September 2001 beschäftigt eine weitere Frage die Öffentlichkeit: Was geschieht *in den Moscheen*? Wer predigt, was wird gepredigt, gibt es politische Agitation, Aufrufe zur Gewalt, Aggressionen gegen «Ungläubige»? Da der Islam alle Aspekte des Lebens umfasst und Diesseits und Jenseits nicht trennt, gehören Recht und Politik für gläubige Muslime zur Sphäre des Glaubens. Sie haben kein autonomes Dasein, kein Eigenrecht. Gottes Souveränität herrscht über beide. Hinzu kommt eine weitere Schwierigkeit: Die Gemeinde der Gläubigen, die umma, ist zwar nach islamischer Lehre das ideale Gemeinwesen, berufen zur diesseitigen Verwirklichung des Gottesreiches. Rechtlich und organisatorisch ist sie aber schwer zu fassen. Parochiale Strukturen sind dem Islam fremd. Gemeinde heißt immer *Weltgemeinde*. So gibt es in Deutschland wohl Gemeindebildungen auf der Basis persönlicher Autorität und Zusammengehörigkeit – aber eine organisatorische Zusammenfassung aller Muslime zur Ausübung ihrer Religion fehlt nach wie vor (daher auch die Schwierigkeit, einen islamischen Religionsunterricht einzurichten!).

Ungeachtet dieser Schwierigkeiten: Längst ist der Islam in Deutschland keine exotische Erscheinung mehr, längst hat er den Charakter einer «Hinterhof-Religion» verloren. Im Bild der Städte tritt er mit Gebetsräumen, Moscheen, Minaretten immer deutlicher hervor. Zunehmend nimmt die Moschee ihren Platz ein neben der Synagoge, der Kathedrale. Der Islam ist die drittgrößte Glaubensgemeinschaft in Deutschland nach Katholiken und Protestanten. Eine beträchtliche Zahl von Angehörigen des Islam hat sich in Deutschland dauerhaft niedergelassen – Menschen, die Wert darauf legen, nach den Regeln und Gebräuchen der islamischen Tradition zu leben, Familien zu gründen und ihre Kinder im Geist dieser Religion zu erziehen. Insofern ist der Islam seit Jahren ein prägendes Element unserer Kultur, ein Teil der religiösen Physiognomie unseres Landes.

Je mehr aus kleinen Minderheiten ebenbürtige Partner, aus flüchtigen Gästen Mitbürger werden, desto mehr stellt sich die Frage nach dauerhaften interreligiösen Beziehungen. Das betrifft nicht nur den Kernbereich, Gebet und Gottesdienst, sondern das ganze bürgerliche Leben, das ja bei Juden wie Muslimen tiefer ins Religiöse hineinreicht, als unsere säkulare Schulweisheit sich träumen lässt.

Auch hier, im täglichen Leben, gibt es zahlreiche und unterschiedliche Konfliktfelder. Viele sind Juden wie Muslimen gemeinsam. Wie steht es mit der Beschneidung, der Bart- und Haartracht, mit dem Schächtgebot, mit koscherem Essen, mit der Vermeidung von Schweinefleisch? Wie steht es mit der Bestattung? Jüdische Friedhöfe gehören in den meisten europäischen Ländern zur Tradition. Den «Carré musulman» dagegen – notwendig geworden wegen der islamischen Sitte der Bestattung in Tüchern, nicht im Sarg – gibt es erst seit kurzem in Frankreich, seit der Zeit nämlich, in der immer mehr Muslime sich im Unterschied zu früher in den europäischen Ländern und nicht mehr in ihren Herkunftsländern bestatten lassen wollen. Aber kann man beispielsweise in dichtbesiedelten Gebieten wie der Bundesrepublik Deutschland die Sargbestattung, die auch dem Schutz des Grundwassers dient, einfach aufgeben? Auch das Juden wie Muslimen gemeinsame Gebot der unbefristeten Totenruhe wirft Probleme auf, da die Verlängerung der Grabstättenbelegung erhebliche Kosten verursacht, die nicht alle Nutzer ohne Weiteres tragen können.

Endlich die Kleidung. Dass sie bei Religionen, besonders alten Religionen, als Distinktionszeichen eine größere Rolle spielt als in den zur Uniformität neigenden profanen Gesellschaften, liegt auf der Hand. Dass sie auch befremden und provozieren kann, besonders wenn sie ungewöhnliche, exklusive Formen annimmt, ist keine neue Erfahrung. Hier spielen kulturelle Verschiedenheiten, kulturelle Gewöhnungseffekte eine Rolle: Die Kleidung ultra-orthodoxer Juden in israelischen oder amerikanischen Städten, hervorgewachsen aus osteuropäischen Traditionen, empfinden wir zumindest dann, wenn sie uns an anderen Orten unvermittelt entgegentritt, als ungewohnt und fremd – ähnlich wie die gelben Gewänder buddhistischer Mönche oder neue überraschende Farbkreationen jüngerer Religionsgemeinschaften. Die von den Taliban den afghanischen Frauen politisch oktroyierte Burka, die Ganzkörperverhüllung mit dichtem Schleier und winzigen Augenschlitzen, erscheint unseren europäischen Augen als Angriff auf die weibliche Autonomie und Integrität. Ordenstrachten als freigewählter symbolischer Ausdruck des Lebens nach den evangelischen Räten haben dagegen nicht nur im Westen ein höheres Maß an Akzeptanz. So wurden in Indien die Schwestern Mutter Teresas, da sie sich allen, auch den «Unberührbaren», zuwandten, als Streiterinnen gegen die Kastenordnung wahrgenommen – ihr Ordensgewand symbolisierte Befreiung, nicht weibliche Unterordnung.

Beim augenblicklichen Streit um das Kopftuch geht es nicht um solche Symbole einer vorbehaltlosen, den Menschen prägenden Hingabe – es geht um ein einzelnes Kleidungs*stück*. Das Kopftuch, lange Zeit auch in Europa ein ganz normales weibliches Accessoire, ist heute Gegenstand einer gewaltigen – und, wie ich meine, weit überhöhten – Aufmerksamkeit. Es ist dabei, ein Zeichen zu werden, an dem sich die Geister scheiden. Viele sehen in ihm ein kulturelles, ein religiöses – einige auch ein politisches Symbol. Doch die «Botschaft» des Kopftuchs ist keineswegs eindeutig. Es kann eine Schutzvorrichtung für die Haare bei der Arbeit sein wie in alten Zeiten, ein Schutz gegen Wind und Regen, ein Schmuck, ein Modestück, eine mädchenhafte Alternative zum Hut, ein Ausdruck des Ländlich-Pastoralen, ein Dritte-Welt-Symbol, ein Zeichen einer kulturellen Herkunft, zu der man sich bekennen will – oder etwas, was einfach gefällt, ein Stück eigenes Leben. Das Kopftuch hat viele Bedeutungen, nicht eine. Es ist in seinem Sinn nicht festgelegt. Auch das Bundesverfassungsgericht hat bei seiner Anhörung zum Fall Ludin diese Vieldeutigkeit zur Kenntnis genommen; sie ist im Urteil ausdrücklich bestätigt und festgehalten.

Vielleicht ist hier ein Vergleich mit der jüdischen Kippa hilfreich. (Nicht zufällig wurden im laizistischen Frankreich in jüngster Zeit Kippa, Kreuz und Kopftuch in der Schule gleichermaßen verboten!). Hier ist der Sinn eindeutig: Die Kippa hat gegenüber der nichtjüdischen Umwelt die Funktion eines Bekenntniszeichens. Wer sie trägt, bekennt sich als Jude. Doch das muss keine Abschottung bedeuten: Auch Nichtjuden dürfen in Deutschland die Kippa tragen, vor allem bei Festen, Gebeten, Einweihungen, als Ausdruck der Übereinstimmung, der Solidarität. In vielen Synagogen liegt sie für nichtjüdische Gäste bereit. Wer hat nicht schon, eingeladen zu einer religiösen Feier von jüdischen Mitbürgern, eine Kippa – oder wenigstens einen Hut – aufgesetzt? Religiöse Symbole müssen nicht trennen, sie können auch verbinden. Nur ein ängstlicher Laizismus verbannt sie, weil sie Eigenes, nicht allen Gehörendes, Unverwechselbares bezeichnen, aus dem gesellschaftlichen Verkehr. Wir sollten uns in Deutschland hüten, diesen Weg des Kleinmuts zu beschreiten, wir sollten religiöse Symbole vielmehr respektieren und gelten lassen – notfalls nebeneinander und im unaufgelösten Widerspruch. Nichts nötigt uns dazu, den öffentlichen Raum zu einer religionsfreien tabula rasa zu machen – unsere Verfassung am allerwenigsten.

III. Lösungen: «Schonender Ausgleich» – abrahamitische Offenheit

Vieles aus dem dargestellten Bündel von Problemen lässt sich im Einzelfall pragmatisch lösen – in jenem «schonenden Ausgleich» (Peter Lerche), der geboten ist, wenn Grundrechtsansprüche verschiedener Art und Herkunft einander gegenüberstehen (und das ist bei der Religionsfreiheit bekanntermaßen oft der Fall). Die Rechtsprechung liefert viele fast schon selbstverständlich gewordene Beispiele für solchen Ausgleich. So kann ein Jude verlangen, dass seine Sache nicht in einem Gerichtssaal verhandelt wird, in dem ein Kreuz hängt. Jüdischen Geschäftsinhabern kann die Öffnung eines Ladens am Sonntag erlaubt werden, da sie am Samstag wegen des Sabbatgebots keine Verkäufe tätigen dürfen. Der Geltung der jüdischen Schächtvorschrift ist man durch eine Klausel beim Tierschutz gerecht geworden, die Ausnahmen aus religiösen Gründen zulässt (das ist in einer neueren Gerichtsentscheidung auch muslimischen Metzgern zugutegekommen). Auf jüdische wie islamische Feiertage wie auf Gebetsvorschriften wird bei Schulbefreiungen von Schülern und Urlaubsgesuchen von Arbeitnehmern im Maß des Möglichen Rücksicht genommen.

Des Sperrigen und Schwierigen bleibt trotzdem genug, auch bei noch so weitgehenden Bemühungen um Verständnis und Ausgleich. Manches wurzelt tief im Selbstverständnis der Religionen und ist nicht ohne Weiteres zu verändern und auszugleichen. Wenn etwa israelitische Kultusgemeinden bezüglich der Zugehörigkeit ihrer Mitglieder auf die blutsmäßige jüdische Abstammung abstellen (und im Zweifel auch solche Personen eingemeinden und besteuern, die nicht zur Gemeinde gehören wollen), so steht diese Praxis zwar in klarem Widerspruch zum religiösen Selbstbestimmungsrecht nach Art. 4 Grundgesetz, aber sie berührt zentral die Frage «Wer ist ein Jude?» und ist daher nicht einfach auflösbar. (Ein Ausweg mag sein, dass den Vereinnahmten die Möglichkeit des späteren Austritts offen steht.) Oder: Wenn Rechtsordnungen in vielen islamischen Ländern ein absolutes Verbot für Frauen aussprechen, eine Ehe mit einem Nichtmuslim einzugehen (im Fall des Mannes relativiert sich das Verbot zumindest im Hinblick auf die «Schriftbesitzerinnen», also Jüdinnen und Christinnen!), so stellt die Anwendung dieses Verbots auf deutsche Verhältnisse einen eindeutigen Verstoß gegen Art. 4 und 6 Grundgesetz dar. Dennoch kommt solche Fortsetzung heimatlicher Praktiken im Gastland immer wieder vor, wie wir aus persönlichen Schicksalen, aber auch aus Filmen und Romanen muslimischer Autoren wissen, denen oft genug reale Begebenheiten zugrunde liegen. Generationenkonflikte, Familientragödien, zerreißende Spannungen zwischen alter und neuer Heimat, Kämpfe um Befreiung aus patriarchalischen Verhältnissen, die Suche junger Menschen nach Glück und Freiheit, das Festhalten der Älteren an schützenden und bergenden Traditionen – das alles spiegelt sich dramatisch in vielen Lebensgeschichten islamisch geprägter Menschen in Deutschland wider. Religion, Kultur, Familientraditionen können hier zur bedrückenden Fessel werden, und im Gegenzug kann Liebe eine befreiende, aber auch selbstzerstörerische Kraft gewinnen wie in Fatih Akins preisgekröntem Film «Gegen die Wand».

Angesichts islamisch motivierter Terrorakte an vielen Orten der Welt hat der Integrations-Optimismus in unserem Land –

und in Europa – in den letzten Jahren deutlich nachgelassen. Viele sehen die islamischen Familien und Gemeinden in Europa in einem unauflösbar antipodischen Verhältnis zur Kultur ihrer Gastländer. Familienstruktur, Stellung von Mann und Frau, Erziehung, religiöse Praxis – das alles ist anders, es folgt einem Wertkodex, der von jenem der Bevölkerungsmehrheit im Gastland abweicht. Nicht wenige empfinden die islamische Minderheit als mögliches Konfliktpotential im Land, wobei nicht nur ein historisches Islam-Trauma nachwirkt, sondern auch die konkrete, aktuelle Sorge, militante Strömungen könnten im Islam die Oberhand gewinnen und auch im eigenen Land den innerstaatlichen Frieden gefährden. Auch auf Seiten der Muslime scheint die Integrationsbereitschaft in den letzten Jahren abgenommen zu haben; an manchen Orten sind Parallelgesellschaften entstanden, die sich selbst genügen. Damit stellt sich die Frage nach den Grenzen der Toleranz. Andersartigkeit kann und soll toleriert werden; gegen den Angriff auf die eigenen Grundwerte muss man sich schützen. Um es plakativ zu sagen: Ein Kopftuch kann man als Folklore betrachten und notfalls verkraften – «Ehrenmorde» dagegen nicht.

Können hier Erziehung und Bildung helfen? Sie können nach meiner Meinung jungen Muslimen zumindest die Einsicht vermitteln, dass sie in einer offenen Gesellschaft leben, die ihre kulturelle und religiöse Eigenart achtet, die sie nicht unter Assimilationsdruck setzt. Hier ist einiges Ermutigende gelungen: So hat man im schulischen Sportunterricht auf islamische Koedukationsverbote Rücksicht genommen; so gibt es Vorschläge, von jüdischen und islamischen Festen, Feiertagen, Gebräuchen, Gewohnheiten in der Öffentlichkeit stärker Kenntnis zu nehmen.

Aber die Sache ist noch in den Anfängen: Eine Studie der Herbert-Quandt-Stiftung und der Theologischen Fakultät der Universität Birmingham über das Schulwissen bezüglich der «abrahamitischen Religionen in den Ländern der Europäischen Union» (2003) kommt zu ernüchternden Ergebnissen. Der Präsenz von Juden und Muslimen in der Geschichte Europas wird in den Lehrplänen entweder gar nicht oder zu wenig Rechnung getragen. Und auch die fortdauernde Präsenz des Christentums im heutigen Europa wird kaum gewürdigt. Juden und Muslime erscheinen meist nur im Kontext geschichtlicher Konflikte. Über ihre innere Vielfalt, ihre wechselseitigen Beziehungen, ihre philosophisch-theologischen Strukturen, ihre Lebensgewohnheiten, Bräuche und Riten ist immer noch viel zu wenig bekannt. Die Studie legt den Finger auf den entscheidenden Punkt: Dadurch, dass man die einzelnen Traditionen – wenn überhaupt – stets gesondert betrachtet und die gegenseitigen Einflüsse und Abhängigkeiten übersieht und ausblendet, liegt der Nachdruck von vornherein auf der gegenseitigen «Fremdheit» von Juden, Christen, Muslimen. Ihr Zusammenleben, ihre wechselseitigen Abhängigkeiten in einem Europa, das zunehmend vom Nebeneinander vieler Religionen geprägt ist, kommt kaum in den Blick. Es käme aber darauf an, den Schülern grundlegendes und kritisches Wissen über Juden *und* Christen *und* Muslime zu vermitteln – auch damit sie die seit jeher vorhandene pluralistische Natur der europäischen Gesellschaft in ihrer neuen Gestalt positiv begreifen und Verschiedenheiten akzeptieren und respektieren lernen.

Ich bin überzeugt: Die Zusammenarbeit auf vielen wirtschaftlichen und sozialen Feldern, das wechselseitige Sich-Kennenlernen, der Austausch kultureller Traditionen – das alles wird erst Halt und Beständigkeit gewinnen, wenn die Praxis des Zusammenlebens um die Dimension des Religiösen erweitert wird. Wir sollten ja nicht meinen, «das Religiöse» als Moment der Identität bei Juden wie Muslimen sei auf dem Rückzug begriffen, und es werde sich mit wachsender Angleichung an die westliche Kultur ganz verflüchtigen (wie dies noch Theodor Herzl und Mustafa Kemal Pascha vor hundert

Jahren glaubten). Das Gegenteil ist zu erwarten. Das religiöse Element wird stärker werden *innerhalb* der Kulturen. Schon die von mir angedeutete Gemengelage der Rechtsprobleme zwischen den Religionen liefert den Beweis: Die Religionsfreiheit hat in unserem Land gerade dort neue Aktualität gewonnen, wo es um die Grundrechte der Zuwanderer ging.

Das Zusammenleben von Menschen verschiedener Religionen führt zu vielfältigen Berührungen im Alltag. Es wirft immer wieder neue Fragen auf. Nehmen wir die Kinder: In manchen Kindergärten katholischer oder evangelischer Trägerschaft in Ballungsgebieten gibt es heute mehr muslimische als christliche Kinder. Was tun Erzieherinnen mit ihnen? Ist gemeinsames Beten möglich? Oder sollen die einen schweigend zuhören, während die anderen beten (beides kann je nach Lage der Dinge der erzieherisch richtige Weg sein; das muss man am Ort und mit den Eltern entscheiden – auch in Assisi hat sich das Gebet der Religionen vom euphorischen Miteinander immer mehr zum vorsichtigen Nebeneinander und Nacheinander hin entwickelt). Freilich, der Eine Gott sollte im Hintergrund des Betens wie des Schweigens stehen. – Oder nehmen wir das Ende des Lebens (ich zitiere aus der Arbeitshilfe «Christen und Muslime in Deutschland», herausgegeben von der Deutschen Bischofskonferenz); dort heißt es im Abschnitt über Altersheime: «Mit Rücksicht auf das meist sehr ausgeprägte Schamgefühl von Muslimen sollten Hilfeleistungen bei der Körperpflege, bei An- und Auskleidungen oder beim Toilettengang sowie alle ärztlichen und pflegerischen Maßnahmen, zumal solche, die den Intimbereich berühren, nach Möglichkeit von Personen gleichen Geschlechts ausgeführt werden. Muslimische Männer sollten also von Pflegern und Ärzten, muslimische Frauen von Pflegerinnen und Ärztinnen versorgt werden. Sollte dies in Ermangelung geeigneter Kräfte nicht möglich sein, dann muss umso taktvoller vorgegangen werden. Altgewohnte Bekleidungs- und Kopfbedeckungssitten muslimischer Männer und Frauen, die aus deren Sicht religiös geboten sind, müssen akzeptiert werden. Versuche, sie den Betroffenen abzuerziehen, oder negative Kommentare zu ihnen haben zu unterbleiben; sie wären mit dem notwendigen Respekt vor der abweichenden Glaubensüberzeugung der Betroffenen nicht zu vereinbaren» (aaO, 170).

Natürlich ist die Besinnung auf die Gemeinsamkeiten zwischen den abrahamitischen Religionen kein Wunderrezept. Man darf ein entsprechendes Bewusstsein bei Juden, Christen, Muslimen nicht einfach voraussetzen. Aus dem religiös Wünschbaren darf kein Wunschdenken, keine Beschwörungsformel werden. Aber mit dem Gedanken, dass wir Söhne und Töchter Abrahams sind, wird doch eine weiterführende Perspektive im Zusammenleben der Religionen angedeutet. Juden, Christen und Muslime sollen einander nicht nur besser kennenlernen, nicht nur ihre Konflikte in gegenseitigem Respekt lösen – sie sollen sich auch wechselseitig öffnen für ihre spezifischen religiösen Ausdrucksformen. In dieser Perspektive einer «abrahamitischen Öffnung», davon bin ich überzeugt, wäre vieles zu lösen, was heute noch im Streit ist.

Drucknachweise

Die Deutschen und der Westen: Münchner Antrittsvorlesung, erschienen 1966 in der Reihe Recht und Staat, Heft 321, bei J.C.B. Mohr (Paul Siebeck), Tübingen, dort unter dem Titel: Ältere deutsche Staatslehre und westliche politische Tradition.

Literatur und Konfession: Festvortrag bei der Öffentlichen Jahressitzung 2011 der Bayerischen Akademie der Schönen Künste, erschienen im Jahrbuch 25 (2011) der Akademie im Wallstein Verlag, Göttingen 2012, unter dem Titel: Über Literatur und Konfession in Deutschland.

«Faust» – das Drama der Deutschen: Vorlesung im Rahmen des Vortragszyklus «Faust und die Wissenschaften» im Sommersemester 2018 an der Universität München, publiziert in: Faust und die Wissenschaften, hg. von Elisabeth Weiss, Oliver Jahraus und Hanni Geiger, bei Königshausen & Neumann, Würzburg 2019, dort unter dem Titel: Goethes Faust: Schuld und Rettung. Eine Vorlesung.

Säkularisation – «wohltätige Gewaltsamkeit»?: Erstdruck unter dem Titel: Was war Säkularisation und wie lief sie ab? Der Reichsdeputationshauptschluss von 1803 und seine Folgen, in: Säkularisation und Säkularisierung 1803–2002 = Essener Gespräche zum Thema Staat und Kirche, Band 38, Münster (Aschendorff) 2004.

Hitler und das Reich: Vierteljahrshefte für Zeitgeschichte (De Gruyter / Oldenbourg) 67. Jahrgang, Heft 4, Oktober 2019.

Das «Dritte Reich» im Visier seiner Gegner: Vortrag, gehalten bei der XXX. Königswinterer Tagung der Forschungsgemeinschaft 20. Juli 1944 e. V. im Februar 2017 in Bonn, erschienen mit dem zusätzlichen Untertitel: Profane und religiöse Wahrnehmungen in: Daniel E. D. Müller / Christoph Studt (Hg.): «… und dadurch steht er vor Freisler, als Christ und als gar nichts anderes …». Christlicher Glaube als Fundament und Handlungsorientierung des Widerstands gegen das «Dritte Reich» = Schriftenreihe der Forschungsgemeinschaft 20. Juli 1944 e. V., hg. von Joachim Scholtyseck, Fritz Delp und Friedrich von Jagow, Band 25, Wißner-Verlag, Augsburg 2019,

Die Deutschen unter dem Grundgesetz: Vortrag beim Verfassungs-
kongress anlässlich des 50jährigen Bestehens des Grundgesetzes
und der Bundesrepublik Deutschland in Bonn am 6. Mai 1999
unter dem Titel: Das Grundgesetz nach 50 Jahren – Versuch einer
historischen Würdigung; Druckfassung: Bewährung und Herausforderung. Die Verfassung vor der Zukunft, hg. vom Bundes-
ministerium des Innern, Opladen (Leske + Budrich) 1999.

Vom Zusammenleben der Religionen in Deutschland: In: Thomas
Brose (Hg.), Religion – Macht – Freiheit, Frankfurt am Main
(Peter Lang), 2014.